Der Irre von Bagdad
Zur Konstruktion von Feindbildern in überregionalen
deutschen Tageszeitungen während der Golfkrise 1990/91

Europäische Hochschulschriften
Publications Universitaires Européennes
European University Studies

Reihe XL
Kommunikationswissenschaft und Publizistik

Série XL   Series XL
Media et Journalisme
Communications

Bd./Vol. 45

PETER LANG
Frankfurt am Main · Berlin · Bern · New York · Paris · Wien

Christina Ohde

Der Irre von Bagdad

Zur Konstruktion von Feindbildern
in überregionalen deutschen
Tageszeitungen während
der Golfkrise 1990/91

PETER LANG
Europäischer Verlag der Wissenschaften

Die Deutsche Bibliothek - CIP-Einheitsaufnahme

Ohde, Christina:

Der Irre von Bagdad : zur Konstruktion von Feindbildern in
überregionalen deutschen Tageszeitungen während der
Golfkrise 1990/91 / Christina Ohde. - Frankfurt am Main ; Berlin ;
Bern ; New York ; Paris ; Wien : Lang, 1994
 (Europäische Hochschulschriften : Reihe 40,
 Kommunikationswissenschaft und Publizistik ; Bd. 45)
 Zugl.: Münster (Westfalen), Univ., Diss., 1993
 ISBN 3-631-46899-7

NE: Europäische Hochschulschriften / 40

D 6
ISSN 0176-3725
ISBN 3-631-46899-7
© Peter Lang GmbH
Europäischer Verlag der Wissenschaften
Frankfurt am Main 1994
Alle Rechte vorbehalten.

Das Werk einschließlich aller seiner Teile ist urheberrechtlich
geschützt. Jede Verwertung außerhalb der engen Grenzen des
Urheberrechtsgesetzes ist ohne Zustimmung des Verlages
unzulässig und strafbar. Das gilt insbesondere für
Vervielfältigungen, Übersetzungen, Mikroverfilmungen und die
Einspeicherung und Verarbeitung in elektronischen Systemen.

Printed in Germany 1 2 4 5 6 7

meinen Eltern
Hedwig und Hans-Joachim Ohde
für ihre unermüdliche Unterstützung, ohne die diese
Arbeit nicht zustande
gekommen wäre

NUR

Ein Mensch, der, sagen wir, als Christ,
Streng gegen Mord und Totschlag ist,
Hält einen Krieg, wenn überhaupt,
Nur gegen Heiden für erlaubt.
Die allerdings sind auszurotten,
Weil sie des wahren Glaubens spotten!
Ein andrer Mensch, ein frommer Heide,
Tut keinem Menschen was zuleide,
Nur gegenüber Christenhunden
Wär jedes Mitleid falsch empfunden.
Der ewigen Kriege blutige Spur
Kommt nur von diesem kleinen "nur" ...
(Eugen Roth)[1]

---

[1]   Zitiert nach ROTH, E. (1983), S. 125.

INHALT

1. Einführung in die Thematik 9

I. Theoretische Grundlagen

2. Begriffsklärung 17
   2.1 Wahrnehmung und Wissen 17
   2.2 Exkurs: Wahrnehmung und Realität 23
   2.3 Einstellungen 24
   2.4 Images 34
   2.5 Stereotype 37
   2.6 Vorurteile 42
   2.7 Feindbilder 48

3. Funktion von Sprache 55
   3.1 Sprache als Ausdrucks- und Transportmittel
       von Vorstellungen und Einstellungen 55
       3.1.1 Wirklichkeitskonstruktion durch Sprache 55
       3.1.2 Arabische Sprache in westlichen Medien 57
       3.1.3 Bewertung der Wirklichkeit durch Sprache 59
       3.1.4 Orientierungshilfen in der Sprache 63
   3.2 Persuasion durch Rhetorik 64
       3.2.1 Rhetorik in der Historie 64
       3.2.2 Kommunikation, Rhetorik und Persuasion 67
   3.3 Sprache und Feindbilder 71
       3.3.1 Sprachliche Mittel in der Feindbild-Erzeugung 72
       3.3.2 Stereotype, Vorurteile und Feindbilder
             in der Sprache der Massenmedien 77

4. Rückständig und unterentwickelt:
   Das Araberbild in der westlichen Welt -
   Ein historischer Abriß 81
   4.1 Feindbilder als Tradition 81
   4.2 Verwirrung der Begriffe 82
   4.3 Orient vs. Okzident 83
   4.4 Die Entwicklung der Beziehungs- und Vorstellungsgeschichte 84
   4.5 Der Nahost-Konflikt 90
   4.6 Das Araberbild heute:
       Ein Konglomerat widersprüchlicher Vorstellungen 91

5. Mediale Konstruktion von Realität:
   Feindesdarstellung in der Presse 93
   5.1 Selektionsmechanismen und Nachrichtenfaktoren 93
       5.1.1 Nachrichtenfaktoren nach ÖSTGAARD 94
       5.1.2 Nachrichtenwerte nach GALTUNG / RUGE 96
       5.1.3 Kommerzialisiertes Nachrichtenwesen:
             Konkurrenz in den Medien 98
   5.2 Auslandsberichterstattung: Berichte aus der Fremde 101
       5.2.1 Katastrophen-Journalismus:
             Negativismus als Nachrichtenfaktor 106
       5.2.2 Ethnozentrismus, Elitenzentrierung
             und Ereignisorientierung 107
   5.3 Konstruktionen von Wirklichkeit 110
       5.3.1 Basiselemente von Wirklichkeitsentwürfen 110
             5.3.1.1 Zum Begriff der Information 110
             5.3.1.2 Ereignisse in der Rekonstruktion 114
       5.3.2 Medienrealität 115

6. Exkurs: Journalistische Ethik und
   journalistisches Selbstverständnis 117
   6.1 Journalistische Ethik 117
   6.2 Journalistisches Selbstverständnis 120

II. Feindbilder in der Presse:
    Eine Inhaltsanalyse zur Berichterstattung in
    deutschen Tageszeitungen während der Golfkrise 1990/91

7. Untersuchungsdesign 125
   7.1 Auswahl des Untersuchungsmaterials 125
       7.1.1 Die untersuchten Presseorgane 125
       7.1.2 Untersuchungszeitraum 127
   7.2 Zähleinheit 131
   7.3 Inhaltliche Kategorien: Arbeitshypothesen 132
   7.4 Sonstige Formalia 140
   7.5 Code-Anleitung 141

8. Datenauswertung 147
   8.1 Datenbasis 147
   8.2 Überprüfung der Hypothese No. 1:
       Personalisierung und Personifizierung 150
       8.2.1 Einzelanalyse der Tageszeitungen 150
       8.2.2 Zusammenfassende Gesamtanalyse 160

8.3 Überprüfung der Hypothese No. 2: Feindesdarstellung	162
8.3.1 Bewertungsbereiche	162
8.3.2 Feindbild-Typologien: Einzelanalyse der Tageszeitungen	165
8.3.3 Zusammenfassende Gesamtanalyse	172
8.3.4 Darstellung der Alliierten: Einzelanalyse der Tageszeitungen	173
8.4 Überprüfung der Hypothese No. 3: Bewertungsprofile	176
8.4.1 Einzelanalyse der Tageszeitungen	176
8.4.2 Zusammenfassende Gesamtanalyse	181
8.5 Überprüfung der Hypothese No. 4: Zitate	182
8.5.1 Einzelanalyse der Tageszeitungen	183
8.5.2 Zusammenfassende Gesamtanalyse	185
8.6 Überprüfung der Hypothese No. 5: Bewertungen in den journalistischen Gattungen	185
8.6.1 Vergleichende Gesamtanalyse	185
8.7 Überprüfung der Hypothese No. 6: Bewertungen in den verschiedenen Quellen	190
8.7.1 Vergleichende Gesamtanalyse	190
8.8 Überprüfung der Hypothese No. 7: Hintergrundberichterstattung	192
8.8.1 Journalistische Gattungen: Einzelanalyse der Tageszeitungen	193
8.8.2 Ziele und Absichten der Konfliktgegner	196
8.2.2.1 Ziele der Alliierten: Einzelanalyse der Tageszeitungen	197
8.2.2.2 Andere Ziele der Alliierten: Einzelanalyse der Tageszeitungen	200
8.2.2.3 Ziele des Irak: Vergleichende Gesamtanalyse	203
8.2.2.4 Andere Ziele des Irak: Einzelanalyse der Tageszeitungen	205
8.8.3 Zusammenfassende Gesamtanalyse	207
8.9 Überprüfung der Hypothese No. 8: Schuldzuweisungen	208
8.9.1 Schuldzuweisungen an die Konfliktgegner: Vergleichende Gesamtanalyse	209
8.9.2 Andere Schuldzuweisungen an die Konfliktgegner: Einzelanalyse der Tageszeitungen	215
8.9.3 Zusammenfassende Gesamtanalyse	219
9. Schlußbetrachtung	221
Bibliographie	229

1. Einführung in die Thematik

> "Die Publizistik forscht ja nicht in erster Linie nach den wirklichen Tatbeständen, sondern nach dem Bilde, das sich die Menschen von diesen Tatbeständen machen oder gemacht haben."
> (Walter Hagemann)[1]

"Krieg! Der Hitler von Bagdad überfällt wehrloses Volk im Morgengrauen." - So die Schlagzeile der BILD-Zeitung vom 03.08.1990. Und die Abendzeitung aus München fragte noch am gleichen Tag: "Will der Diktator die ganze Welt in Brand setzen?"

"Brandstifter", "unberechenbarer Tyrann", "Schlächter von Bagdad", "Wahnsinniger", "feiger Bluthund", "teuflischer Fanatiker" - so oder ähnlich wetterten die deutschen Tageszeitungen (Boulevard-Presse wie Qualitätszeitungen) geradezu unisono, nachdem Saddam Hussein im August 1990 in Kuwait einmarschiert war. Schnell wurden allerhand nationale Stereotype und Vorurteile gegen den arabischen Aggressor ausgegraben, die sich bald zu einem Feindbild verdichteten. Die gut fünf Monate später folgende (militärische) Reaktion der aufgescheuchten Welt war denn auch nur selbstverständlich.

Bei der Problematisierung und Auseinandersetzung mit Stereotypen, Vorurteilen und Feindbildern als Elemente sozialer, politischer und militärischer Konflikte haben sich Forscher aus Wissenschaftsbereichen wie der Soziologie, (Politischen) Psychologie, Anthropologie, Politologie, der Friedens- und Konfliktforschung u.a.m. in ihren Arbeiten bis Ende der 80er Jahre nahezu ausschließlich mit der Ost-West-Konfrontation und den Beziehungen zwischen den Supermächten USA und UdSSR bzw. der NATO und dem Warschauer Pakt beschäftigt.[2] Mit Beendigung des "Kalten Krieges" zwischen den sogenannten Supermächten, der Selbstauflösung des Warschauer Paktes und dem rasch voranschreitenden Abbau des Ost-West-Gegensatzes ist die Wissenschaft inzwischen zu einer Neu-Orientierung gezwungen. SENGHAAS (1992) fordert insbesondere eine Schwerpunktverlagerung (Paradigmenwechsel) von Konfliktursachen- zu Friedensursachenforschung. Gleichzeitig darf jedoch in der Konfliktsachenforschung eine Verengung von der global-internationalen auf die national-regionale Perspektive nicht ausbleiben. Feindbilder als Begleiterscheinungen von Nationalismus und Chauvinismus in Konflikten und militärischen Konfrontationen zwischen Völkern und Staaten haben in irgendeiner Form stets

---
1 Zitiert nach HAGEMANN (1951), S. 15.
2 Statt Angabe einzelner Autoren vgl. die Literaturübersicht am Ende dieser Arbeit.

eine Rolle gespielt. Da man heutzutage leider noch lange nicht von einer konfliktfreien Welt sprechen kann,[3] eröffnen sich der Forschung immer neue aktuelle Situationen und Beispiele, an denen sie ihre Theorien erproben und weiterentwickeln kann. Der Golfkonflikt 1990/91 ist nur eines dieser Beispiele.

"Entscheidung am Golf" titelte der SPIEGEL seine Ausgabe vom 14.01.1991 und zeigte (mit grimmigen Mienen Nase an Nase) George Bush und Saddam Hussein auf dem Cover-Blatt. Es könnte kein besseres Beispiel für die communis opinio eines weiten Teils der (nicht nur) deutschen Presse-Landschaft geben, der in diesen beiden Staatsoberhäuptern die zentralen Figuren dieses (v.a. auch medial inszenierten) Krieges am Golf sah: Der eine verkörperte das "Gute", das Rechtmäßige, der Andere das "Böse", ja das Teuflische und Unrechtmäßige. Dem europäischen Publikum wurde vor und während des Golfkrieges 1991 Saddam Hussein dabei nicht nur als der Prototyp eines Diktatoren vor Augen geführt (wobei die Bezeichnung "Diktator" einen derartig inflationären Gebrauch erfuhr, daß sie zum Schlagwort verkam), sondern vielmehr als Repräsentant einer orientalischen Irrationalität, morgenländischen Fanatismus' und islamischen Militarismus', dem mit westlichem Vernunftdenken nicht mehr beizukommen sei. Mit dem Aufruf zum "Heiligen Krieg" (Dschihad) avancierte Saddam Hussein dann vollständig zu einem Despoten par excellence, der die fanatischen arabischen Massen gegen den Westen mobilisieren konnte und wollte. Diese Bilder entsprechen den traditionellen, stereotypen und vorurteilsbeladenen Vorstellungen, die sich das Abendland vom Morgenland seit langem macht. Folgt man diesen Gedankengebäuden, dann war der Golfkonflikt mehr als nur eine Auseinandersetzung zwischen dem Irak und den Vereinten Nationen, sondern vielmehr der Kampf der Moderne vs. Tradition, säkulare vs. streng religiöse Kultur, Vernunftdenken vs. Irrationalität, technologisch-industrieller Fortschritt vs. provinziell-agrarische Rückständigkeit.

Die Berichterstattung über den Verlauf des Golfkonfliktes und seine "Hauptdarsteller" desselben funktionierte denn auch weitgehend nach diesem hochselektiven Wahrnehmungs- und Bezeichnungsmuster.[4] Die BILD-Zeitung beispielsweise fragte am 09.08.1990: "Was macht der Irre jetzt?", um dann am 11.08. festzustellen: "Der Irre von Bagdad hetzt zum 'Heiligen Krieg'!". Und sogar ENZENSBERGER (1991) redete im SPIEGEL unter der Rubrik "Tyrannen" etwas von "Hitlers Wiedergänger" oder (beinahe penetrant) vom "Feind des Menschengeschlechts" (S. 26) und versuchte sich, mit dem Golfkrieg im Rücken und unter dem Verweis auf anthropologische Gesetzmäßigkeiten, an einem Stück deutscher, sprich: nationalsozialistischer Vergangenheitsbewältigung. Bemerkenswert ist auch der Distanzverlust und die mehr als offensicht-

---

3   Vgl. die zahlreichen Beispiele in: GEO. Das neue Bild der Erde (6/1991), S. 42-124.
4   Überhaupt darf die Rolle der Sprache nicht vernachlässigt werden. Gerade auch bei der Konstruktion von Feindbildern tritt die Bezeichnungskraft der Sprache hinter ihre appellativen und emotiven Leistungen zurück.

liche Geringschätzigkeit, die sich in der häufigen Verwendung der Kurzform "Saddam" zeigten. Von einem "Feindbild-Notstand in der Presse", wie LINK (1991, S. 40) ihn zumindest für den Beginn der Golfkrise konstatiert, kann also keine Rede sein. Natürlich sind negative Bewertungen von kriminellen Handlungen legitim, wie DIECKMANN, B. (1987, S. 182) behauptet; es muß jedoch gefragt werden, welches (Feind-)Bild dadurch von dem/den Betroffenen vermittelt wird.

Insbesondere die "autorisierte", sprich: zensierte (und dieses Faktum kann - dies sei nicht als Entschuldigung mißverstanden - nicht häufig genug betont werden) Berichterstattung über die Kampfhandlungen am Golf hat gezeigt, wie sehr die Medien als Fernrohr wirken, Bedrohungen auf Hautnähe heranholen und sie für den Wohnzimmer-Rezipienten "real" machen.[5] Trotz der geographischen Distanz zwischen Europa bzw. dem amerikanischen Kontinent und der arabischen Halbinsel riefen die Feind-Bilder der Medien Angstgefühle hervor, die gezielt genutzt wurden, um emotional und moralisch die kriegerische Auseinandersetzung mit dem Irak vorzubereiten und zu legitimieren. ZIEBURA (1991) bemerkt recht treffend: "Ein integraler Bestandteil des Golfkrieges liegt darin, daß es gelang, die sogenannte Weltöffentlichkeit buchstäblich zu chloroformieren. Nicht der Krieg war die eigentliche Realität, sondern seine ideologische Überhöhung, seine Präsentation und damit Rechtfertigung als Kampf des Guten gegen das Böse: es war der 'heilige', der 'gerechte', zumindest der 'gerechtfertigte' Krieg." (S. 161).

Aber gerade das Gerede von einer "neuen Weltordnung" und dem "Beginn einer neuen Zeit" stellte sich, im nachhinein betrachtet, als Worthülsen ohne inhaltliches Konzept und leeres Geschwafel heraus, wie das mangelnde Interesse der UNO, aber insbesondere der Vereinigten Staaten an der heutigen Entwicklung in der Golfregion zeigt. Keines der mit einer "Neuen Ordnung" verbundenen Ziele wie Demokratisierung, Minderheitenschutz oder Abrüstung der Region wurde bislang ernsthaft in Angriff genommen, geschweige denn erreicht. Und bereits in der September-Ausgabe des "Journalist" 1991 kann NUSSBAUM feststellen: "(...) noch nie saß er [Saddam Hussein, d.Verf.] fester im Sattel (...)" (S. 34). Saddam Hussein ist es vielmehr gelungen, der irakischen Bevölkerung seine militärische Niederlage als einen politischen Sieg zu verkaufen. Also alles umsonst?

Die weitere Bedeutung der Feindbilder ist in deren historisch-politischen Kontext zu suchen: Mit dem tiefgreifenden Wandel in den Ostblock-Staaten seit Gorbatschows Politik der Perestroika und Glasnost, dem Zerfall des Kommu-

---

5   Hier, aber nicht nur hier, stellt sich die Frage nach der Kongruenz von Realität und ihrer Darstellung. Gerade in bezug auf die Massenmedien sind die Wahrheits- und Absolutheitsansprüche letzterer besonders bedenklich.

nismus und damit der Auflösung des Feindbildes fehlte dem Westen ein Objekt zur Selbstindentifizierung. Bislang hatte sich der Westen als "Hort" der Freiheit und Demokratie gegen den Osten, wo (scheinbar) Despotie und Unfreiheit herrschten, abgrenzen und definieren können. Nun aber war ein "Vakuum" entstanden. Saddam Hussein hatte das "Pech" (oder die politische Ungeschicklichkeit), mit seinem Einmarsch in Kuwait im August 1990, als der Westen sich nach einem neuen Feind(-Bild) umschaute, in dieses "Legitimationsvakuum" zu stoßen.

Sozialpsychologisch betrachtet waren die Veränderungen in den Ost-West-Beziehungen für viele Menschen verwirrend und irritierend. Festgefügte Orientierungs- und Bewertungsmuster für die internationale Politik verloren jählings ihre Gültigkeit. Die Suche nach "Haltegriffen" (GROßKOPFF 1990) konnte nicht ausbleiben, und das Schreckensbild des eindeutig bösen "Irren von Bagdad" bot vielen Menschen zumindest vorübergehend[6] eine sichere Orientierung.

BERENTZEN (1991) stellt fest: "Rachephantasien tauchen auf, Aggressionen werden auf einen allmächtig stilisierten Gegner (Der "Teufel") projiziert, gegen den letztendlich nur ein Vernichtungsfeldzug hilft. Erst dann wird das Reich des 'Lichts' über das der 'Dunkelheit' siegen." (S. 54). In Konfliktzeiten, aber nicht nur dort, erfolgt die Orientierung in der Welt über ein starres, bipolares und dichotomierendes Deutungsschema. Wie kurzlebig derartige Einteilungen in "Gut" und "Böse" und wie flüchtig die Fixierung auf den einen Bösen sind - nicht, daß Saddam Hussein aufgehört hätte, "böse" zu sein -, zeigen die Schnelligkeit, mit der nur wenige Wochen und Monate nach Beendigung des Golfkrieges zur "Tagesordnung" übergegangen wurde, und der alltägliche Strom von Nachrichten, der, ohne wirklich Resonanz oder Nach-Denken zu hinterlassen, an uns vorüberfließt. Der Golfkrieg war nicht mehr als ein Intermezzo in ständig wiederkehrenden Problemen wie beispielsweise die der Asylanten- und Ausländerfrage.

Die Rolle der Journalisten ist dabei nicht zu unterschätzen. ALBUS (1991) konstatiert denn auch kritisch: "Auf diese Weise werden wir [die Journalisten, d.Verf.] zu Handlangern einer allgegenwärtigen Vermarktung und Verharmlosung jedes noch so schrecklichen Ereignisses in der Welt. Wir signalisieren damit den Zuschauern, daß nahezu alles, was geschieht, gleich gültig ist, gleichgültig - und damit austauschbar. Wir rücken das Grausame in die Ferne des Irrealen." (S. 41).

---

6 Daß die Suche nach Feindbildern (und mehr noch nach Sündenböcken) eine Permanente ist, zeigten nach Ende des Golfkonfliktes im Herbst 1991 und Sommer 1992 die Ausschreitungen gegen ausländische Staatsbürger und Asylbewerber in der Bundesrepublik Deutschland.

Verschiedene Autoren haben sich mit der Berichterstattung der Medien über den Golfkonflikt 1990/91 beschäftigt. So z.B. die STUDIENGRUPPE INTERKOM (1993) an der Universität Münster und SAVARESE (1991), deren Ergebnisse einige Anstöße für die vorliegende Arbeit gaben. Die Analysen beschränken sich auf die Haltung verschiedener (europäischer) Tageszeitungen zu den Ereignissen am Golf, ohne Aussagen über die Wirkung der Berichterstattung auf die öffentliche Meinung machen zu wollen. Generell wird festgestellt und bemängelt, daß Artikel über den historischen Hintergrund der Geschehnisse fehlen und die untersuchten Printmedien sich dem Golfkonflikt von einem ausgesprochen "westlichen" Standpunkt nähern.

Eine Arbeit, die sich wie die vorliegende mit der Thematik "Feindbilder" beschäftigt, hat gerade auch im Hinblick auf den historischen Kontext mehrere, z.T. bereits angeklungene Aspekte zu beleuchten. Kapitel 2 versucht zunächst, allgemeine begriffstheoretische Grundlagen zu schaffen; Kapitel 3 verweist auf die Rolle der Sprache bei der Konstruktion von Wirklichkeit im allgemeinen und bei der Darstellung von Feinden im besonderen. Kapitel 4 gibt einen kurzen historischen Überblick über das speziell orientalische Feindbild, und Kapitel 5 zeigt unter den Stichworten "Nachrichtenfaktoren-Theorie" und "Auslandsberichterstattung" die Mechanismen medialer Wirklichkeitsdarstellung auf. Der Exkurs in Kapitel 6 reflektiert die dementsprechende Bedeutung und Verantwortung sowohl des journalistischen Systems als auch des einzelnen Journalisten. Kapitel 7 erläutert das Untersuchungsdesign der empirischen Analyse von Feindbild-Produktionen in einigen ausgewählten Ausgaben der WELT, der Frankfurter Allgemeinen Zeitung, der Süddeutschen Zeitung, der Frankfurter Rundschau und der tageszeitung aus dem Verlauf der Golfkrise 1990/91. Kapitel 8 enthält die Auswertung und Interpretation der gewonnenen Daten, und das Kapitel 9 schließlich dient einem kritischen Resümee.

I. Theoretische Grundlagen

2. Begriffsklärung

2.1 Wahrnehmung und Wissen

> "A priori knowledge also indicates knowledge of truth which are so basic that they cannot be proved, but which seem so necessarily right that it is impossible to conceive of a world where they would be untrue."
>
> (Douglas Bethlehem)[1]

Eine Analyse von Feindbildern, wie sie in dieser Arbeit versucht wird, kommt um eine zumindest skizzenhafte Betrachtung von dem, was menschliche Wahrnehmung, Erkenntnis, Wissen und Einstellung ausmacht und in welcher Interdependenz diese psychischen Phänomene stehen, nicht herum. Hier werden deshalb Wahrnehmung und Wissen, und im nachfolgenden Abschnitt Einstellung, näher betrachtet.

Feindbilder und Vorurteile als Formen von Einstellungen und Werturteilen[2] sind nicht zuletzt Ausdruck und Ergebnis von Wahrnehmungen, die das Individuum in der alltäglichen Begegnung mit seiner Umwelt[3] macht. Via Wahrnehmung werden der physischen (gegenständlichen) Umwelt Informationen entnommen, wobei Informationen die sensorischen (optische, akustische, haptische, olfaktorische, gustatorische) Reize sind, die das Individuum mit Hilfe seiner Rezeptoren (Sinnesorgane) aufnimmt.

"Wahrnehmung" kann dabei zum einen verstanden werden als innere Abbildung (innere Repräsentation) des wahrgenommenen Objektes, also als Ergebnis, und zum anderen als innerer Vorgang oder Prozeß der Abbildung, der in der Aufnahme, Selektion, Verarbeitung, Gliederung und Strukturierung sensorischer Informationen besteht (HAJOS 1977, S. 528). Damit ist bereits darauf hingewiesen, daß sensorische Informationen, oder neutraler: Daten, Signale, Zeichen aus der Umwelt, nicht einzeln, d.h. Punkt für Punkt im Gehirn (Bewußtsein) abgebildet werden, sondern vorher in kategoriale Bestandteile zerlegt und ganzheitlich (kontinuierlich, zusammenhängend) aufgenommen

---

1 Zitiert nach BETHLEHM (1985), S. 25f.
2 DIECKMANN, B. (1987) bezeichnet Vorurteile "als eine besondere Form von Einstellungen" insofern, als sie in der Struktur ihrer Überzeugungen Urteilsverzerrungen beinhalten (S. 35ff.), und BERGMANN (1989) betont, daß Vorurteile "von der Realität abweichen" (S. 62).
3 Der Ausdruck "die Realität" muß in diesem Zusammenhang mit Vorsicht gebraucht werden.

werden.[4] Die innere Repräsentation einer Wahrnehmung ist also eher die Beschreibung (und dadurch auch bereits eine vorläufige Interpretation) eines Objektes, einer Szene o.ä. als die genaue Abbildung derselben.

Diese Beschreibung (man könnte auch Strukturierung sagen) und Interpretation orientieren sich an den Kategorien und Ordnungsprinzipien, die das Individuum für die Wahrnehmung seiner Umwelt ausgebildet hat und die für ihn von Interesse sind.[5] Die Kategorisierung von Reizeindrücken besteht v.a. in der Schaffung eines Bezugssystems, eines antizipatorischen Modells der Umwelt, mit dessen Hilfe Reizeindrücke in das im Gedächtnis bereits gespeicherte Wissen eingeordnet und so, wenn möglich, wiedererkannt werden. Paarvergleiche, Bildung von Rangreihen und sukzessiver Skalenintervalle sind Elemente in diesem Prozeß der "Datenverarbeitung" (Denken). In diesem Verarbeitungsprozeß werden aus den neu wahrgenommenen Informationen nach vorgegebenen Regeln neue Informationen generiert bzw. bereits gespeicherte Informationen verändert. Resultante ist der dynamische Wandel des Umweltmodells, was sich wiederum auf kommende Informationsverarbeitungsprozesse auswirkt.

Wenn die Anzahl der potentiellen sensorischen Umweltreize wesentlich größer ist, als die Verarbeitungskapazitäten der Sinnesorgane und des Gedächtnisses bewältigen können und für die Bestimmung von situationsgerechtem Verhalten überhaupt notwendig ist, dann spricht man von Reizüberflutung oder Informationsüberlastung. Diese informationelle Unzulänglichkeit des Menschen ist ein quasi-dauerhafter Zustand: Von den über eine Millionen bit[6], die pro Se

---

4   BLUM (1971) bezeichnet diese Zusammenhänge als "Differenzierung", womit er die Aufspaltung einer formlosen Einheit in ihre Bestandteile meint, und "Integration", was die Zusammenfassung der abgegrenzten Teile zu einer neuen Einheit bedeutet. Er weist gleichzeitig darauf hin, daß Differenzierung Gegensätze oder Polaritäten schafft; "das ist eine grundlegende Eigenheit des menschlichen Bewußtseins" (S. 351). Ähnlich äußert sich auch KERLINGER (1967): "There is literally no one who can 'know' very well even a small part of his world. There is, therefore a press toward simplified categorization (...) and, since the simplest form of categorization is dichotomization, an inevitable press toward dichotomizing in referents of the world into those that are criterial and those that are not criterial." (hier zitiert nach LIPPERT / WAKENHUT 1978, S. 90; "criteriality" wird als interindividuell variierende Zentralität erklärt). Die daraus ableitbare Annahme, daß es im Unbewußten keine mittlere Position zwischen den Polen gibt und das negative Extrem stets auf eine Außengruppe projiziert wird, liefert einen Erklärungsansatz für das Zustandekommen von schwarz-weiß-Weltbildern; vgl. dazu BLUM (1971), S. 349ff.
5   "Interesse" kann sich dabei auf so einfache Dinge wie Sicherung des Überlebens beziehen; dabei werden primär nur solche Daten aus der Umwelt aufgenommen, die in engem Zusammenhang mit dem Existieren des Individuums stehen; andere Daten werden als überflüssig betrachtet und vernachlässigt.
6   Bit = "binary digit", binäre Ziffer. Bit ist eine Maßeinheit aus der Datenverarbeitung und Nachrichtentechnik; sie bezeichnet die Anzahl von Binärentscheidungen, die maximal zur Bestimmung des Vorliegens eines Zeichens erforderlich ist; vgl. die mathematische Informationstheorie von SHANNON / WEAVER (1949).

kunde auf den Menschen "einströmen", werden tatsächlich nur 16 bit pro Sekunde aufgenommen. Reaktionen auf Informationsüberlastung sind z.B. Auswahl wichtiger[7] Daten, Vereinfachung oder gezieltes Vergessen.

Da das Gehirn durch seine kognitiven Ordnungsprinzipien nicht mehr für alle Reizkonstellationen seiner Umwelt empfänglich ist (es selektiert quasi noch vor der eigentlichen Wahrnehmung), hängt das (Ab-)Bild, das sich das Individuum von seiner Welt macht, von eben diesen interessensgesteuerten Kategorien ab. SCHÖNPFLUGs (1989) folgern daraus: "Der Mensch ist kein neutraler, sondern ein parteiischer Beobachter; er sieht die Welt nicht, wie sie ist, sondern wie er sie zu sehen wünscht." (S. 63). HAJOS (1977) weist darauf hin, daß bei der Strukturierung und (Um-)Interpretation von Wahrnehmungen bzw. Sinneserlebnissen diesen ein Kontextbezug verliehen wird, der aus der Wahrnehmungssituation nicht unmittelbar logisch belegbar ist; den Umweltinformationen werden unter emotionalen, kognitiven und/oder sozialen Aspekten (Be-)Wertungen zugesprochen (HAJOS 1977, S. 531). D.h. der Mensch ordnet den Dingen seiner Umwelt Sinnträchtigkeit, Bedeutung und Werte zu, die diese Dinge nicht per se besitzen.

Bis hierher sind einzelne Aspekte verschiedener Theorien angeklungen, die sich mit dem Phänomen und den Merkmalen menschlicher Wahrnehmung befassen. Ohne Anspruch auf Vollständigkeit zu erheben, wird im folgenden auf zwei dieser Theorien eingegangen.

Die Vertreter der Ganzheits- und Gestalttheorie (KÖHLER 1925, LEINFELLNER 1966, WERTHEIMER 1967 u.a.) gehen von einer weitgehenden Isomorphie zwischen dem Vorbild des wahrgenommenen Gegenstandes und seiner Wiedergabe im menschlichen Bewußtsein aus. Die Funktion des Wahrnehmungsapparates sei es, Reize aus der Außenwelt nach bestimmten Gestaltungsgesetzen zu ordnen, zu Gruppen zusammenzufassen und zu einer Wahrnehmungswelt zu formen. Selektion und Reduktion von Information werden anstelle von Informationsaufnahme als primäre Aufgabe des Sinnesystems betrachtet.[8] Gestaltungs- oder Ordnungsgesetze sind z.B. das "Gesetz der Nähe" oder das "Gesetz der Gleichheit".

HEBB (1949), ITTELSON (1952) u.a. als Empiristen versuchen, die Ergebnisse der Gestalttheorie aufzunehmen in eine allgemeine Lerntheorie, der-

---

zur Bestimmung des Vorliegens eines Zeichens erforderlich ist; vgl. die mathematische Informationstheorie von SHANNON / WEAVER (1949).
7   Was ist "wichtig"?
8   Diese Funktion von Selektion und Reduktion der Wahrnehmungen spielt insbesondere im Zusammenhang mit den weiter unten noch zu erläuternden Stereotypen, Vorurteilen und Feindbildern eine große Rolle, und LUHMANN behandelt es unter dem Begriff "Reduktion von Komplexität".

zufolge alle Wahrnehmungen durch Lernen bestimmt sind, d.h. jede neue Wahrnehmung durch frühere Wahrnehmungen modifiziert wird. Betont werden dabei die sozialen Bedingungen des Lernens bzw. des Lernkontextes und der Wahrnehmung. Zu diesen Bedingungen zählen die Autoren Erwartungen, Einstellungen, Vorurteile, Gewohnheiten u.a.m. Eine besondere Bedeutung kommt außerdem der Sozialisationsphase des Individuums zu. Die Funktion der Wahrnehmungstätigkeit ist dort letztendlich die individuelle Aneignung von gesellschaftlich konventionalisierten Gegenstandsbedeutungen und Klassifikationsformen.

Ähnlich verhält es sich mit der begrifflichen Belegung wahrgenommener Dinge und ihrer sprachlichen Repräsentation im Bewußtsein. Der Gebrauch von Begriffen beruht auf gesellschaftlichem Konsens. "Begriffe tragen keine Kennzeichen, umfassen keine Instruktionen, aus denen hervorgeht, wie man sie verwendet. Wir bestimmen den Gebrauch und stützen uns dabei auf vorhergehenden Gebrauch als Präzedenzfall." (BARNES 1981, S. 172). Entsprechend den Vorstellungen der Gestaltpsychologen werden Begriffe nach dem Konzept vom "Grad der Übereinstimmung" angewandt: Die Identifikation bzw. Einordnung eines einzelnen wahrgenommenen Objektes in eine (sprachliche) Kategorie geschieht über das Abwägen von Ähnlichkeiten und Unterschieden bezüglich der individuellen und kategorietypischen Merkmale und Eigenschaften.[9] Das Wahrgenommene wird also nicht nur "registriert", sondern auch verbal analysiert, d.h. mit einer Bezeichnung oder einem Begriff versehen. In der Erinnerung wird das Zu-Erinnernde als etwas "So-Genanntes" gespeichert, und die Reproduktion des Erinnerungsinhaltes erfolgt über die sprachliche Bezeichnung (Repräsentation), den Namen des Gegenstandes.

Soweit war wiederholt von Abbildungen als Ergebnis von Wahrnehmungen die Rede; diese inneren Bilder dürfen jedoch nicht mit Vorstellungen verwechselt oder gleichgesetzt werden. Während Wahrnehmung räumliche Nähe und ungestörten Kontakt zum Gegenstand der Wahrnehmung voraussetzt,[10] fehlt Vorstellungen die unmittelbare Grundlage vorausgegangener Sinneseindrücke. Besonders deutlich wird dieser Unterschied, wenn man sich dem Bereich der Phantasie zuwendet: Hier weichen Vorstellungen z.T. erheblich von den in der Realität möglichen Wahrnehmungen ab.

Wendet man sich dem Verhältnis von Wahrnehmung und Wissen zu, dann muß man bei genauerer Betrachtung von einem wechselseitigen Abhängigkeits- bzw. Beeinflussungsverhältnis ausgehen. Zum einen erwirbt der Mensch Wissen

---

9   Vgl. dazu Kapitel 3 dieser Arbeit.
10   Die Beziehung des wahrnehmenden Individuums zum Gegenstand der Wahrnehmung muß dabei allerdings keine unmittelbare sein. Die Wahrnehmung bezieht sich dann auf die äußere Wiedergabe von Objekten in Form sprachlicher Beschreibungen. Statt einer analogen Repräsentation des Wahrnehmungsgegenstandes ist damit auch eine symbolische Repräsentation möglich.

mit Hilfe seiner Sinnesorgane, seiner Wahrnehmungsfähigkeit; Wissen ist mit anderen Worten das Produkt vielzähliger Wahrnehmungen. BLUM (1971) beschreibt Wissen als Ergebnis "der bewußten Begegnung des Menschen mit der Realität" (S. 345). Gleichzeitig ist Wissen, also verarbeitete und gespeicherte Wahrnehmungsinhalte, die Basis neuer Wahrnehmung. Ohne den Vergleich zwischen den aktuellen Wahrnehmungen und den im Gedächtnis gespeicherten Wahrnehmungen ist keine Erkenntnis möglich.[11] Mit Hilfe des gespeicherten Wissens erkennt der Mensch die Dinge seiner Umwelt (wieder). Dieses Wissen besteht hptsl. in dem Wissen um die Bedeutung der Dinge und den Sachzusammenhängen, in denen diese Dinge stehen. (Vor-)Wissen regelt somit die Gliederung und sinnvolle Interpretation von Wahrnehmungen in einer Vielzahl von Situationen. Um diese Funktion leisten zu können, ist das menschliche Wissen von kognitiven Strukturen durchzogen. Ein weit verzweigtes und beliebig erweiterbares Netzwerk von Beziehungen zwischen Wahrnehmungen und Aussagen über diese Wahrnehmungen konstituieren das Wissen.

Es darf an dieser Stelle nicht versäumt werden, darauf hinzuweisen, daß die Abhängigkeit neuer Wahrnehmung von einmal getätigter Wahrnehmung vergleichbarer Dinge bzw. die Ordnung und Interpretation der neuen Wahrnehmung durch bereits entwickelte kognitive Strukturen die Grundlage bilden für die Entstehung von Stereotypen und Vorurteilen.

Wie Wissen im Bewußtsein abgebildet wird, ist heute noch nicht eindeutig empirisch geklärt. KOSSLYN / POMERANTZ (1977) stellen die zwei wohl grundlegenden Positionen diesbezüglich dar.[12] Die Autoren verteidigen die Theorie der "mental imagery" gegen die Ansicht des "propositional knowledge", wie PYLSHYN sie vertritt.

KOSSLYN / POMERANTZ definieren Wahrnehmung als "the processing of sensory information" und "the 'mind's eye' as a processor that interprets perceptual representations in terms of 'conceptual' categories" (S. 58); dabei werden die Wahrnehmungen in "units corresponding to objects and properties of objects" strukturiert: "It is these larger units that will be stored and later assembled into images." (S. 57). Die Autoren betonen, daß diese Images nicht als "mental photographs" mißverstanden werden dürfen. An diesem Punkt setzt die Kritik

---

11 Im Sinne BACONs kann "wahre Erkenntnis" nur durch ein streng induktives Aufsteigen vom Besonderen zum Allgemeinen zustandekommen; erst eine Vielzahl von Einzelerfahrungen (bzw. -wahrnehmungen) gestattet den Rückschluß (und die Generalisierung) auf dahinterstehende Strukturen oder Gesetze; vgl. KERBER (1987), S. 281.- Auch BARNES (1981) verweist auf die induktive bzw. assoziative Eigenschaft des Erkenntnisvermögens: "Je enger bestimmte Einzelheiten in der Vergangenheit in Verbindung standen, desto größer ist die Erwartung, daß sie auch in Zukunft in einer engen Assoziation stehen werden." (S. 177).
12 Im folgenden kann leider nur in stark verkürzter Form auf den sehr interessanten Artikel von KOSSLYN / POMERANTZ (1977) eingegangen werden. Er sei zur genaueren Lektüre empfohlen.

PYLSHYNs an, der in der "picture metaphor" eine unangemessene Analogie zwischen Sehen (Wahrnehmen) und Vorstellungen (Abbildern) sieht. Er argumentiert weiter, daß die Verarbeitung und Speicherung von sensorischer Information in Form von Images eine nicht zur Verfügung stehende Speicherkapazität sowie die Fähigkeit, die gespeicherten Daten schnell und zusammenhängend wieder aufzurufen, erfordert. PYLSHYN folgert: "(...) it would seem more economical to store only the interpretations and dispense with the images entirely."[13] Die dafür notwendigen abstrakten Strukturen nennt PYLSHYN "propositions".

Weiter oben wurde bereits auf den Einfluß des sozialen Kontextes auf die Wahrnehmung des Individuums hingewiesen. Ähnlich kann auch Wissen als Ganzes als gesellschaftlich bedingt betrachtet werden. Das subjektive Wissen ist zwar bei allen Individuen verschieden, die Differenzen bewegen sich aber nur innerhalb eines bestehenden, gesellschaftlich zugelassenen Rahmens. Gleichzeitig ist Erkenntnis "interindividuell verbindlich" (HERRMANN 1965, S. 13).

Wissen entsteht dabei in einem sozialen Kontext, der hptsl. durch interpersonale Kommunikation und Interaktion gekennzeichnet ist. Die Interaktion, die Vis-à-Vis Situation bietet dem Ich die fundamentale Möglichkeit, den Anderen als alter ego, als ein anderes Ich außerhalb des eigenen Ichs zu erfahren. Mit der Wahrnehmung des Anderen als alter ego sind i.d.R. Reflexionen über die eigene Individualität verbunden. Die eminenten Vorteile der direkten Vis-à-Vis Situation liegen in ihrer Chance, die Ergebnisse der gegenseitigen Wahrnehmung (Selbst- und Fremdbild) zu korrigieren; durch Bestätigung und Zurückweisung besteht die Möglichkeit, die Entwürfe von Selbst- und Fremdbild einander anzunähern. Je weiter Interaktionen von der Vis-à-Vis Situation entfernt sind, desto geringer sind diese Korrekturmöglichkeiten (desto seltener werden Wahrnehmungen tatsächlich verändert) und desto größer ist die Gefahr von Typisierungen und Mißverständnissen.

Das Wissen des Individuums entwickelt sich also in und über seine Beziehung zu anderen Individuen. Diese Beziehungen sind entscheidend für die gegenseitige Charakterisierung und Beurteilung der Interaktionspartner, denen überwiegend solche Eigenschaften zugeschrieben werden, wie sie sich in ihrem Verhältnis zu einander darstellen. "Unsere Alltagserfahrungen deuten darauf hin, daß wir die meisten Menschen aufgrund der Beziehung zu ihnen einschätzen und nicht ihre ganz persönliche Individualität in Rechnung stellen." (YOUNISS 1980, S. 54f.). Gilt diese Feststellung für interpersonale und soziale Beziehungen, die sich in relativer sozialer Nähe entwickeln, so gilt sie noch viel mehr für "Beziehungen" mit sozialer und geopolitischer Distanz, da gerade dort der Andere nur in seinem Verhältnis zum beschreibenden und beurteilenden Indivi-

---

13 Hier zitiert nach KOSSLYN / POMERANTZ (1977), S. 55.

duum von Wichtigkeit ist. Das Wissen über den Anderen besteht demzufolge größtenteils aus Elementen, die für die Beziehung, d.h. für das (potentielle) Interaktionsverhalten von Relevanz sind.

2.2 Exkurs: Wahrnehmung und Realität

"Die Wirklichkeit wird nicht an sich selbst gemessen, sondern an dem Bild, das man von ihr hat."
(Franz Dröge)[14]

Der Zusammenhang zwischen Realität, Wahrnehmung und Vorstellung bildet eines der zentralen Themen der Wissenssoziologie, insbesondere der Erkenntnistheorie, und nicht zuletzt philosophischer Auseinandersetzung bei KANT (1724-1804) und HEGEL (1770-1831). Im folgenden wird kursorisch auf drei grundlegende Annahmen über das Verhältnis von Wahrnehmung und Realität eingegangen.

Materialistischer Denkanschauung zufolge ist Wahrnehmung abhängig von der Wirklichkeit bzw. von physikalischen Ereignissen. Es muß eine objektive Wirklichkeit geben, die unabhängig von der menschlichen Wahrnehmung und dem menschlichen Denken existiert. Materielle Gegenstände verursachen im "Zusammentreffen" mit menschlichen Sinnesorganen Wahrnehmung und Erkenntnis. Die Inhalte des Bewußtseins werden also durch die Erfahrung der Wirklichkeit vermittelt. Unterstellt wird damit die Möglichkeit objektiver Wahrnehmung, d.h. wertungs- und urteilsfreien Beobachtens. Insbesondere die Naturwissenschaften reklamieren aufgrund der von ihnen entwickelten Beobachtungs- und Meßmethoden dieses Axiom der Objektivität für sich. In Anbetracht der Tatsache, daß der Wissenschaftler als Subjekt agiert (forscht), die zu untersuchenden Realitätsausschnitte und Merkmale subjektiv gewählt sowie Hypothesen nicht selten post hoc formuliert werden, muß man dieses Postulat jedoch stark in Frage stellen.

Die als Idealismus bezeichnete philosophische Grundanschauung geht im Gegensatz zum Materialismus davon aus, daß die Wirklichkeit nicht unabhängig von der geistigen Leistung des wahrnehmenden und erkennenden Individuums ist; die Außenwelt ist vielmehr Objekt von Erfahrungen. Die Sinneseindrücke können zu großen Täuschungen (z.B. optischen Täuschungen) unterlegen sein, als daß aus ihnen verläßliche Aussagen über die Realität gemacht werden könnten.

---

14 Zitiert nach DRÖGE (1967), S. 143.

Hinzu kommt, daß eine intersubjektive Vergleichbarkeit der Sinneserlebnisse nicht möglich ist. Zur Wahrheit führt letztlich nur die eigene Vernunft. Folgt man KANT, dann ist der Inhalt jeder Wahrnehmung lediglich die eigene Wahrnehmungstätigkeit; im Bewußtsein herrschen Ordnungen vor, die nicht in der Realität zu finden sind. KANT geht davon aus, daß die Kategorien dieser Ordnung, und dazu zählt er Raum, Zeit und Kausalität, dem Menschen angeboren sind.[15]

HAJOS (1977) reduziert diese philosophische Auseinandersetzung auf kybernetische Zusammenhänge zwischen Wahrnehmung, Realität und Überlebenszwänge des Menschen. Seiner Meinung nach liegt das Funktionskriterium der Wahrnehmungsprozesse auf einer "relativ anspruchslosen Realitätsebene": "Das Sinneserlebnis ist 'wahr', wenn eine Reaktion oder Aktion des Individuums auf eine Umweltsituation Erfolg hat." (S. 531). Demzufolge ist es Aufgabe des Wahrnehmungsapparates (wie jedes kybernetischen Systems), die Anpassung des Menschen an die Gegebenheiten seiner Umwelt fortwährend zu optimieren.

2.3 Einstellungen

"Alles Denken ist
Zurechtmachen."
(Christian Morgenstern)[16]

Aus Wahrnehmung, Wissen und Erkenntnis bilden sich schließlich die Einstellungen eines Individuums. Wie sich bei der Begriffsklärung von Stereotypen, Vorurteilen und Feindbildern zeigen wird, werden Einstellungen aber auch noch von anderen Faktoren beeinflußt, z.B. dem Imitationsverhalten des Kindes, das in seiner Sozialisationsphase Einstellungen (die es bei Eltern, Freunden etc. "wahrnimmt") von seiner Umwelt lernt bzw. übernimmt. In diesem Sinne sind Einstellungen konstituierende Elemente der Kohäsion einer sozialen Gruppe.

Da der Begriff "Gruppe" noch wiederholt auftauchen wird, muß an dieser Stelle kurz geklärt werden, was unter diesem Begriff zu verstehen ist. Eine Gruppe besteht aus einer Gemeinschaft von Individuen, die gemeinsame Ziele verfolgen und das Bewußtsein eines Zusammengehörigkeitsgefühls

---

15 Vgl. die Ausführungen zum KANTschen Idealismus bei SCHÖNPFLUG (1989), S. 70.
16 Hier zitiert nach KÖPPING (1979), S. 102.

(Wir-Gefühl) entwickelt haben, also zwischen Mitgliedern und Nicht-Mitgliedern unterscheiden (können). Die von der Mehrheit der Gruppenmitglieder geteilten Überzeugungen, Normen und Wertvorstellungen steuern als integrierende Strukturen die Interaktionsprozesse der Individuen.

Da, wie bereits gesagt, Vorurteile und Feindbilder als Sonderformen von Einstellungen zu verstehen sind, hier zunächst eine grundsätzliche Erläuterung dessen, was mit dem Begriff "Einstellung" gemeint ist. Schwierig ist dabei v.a. die Differenzierung der verschiedenen in diesem Zusammenhang gebrauchten Termini, die z.T. aus dem Englischen übernommen (übersetzt) worden sind: Einstellung, Meinung, Haltung, Überzeugung, Gesinnung, Auffassung, attitude (Attitüde), belief, opinion. Häufig wird ein Begriff mit einem anderen erklärt. So z.B. bei DRÖGE (1984), der Einstellung (engl. attitude) als "internalisierte Haltung gegenüber individuell bedeutsamen Gegenständen oder Gegenstandsklassen" bestimmt (S. 92). OERTER (1978, S. 121) setzt Meinung mit dem engl. opinion gleich und bestimmt sie als kognitive Teilkomponente der attitude (affektive Elemente seien in den Bewertungen, engl. evaluation, zu suchen), wobei attitude eine Überzeugung darstelle, die weiter reiche als unverbindliche Urteile über einen Sachverhalt.

KLAPPROTT (1975) versucht eine Bestimmung von Einstellungen über ihre Merkmale. Zu diesen Merkmalen zählt er die relative Zentralität von Einstellungen (peripher - zentral),[17] ihre Richtung (positiv - negativ), ihre Affektivität, die er unterteilt in a) Intensität bzw. Extremität (schwach - intensiv) und b) Einstellungsschwerpunkt (kognitiv - affektiv - aktional), ihre Strukturiertheit (ungeordnet - geordnet), ihre Konsistenz (widersprüchlich - konsistent), ihre Komplexität (einfach - vielfältig), ihre Differenziertheit (diffus - abgegrenzt) und die sonstigen Merkmale wie den Verbreitungsgrad, die Veränderbarkeit oder die zeitliche Erstreckung von Einstellungen (KLAPPROTT 1975, S. 3-5). Diese Bestimmungskategorien sind verhältnismäßig zahlreich. Um einzelne Einstellungen überschaubar operationalisieren zu können, müßten diese Kategorien evtl. zusammengefaßt werden.

EYFERTH / KREPPNER (1972, S. 1342) übergehen in ihrer Darstellung theoretischer und empirischer Forschungen zum Bereich der Einstellungen die diversen definitorischen Versuche völlig und stellen lediglich fest, daß Attitüden, Meinungen und Haltungen unter den Begriff der sozialen Einstellungen

---

17 Zur Zentralität von Einstellungen vgl. den Aufsatz von LIPPERT / WAKENHUT (1978). Die Autoren betrachten Zentralität als eines der wichtigsten Strukturmerkmale von Einstellungen. Bezüglich des Vergleiches von Zentralität und Intensität schreiben sie: "Zentralität setzt vorhergegangene, unmittelbare Kognitionen und Erfahrungen mit dem Einstellungsobjekt voraus, während Intensität unabhängig von einer realen Auseinandersetzung mit dem Einstellungsobjekt denkbar ist. Einstellungen mit hoher Intensität können weitgehend vermittelt, z.B. von Bezugspersonen übernommen werden (...)" (S. 94).

fallen. Einstellung ist damit letztendlich als ein konstruierter, abstrakter Begriff zu verstehen.

Die verschiedenen Definitionsversuche können je nach wissenschaftstheoretischem Schwerpunkt zusammengefaßt werden:

Entsprechend dem Stimulus-Response-Modell ist attitude die erlernte Antworttendenz, auf bestimmte sozial bedeutsame Reize oder Reizmuster in gleicher oder ähnlicher Weise zu reagieren. Aus wahrnehmungspsychologischer Sicht ist attitude eine Erwartung bzw. ein Netz von Erwartungen bezüglich einer sozial bedeutsamen Reizkonstellation. Die phänomenologische Definition bestimmt attitudes (Haltungen) als erlebte Überzeugungen, die zu sozialen Gegebenheiten eine wertende, ich-beteiligte Stellungnahme beziehen (OERTER 1978, S. 126ff.).

Immer wieder betont wird die Relevanz von Einstellungen für Verhaltensweisen. Zum Teil werden Einstellungen sogar zu den Kausalfaktoren des Handelns gerechnet. Inwieweit diese Ansicht empirisch belegbar ist, bleibt fraglich, da zwar nur über das Verhalten des Individuums Rückschlüsse auf psychologische Prozesse gezogen werden können, gleichzeitig aber häufig eine Divergenz zwischen verbalisierten Einstellungen und nachfolgendem Verhalten zu beobachten ist.[18] Einstellungen können folglich lediglich als allgemeine, latente <u>Bereitschaft</u> (Disposition), psychologische Objekte in einer bestimmten Art und Weise wahrzunehmen und auf sie affektiv und kognitiv zu reagieren, verstanden werden. ALLPORT (1935) formuliert entsprechend: "An attitude is a mental and neutral state of readiness organized through experience and exerting a directive or dynamic influence upon the individual's response to all objects and situations to which it is related." (S. 843).[19]

Im Gegensatz zu den verschiedenen, auf <u>Reaktions</u>tendenzen ausgerichteten Definitionen von Einstellungen hat sich die Ansicht etabliert, daß Einstellungen eher Überzeugungen, d.h. innere kognitiv-affektive Strukturen sind, die Wertorientierungen bereitstellen. OERTER (1978) bestimmt attitudes z.B. als "subjektive Reaktionen auf einen Wert" (S. 11). Das Wertesystem ist demnach als innere bzw. internalisierte Organisationsform zu verstehen, in der Einstellungen zusammengefaßt und strukturiert sind. Wertekonzepte, bestehend aus affektiven und kognitiven Elementen, bilden die Richtlinien für spezifische attitudes (OERTER 1978, S. 117). Mehr noch: Wertkonzepte sind Ausdruck individueller und kollektiver Zielvorstellungen und Objektpräferenzen. In der Lebensumwelt des Individuums besitzen Objekte also verschiedene Werte. Nach TAYLOR

---

18   Im Verhalten z.B. gegenüber anderen Personen spielt neben der Einstellung zu diesen Personen auch die Einschätzung der Erwartungsstruktur der Interaktionssituation und die Bereitschaft, diesen Erwartungen zu entsprechen, eine Rolle.
19   Hier zitiert nach OERTER (1978), S. 14.

sind Werte dabei Begriffe, "die eines oder mehrere Merkmale umfassen, welche anzeigen, daß diese Begriffe angestrebt, gewünscht, kurzum positiv bewertet werden. Die Begriffe beinhalten auch Information über den Grad dieser positiven bzw. negativen Wertung."[20] OERTER (1978) verweist auf den sozialen Charakter von Werten und definiert sie als "erworbene Hypothesen gegenüber sozialen bzw. sozial bedeutsamen Objekten und Situationen" (S. 126).

Mit Hilfe der den Objekten zugeordneten Werten und den dazugehörigen Einstellungen ordnet das Individuum die Objekte aus seiner Umwelt bezüglich ihrer Bedeutung in einer zumeist hierarchischen Folge. Unter funktionalen Gesichtspunkten haben Einstellungen also die Aufgabe, eine selektive Ordnung zu formen, Orientierungshilfen bereitzustellen und damit Verhaltenskonstanz und -konsistenz zu sichern. Bei der Begegnung mit neuen, unbekannten Objekten dienen Einstellungen dazu, sich an früher erlernten zentralen Werthaltungen zu ähnlichen, vergleichbaren Objekten orientieren zu können. Dieser Mechanismus hat jedoch eminente Auswirkungen auf die Bewertung der unbekannten Objekte. "Bevor das Individuum überhaupt Gelegenheit hat, den Einstellungsbereich systematisch zu untersuchen, wird es auf diese Weise positive oder negative Stellungnahmen gegenüber den einstellungsrelevanten Objekten und Aussagen entwickeln." (KLAPPROTT 1975, S. 27). So sind Einstellungen als Selektionsinstanzen im kognitiven Verarbeitungsprozeß von Umweltreizen bzw. -informationen zu betrachten. Sie bestimmen mit, wie das Individuum die Welt sieht und wie es sich in ihr verhält.

LIPPERT / WAKENHUT (1978) weisen darauf hin, daß Einstellungen nicht nur Selektions- und Kategorisierungsinstanzen, also <u>Mittel</u> von Ausgliederung und Strukturierung von Umweltkomplexität sind, sondern gleichzeitig auch ihr <u>Produkt</u>. Das Ergebnis von Wahrnehmungs- und Bewertungsprozessen ist letztlich ein Netzwerk von Einstellungen, in dem sich Erfahrungen und Vorstellungen zu "belief systems" verdichten (HOLSTI 1962): "The belief system, composed of a number of 'images' of the past, present, and future, includes all the accumulated, organized knowledge that the organism has about itself and the world." (S. 245).

Die Einstellungsforschung hat sich seit Mitte der 30er Jahre v.a. unter Aspekten der politischen Propaganda und, in jüngerer Zeit hptsl. beeinflußt durch Werbe- und Marketing-Anstrengungen der Wirtschaft, mit Bedingungen der Einstellungs<u>änderung</u> beschäftigt.[21] Im Rahmen dieser Forschungen sind

---

20   Hier zitiert nach OERTER (1978), S. 116f. - Werte bzw. die Wahrnehmung, daß grundlegende Werte durch eine Fremdgruppe verletzt werden, spielen insbesondere im Zusammenhang mit Vorurteilen und Feindbildern eine wichtige Rolle, weshalb auf ihre Definition bereits an dieser Stelle eingegangen wird.
21   Im sozialpolitischen Bereich ist das Ziel der Forschung diesbezüglich die Umerziehung zu weniger vorurteilsbehaftetem Verhalten.

verschiedene Modelle auch zur allgemeinen Struktur von Einstellungen entstanden. Die die beiden bedeutensten sind:[22]

Der funktionalistische Ansatz
ROSENBERG / ABELSON (1958) entwerfen ein Drei-Komponenten-Modell, das im wesentlichen ein System von Kognitionen, Affekten und Konnotationen umfaßt. Dieses System drängt auf Konsistenz und trachtet, Inkonsistenzen (Dissonanzen) zu beseitigen. Die einzelnen Komponenten stehen in einem engen Zusammenhang bzw. wechselseitigen Abhängigkeitsverhältnis; "(...) das Vorzeichen (positiv oder negativ) und der Grad des Extremismus des Affekts, der gegenüber einem Objekt gefühlt wird, korrelieren mit dem Inhalt seiner assoziierten kognitiven Struktur." (OERTER 1978, S. 34). Einstellungen sind demnach im wesentlichen die kognitiven Repräsentanten von Objekten oder Objektklassen, die durch eine affektive Komponente ausgezeichnet sind; oder anders ausgedrückt: Die kognitiven Komponenten stellen die Identifikations- und Verknüpfungsregeln für die Verarbeitung von Informationen bereit, während die affektiven Komponenten eine Einstellung von einer neutralen Begriffsstruktur unterscheiden. So entsteht eine kognitive Struktur oder ein "Raum", in dem sich das Individuum mit Hilfe von affektiven und deskriptiv-evaluativen Attributen (häufig in Form von Gegensatzpaaren) orientiert: Objekte werden in diesem Raum nach ihren Merkmalen oder Attributen gruppiert, hierarchisch geordnet und in ihrer Beziehung zueinander bestimmt (KLAPPROTT 1975, S. 19-26). Veränderungen in einer der drei Komponenten ziehen i.d.R. die sukzessive Veränderung der anderen Komponenten nach sich. "Das kognitive Einstellungssystem tendiert stets zu einem Zustand kognitiv-affektiver Balance." (KLAPPROTT 1975, S. 26).

Die Theorie der kognitiven Dissonanz
Die wohl bekannteste und am häufigsten zitierte Theorie im Rahmen der Einstellungsforschung ist die Theorie der kognitiven Dissonanz von FESTINGER,[23] die auf Anregungen von HEIDER (1946) und LEWIN (1946) zurückgeht und ihre Fortsetzung bzw. Erweiterung in den Überlegungen von BREHM / COHEN (1962) findet.

HEIDERs Erklärungsansatz geht davon aus, daß das Individuum nach einem Zustand größter Vollendung und Konsistenz trachtet. Das Balance-Konzept (oder P-O-X-Modell)[24] bezeichnet eine Situation, in der die wahrgenommenen Objekte und die dabei erlebten Affekte ohne Spannung nebeneinander bestehen können. Bezogen auf Einstellungsänderungen bedeutet

---

22   Zugrunde gelegt wurden hier hptsl. die Darstellungen von OERTER (1978), KLAPPROTT (1975) und EYFERTH / KREPPNER (1972).
23   Als Basislektüre dazu FESTINGER (1957).
24   Hiermit ist die Beziehung zwischen einer Person P, einer Person O und einem Thema/Objekt X gemeint.

dies, daß, wenn P eine positive Einstellung zu O hat, und O eine positive Einstellung zu X, dann wird auch P (bald) eine positive Einstellung zu X einnehmen. Eine wichtige Rolle spielen dabei z.b. die wahrgenommene Ähnlichkeit von Überzeugungen und Zielen oder auch Gefühle wie Sympathie oder Zuneigung zwischen P und O. Einstellung bzw. Gesinnung versteht HEIDER als die Art und Weise, wie eine Person ein Objekt bewertet oder welches Gefühl sie dem Gegenstand entgegenbringt (OERTER 1978, S. 19).

In Anlehnung an HEIDER ist FESTINGER der Überzeugung, daß der menschliche Organismus versucht, seine Überzeugungen, Meinungen, Wissensbestände und Werte miteinander in Einklang zu bringen. Dissonanz in diesem kognitiven Bereich führt deshalb zu einer Aktivierung des Organismus, die erst abklingt, wenn das Gleichgewicht wieder hergestellt ist (EYFERTH / KREPPNER 1972, S. 1357). Ein Ungleichgewichtszustand tritt einerseits immer dann ein, wenn Informationen auf- bzw. wahrgenommen werden, die im Widerspruch zu bereits bestehendem Wissen oder einmal eingenommenen Einstellungen stehen. Eine Dissonanz kann dabei aber nur bei solchen kognitiven Elementen auftreten, die eng miteinander in Beziehung stehen, wobei kognitive Elemente verstanden werden entweder als eng umgrenzte Wissensbestände oder als allgemeine Strukturen wie Werte oder Werthaltungen. Andererseits sind auch Alternativ-Entscheidungen stets von Dissonanzen begleitet. "Die Dissonanz wird (...) als Folge einer Entscheidung betrachtet, die auf der Wahl zwischen positiven oder zwischen negativen Alternativen beruht oder durch eine erzwungene Zustimmung herbeigeführt wurde." (OERTER 1978, S. 45).[25] Die Stärke einer Dissonanz hängt von der Anzahl und der Wichtigkeit der beteiligten Elemente ab, wovon wiederum die Stärke des Bedürfnisses abhängt, diese Dissonanz abzubauen.

In Erweiterung FESTINGERs Theorie haben BREHM / COHEN (1962) die Begriffe "ego-involvement" (Verpflichtung) und "commitment" (Engagement) eingeführt. Die individuelle Bedeutsamkeit des Themas oder Gegenstandes ist für das Individuum beim Auftreten von Dissonanzen entscheidend. Je größer das ego-involvement in einen Gegenstand ist, desto stärker wird die Dissonanz ausfallen, wenn den Gegenstand betreffende und der eigenen Einstellung widersprechende Informationen wahrgenommen werden. Abweichend von FESTINGER nehmen die Autoren an, daß nicht ein Ungleichgewicht in den kognitiven Strukturen aktivierend (d.h. auf Dissonanzreduktion hin) wirkt, sondern die Motive oder Bedürfnisse, mit denen die betroffenen dissonanten Elemente verknüpft sind (OERTER 1978, S. 62). Das Individuum ist aber in jedem Fall bemüht, Dissonanzen abzubauen:

---

25 Dieser Aspekt der Dissonanz-Theorie hat insbesondere in der Werbepsychologie zur Erklärung und Beeinflussung von Kaufentscheidungen Beachtung gefunden.

"1. Das Bestehen von Dissonanzen, das psychologisch unbehaglich ist, motiviert die Person dazu, daß sie die Dissonanz zu reduzieren und Konsonanz zu erzielen versucht.
2. Wenn Dissonanz besteht, wird die Person neben dem Versuch, sie zu reduzieren, aktiv Situationen und Informationen vermeiden, welche möglicherweise die Dissonanz vergrößern könnten." (FESTINGER 1957, S. 3).[26]

Die aktive Suche nach konsonanter Information und die Vermeidung dissonanter Information müssen dabei als zwei getrennte Strategien der Dissonanzreduktion betrachtet werden. Veränderung eines oder mehrerer Elemente, die an der Dissonanz beteiligt sind, Hinzufügen neuer kognitiver Elemente, die konsonant mit schon bestehenden kognitiven Einheiten sind, oder Verringerung der Bedeutsamkeit von Elementen, die in dissonante Beziehungen verwickelt sind, stehen dem Individuum als Möglichkeiten zur Dissonanzreduktion zur Verfügung (OERTER 1978, S. 44).

FESTINGERs Theorie, zunächst nur individual-psychologisch ausgerichtet, hat ihre Implikationen auch im sozialen Kontext. Dissonanz wird nicht zuletzt durch das Erfahren abweichender oder gar gegensätzlicher Meinungen bei anderen, evtl. nahestehenden oder sympathischen Personen hervorgerufen. Die Dissonanz wächst dabei mit der Bedeutung der bestehenden Meinung für das Individuum, mit der Relevanz oder Glaubwürdigkeit der erfahrenen Meinung (z.B. Äußerungen eines Experten) und mit der emotional positiven Nähe zu der Person, die eine konträre Meinung äußert. Je mehr Mitglieder einer sozialen Gruppe jedoch die eigene Meinung teilen bzw. je stärker dies angenommen wird, desto geringer ist die Dissonanz bei der Begegnung mit abweichenden Meinungen. In diesem Zusammenhang ist auch die Nähe der Meinung zur "Realität" von Bedeutung: Unter Umständen wird eine Überzeugung, und das ist gerade bei Vorurteilen der Fall, selbst dann nicht aufgegeben, wenn sie offensichtlich an der Realität vorbeigeht, das Individuum in seiner Einstellung aber die soziale Unterstützung durch eine Gruppe Gleichgesinnter erfährt bzw. glaubt, sie zu erfahren.

Soweit die Bestimmung von Wahrnehmung, Wissen und Einstellung. Wie sind vor diesem Hintergrund die Begriffe "Image", "Stereotyp", "Vorurteil" und "Feindbild" zu definieren?

Besonderer Wert wird in dieser Arbeit auf die Reihenfolge der Nennung dieser Begriffe bzw. der damit bezeichneten sozialpsychologischen Phänomene gelegt. Hier wird die Ansicht vertreten, daß diese Phänomene hierarchisch geordnet werden können, wobei sich hierarchisch hptsl. auf den Extremitätsgrad

---

26 Hier zitiert nach OERTER (1978), S. 42.

der jeweils mit ihnen verbundenen Emotionen bezieht: Eines ist Teilelement des nächsten und ist ohne das vorhergehende nicht möglich. BRIGHAM (1971) schreibt diesbezüglich: "In other words, in order to be prejudiced against Group A (and, in the same sense, to hold stereotypes about Group A), one must have a concept (category) of the group." (S. 26).[27] Und weiter: "(...) prejudice does not exist in the absence of stereotyping (...)" (S. 27). Schematisch kann man sich diese Zusammenhänge etwa folgendermaßen veranschaulichen:

Abbildung 1

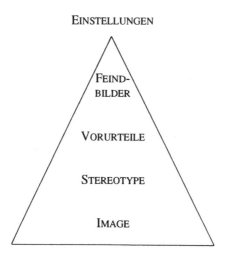

Eine einheitliche Definition jedes einzelnen dieser Begriffe war in der gesichteten Literatur nicht zu finden. Zum Teil versuchen die Autoren, einen dieser Begriffe mit dem anderen zu erklären oder verwenden zwei oder drei der Begriffe synonym. Recht häufig war in Anlehnung an BERGLER (1966) die Subsumierung von Image, Vorurteil und Feindbild unter den Begriff "stereotype Systeme" zu finden. BERGLER definiert stereotype Systeme als "verfestigte, vereinfachte, gefühlsgesättigte, dynamische, ganzheitlich strukturierte Systeme zur Bewältigung allgemeiner, aber auch spezieller Situationen personaler wie apersonaler Art, in der ständig begegnenden Welt, denen die objektive, notwendige empirische Begründung mangelt" (S. 100).

---

27 "Concept" oder "category" können als Synonyme für Image verstanden werden.

Obwohl in dieser Arbeit die Ansicht geteilt wird, daß Image, Stereotyp, Vorurteil und Feindbild eng miteinander verwandt sind, im alltagssprachlichen Gebrauch nur undeutlich getrennt werden und die ihnen zugrundeliegenden Strukturen Ähnlichkeiten und Übereinstimmungen aufweisen und deshalb schwer voneinander abzugrenzen sind, können sie jedoch nicht pauschal unter den (unpräzisen) Ausdruck "stereotype Systeme" subsumiert werden. Auch die synonyme Verwendung der Bezeichnung "soziale Stereotype" und "Vorurteile", wie sie BARRES (1974, S. 51f.) oder auch TAJFEL (1982, S. 42) vornehmen, ist zu sehr verkürzend.

Bevor eine <u>Einzelbetrachtung</u> der Begriffe folgt, die den dahinter stehenden sozialen und psychologischen Phänomenen gerechter wird, zunächst ein Blick auf ihre Ähnlichkeiten.

Eine grobe Unterscheidung kann zunächst einmal getroffen werden zwischen Image und Stereotyp auf der einen und Vorurteil und Feindbild auf der anderen Seite. Während erstere überwiegend beschreibenden Charakter tragen, d.h. hptsl. aus Vorstellungen bestehen, beinhalten letztere zusätzlich (affektive) Bewertungen des Betrachtungsgegenstandes.

Alle vier sozialpsychologischen Phänomene werden in der Fachliteratur unter dem Aspekt der "Reduktion von Komplexität" behandelt. In unterschiedlichem Abstraktionsniveau stellen sie Kategorien bereit, mit denen das Individuum Elemente seiner Umwelt ordnet und sich in ihr orientiert. Insofern stehen Images, Stereotype, Vorurteile und Feindbilder in einem Wechselverhältnis zur Wahrnehmung der Realität: Sie sind sowohl Folge wie auch Instanzen selektiver Wahrnehmung und Informationsverarbeitung. Informationen, die nicht mit den einmal gebildeten Vorstellungen von einem Objekt bzw. Subjekt übereinstimmen, werden ignoriert oder umgedeutet.[28]

Gleichzeitig vereinfachen und verallgemeinern Images, Stereotype, Vorurteile und Feindbilder den jeweiligen Betrachtungsgegenstand in unzulässiger Weise. Unzulässig sind diese Generalisierungen insofern, als sie von empirisch durchaus korrekten Einzelerfahrungen Allgemeinaussagen ableiten, ohne hinzutretende, modifizierende (Situations-)Bedingungen zu berücksichtigen. Insbesondere Vorurteile und Feindbilder basieren daher im Sinne der Logik auf axiomatischen Trugschlüssen. Während Images, Stereotype und Vorurteile sowohl positive als auch negative Vorstellungen (bzw. Bewertungen) enthalten können, reduzieren Feindbilder ein Objekt oder Subjekt auf einige wenige, ausschließlich negative Merkmale. Merkmals- und Eigenschaftszuschreibungen in Vorurteilen und Feindbildern markieren überwiegend das Verhältnis zwischen Betrachter und Betrachtetem, wobei Feindbilder extrem zwischen "Gut" und

---

28 Für Images gilt dies allerdings nur eingeschränkt.

"Böse" polarisieren. Insoweit sind Vorurteile und Feindbilder keine isolierten Größen. Vielmehr kontrastieren sie Selbstbild (Autostereotyp) und Fremdbild (Heterostereotyp) miteinander; die eigene Position, oder besser: Identität wird mit Hilfe der fremden Position definiert (bzw. umgekehrt). Ähnlichkeiten und Unterschiede werden dabei besonders akzentuiert.

Images, Stereotype, Vorurteile und Feindbilder werden in der Sozialisationsphase des Individuums erlernt. Familie, Schule, Peergroup (Bezugsgruppe) und nicht zuletzt die Massenmedien sind Instanzen in diesem Lernprozeß. DRÖGE (1967): "Stereotypen stellen so unter anderem ein soziales Erbe (social heritage) dar, das sich aus den Normen, kollektiven Einstellungen, kulturellen Institutionen, Kommunikationsgewohnheiten etc. von Gruppen und Nationen bildet." (S. 127). Diese aus der historischen Entwicklung des Verhältnisses zwischen den beteiligten sozialen Gruppen entstandenen tradierten Vorstellungskomplexe prägen in der jeweiligen Generation die Einstellungen zu einem Objekt oder Subjekt, bevor ein Primärkontakt überhaupt zustandekommt. Als kollektive und weniger individuelle[29] Einstellungs- und Bewertungsergebnisse ermöglichen sie dem einzelnen die Integration in und die Identifikation mit der Gruppe und dienen so der Gruppenkohäsion.

Einmal in die "belief systems" (HOLSTI 1962) eingegangen, sind insbesondere Stereotype, Vorurteile und Feindbilder relativ starr und nur schwer zu verändern. KATZ / BRALY (1935) sprechen auch von "fixed impressions" (S. 181). Für Images dagegen konstatiert DRÖGE (1967), daß ihnen der Sinn der "dauernden Form", des Langlebigen fehle (S. 123). Sie können neuen, objektbezogenen Umweltreizen korrigierend angepaßt werden.

Ähnlich der oben angeführten Hierarchie der Emotionsextremität lassen sich Images, Stereotype, Vorurteile und Feindbilder in dieser Reihenfolge entlang eines Kontinuums anlegen, das die Zugänglichkeit neuer Information zu den einzelnen "belief systems" mißt. Am unteren Ende dieses Kontinuums stehen die relativ "offenen" Images, am oberen Ende die "geschlossenen" Feindbilder.

---

29   EDWARDS (1940) spricht diesbezüglich von einer "interindividuellen Homogenität" (hier zitiert nach BERGLER / SIX 1972, S. 1387).

2.4 Images

> "Wir werden behaupten, daß alles, was der Mensch tut, nicht auf unmittelbarem und sicherem Wissen beruht, sondern auf Bildern, die er sich selbst geschaffen oder die man ihm gegeben hat."
> (Walter Lippmann)[30]

Das Wort Image ist aus dem anglo-amerikanischen Sprachgebrauch ins Deutsche übernommen worden und geht etymologisch auf lat. imago: das Bild zurück. FREUD und später auch JUNG verstehen imago als ein idealisiertes Vorbild für die Libido-Beziehung: Das imago wird in frühester Kindheit unbewußt gebildet und kann als Idealbild eines Partners die sozialen Beziehungen des Erwachsenen beeinflussen. In Anlehnung an FREUDs imago-Theorie findet in den folgenden Definitionen hptsl. die affektive Komponente der Images Beachtung.

Mit Image ist selbstverständlich keine optische Darstellung oder Abbildung eines Subjekts oder Objekts gemeint, sondern ein kognitiv-psychologisches Konstrukt derselben, d.h. die Einheit von Vorstellungen, Gefühlen und Ideen, die eine Person mit einem Element aus ihrer Umwelt verbindet. LIPPMANN (1964) hat als erster "mental images" begriffen als "Bilder in unseren Köpfen", als Vorstellungen von etwas, die unsere Wahrnehmung derselben Sache beeinflussen.

Nicht zu übersehen ist in den vielen Definitionen von Image die begriffliche Nähe der Erklärungsansätze zu den Ausdrücken "Bild" oder "Abbild(-ung)". QUANDT (1989) bezeichnet Images z.B. als "bildhafte subjektive Vorstellungen" mit einer eher "widerspruchsvoll-assoziative[n]" denn einer "konsistent-logische[n] Struktur" (S. 36). NICKLAS / OSTERMANN (1989) definieren Images als Formen der subjektiven Abbildung oder "Symbolisierungen von Realität" im menschlichen Bewußtsein (S. 28). DRÖGE (1967) setzt Image mit "Leitbild" (S. 124) gleich, was auf die verhaltenssteuernde Funktion von Images verweist. GOTTSCHLICH / OBERMAIR (1989) haben sich von dem stark durch den "Bild"-Begriff geprägten Verständnis z.T. gelöst und definieren Image als "mehr oder weniger synthetische Totalimpression von einem Objekt in einem sozialen Bezugssystem" (S. 54).

---

[30] Zitiert nach LIPPMANN (1964), S. 28.

Auf die Problematik des "Bild"-Begriffs wurde bereits im Zusammenhang mit der Abbildung von Wissen im menschlichen Bewußtsein eingegangen.[31] Insbesondere im Kontext mit Images als Ausdrucksform von Einstellungen wird die Unzulänglichkeit des "Bild"-Begriffs deutlich, da er zu sehr im Gegenständlichen verhaftet ist und dem Abstrakten der in Images ablaufenden Bewußtseinsprozesse nicht gerecht werden kann.

Ungeklärt ist bislang die Rolle der (persönlichen oder kollektiven) Erlebnisse und Erfahrungen bei der Bildung von Images. Dieser Bereich erscheint bei der Definition von Image z.b. für WOLF (1969) problematisch. So möchte er Images von der (individuellen) Erfahrung ganz trennen; er bezeichnet Image als "das Vorstellungsbild von einem Gegenstand, das unabhängig vom Stellungnehmenden existiert, ihm vorgegeben und seiner persönlichen Erfahrung gegenüber indifferent ist" (S. 948). Dasjenige "Vorstellungsbild von einem Gegenstand, das durch die bisherige wirksame persönliche Erfahrung geprägt wurde" (S. 949), bezeichnet WOLF als "Gegenstandsbild". WOLF setzt die von der menschlichen Wahrnehmung unabhängige Existenz der Dinge voraus und vertritt die Ansicht, daß ein urteilendes Individuum unterscheiden kann zwischen dem objektiven, nicht-evaluativen Bild und den subjektiv geprägten Vorstellungen über denselben Gegenstand (Abbildung). Von der Differenz zwischen der objektiven Beschaffenheit der Welt und dem subjektiven Wissen von ihr kann zwar grundsätzlich ausgegangen werden; empirisch ermittelbar ist sie jedoch wohl kaum, was auch WOLFs Unterteilung in Image und Gegenstandsbild für eine empirische Analyse unbrauchbar macht. Was WOLF hier außerdem versucht, ist die Trennung von Primär- und Sekundärerfahrung, die jeweils unterschiedlich geformte Images (auch von dem gleichen Gegenstand!) erzeugen. Diese begriffliche Unterscheidung ist wenig sinnvoll, da i.d.R. Primär- und (vielfach über die Massenmedien erworbene) Sekundärerfahrungen ineinander geblendet werden und nur schwer voneinander zu trennen sind. So betont z.B. PRAKKE (1968) den sozialen Charakter von Images, der ja gemeinsame Erlebnisse und Sekundärerfahrungen notwendig voraussetzt. Er definiert Images als "kollektive Vorstellungsinhalte bezüglich Personen und Sachverhalten, die, ohne einer Wirklichkeitskontrolle unterworfen zu sein, verhaltenssteuernd sind" (S. 156).

Viel zitiert ist auch heute noch die Image-Theorie von BOULDING (1956). Images sind in seinen Augen eine spezifische, subjektive Form von Wissen, mit deren Hilfe das Individuum seine Umwelt einschätzt und strukturiert, Entscheidungen fällt und handelt. Gerade im Image von dem Anderen sammeln sich die Prognosen, die das Individuum über das Verhalten und die Reaktionen des Anderen in bestimmten Situationen macht (JERVIS 1970, S. 5). Diese Prognosen, dieses Image vom Anderen, sind funktional notwendig für die

---

31   Vgl. noch einmal KOSSLYN / POMERANTZ (1977).

Verhaltenssteuerung und die Aufrechterhaltung von Verhaltenssicherheit. Die Bildung bzw. das Vorhandensein von Images ist also kein persönlichkeitsspezifisches, abweichendes Verhalten, sondern ein legitimer und notwendiger psychischer Prozeß.[32] BOULDING (1956) definiert Image wie folgt: "The image (...) must be thought of as the total cognitive, affective, and evaluative structure of the behavior unit, or its internal view of itself and its universe." (S. 120). Von Bedeutung ist hier der Hinweis auf das reflexive, d.h. auf das wahrnehmende Subjekt selbst bezogene Element ("internal view of itself"). GOFFMAN (1971) greift dies als "Selbstbild" des Individuums in seiner Interaktionstheorie auf. Als Autostereotyp spielt es in Stereotypen, Vorurteilen und Feindbildern eine wichtige Rolle; dazu später.

Der Begriff "Image" wird heute fast ausschließlich im Bereich der Marktpsychologie (Absatz- und Werbepsychologie) verwendet. Dort geht das Verständnis von Image über Vorstellungen, Gefühle und Ideen (s.o.) hinaus und meint die Gesamtheit der Einstellungen, Erwartungen und Anmutungserlebnisse, die subjektiv mit einem Meinungsgegenstand (hptsl. einem Funktionsträger aus dem System des Marktes)[33] verbunden sind. Es wird betont, daß Marktteilnehmer (Hersteller und Händler) i.d.R. selber an der Schaffung und Pflege eines (Firmen-)Images interessiert sind (BLEIBTREU-EHRENBERG 1989, S. 33) und professionelle Berater (Public Relations-Agenturen) zu diesem Zweck engagieren. Alltagssprachlich wird im Zusammenhang mit Unternehmen, aber auch mit politischen Personen oder Parteien, das Image oft gleichgesetzt mit dem "Ruf", den solche öffentlichen Funktionsträger haben (oder zugeschrieben bekommen). Image scheint demnach zumindest in Bereichen mit größerer gesellschaftlicher Relevanz auch immer in Bezug zu Öffentlichkeit und Publikum zu stehen. Interessant ist in diesem Kontext festzustellen, daß die Imagebildung von Firmen und Großunternehmen häufig das Kennzeichen der Personifizierung trägt, so daß von einem "psychologischen Profil" dieser Unternehmen gesprochen werden kann.

Bis hierher sollte deutlich geworden sein, daß die meisten Definitionsversuche von Image sich auf den Begriff der Vorstellungen, die das Individuum von einem Einstellungsgegenstand hat, stützen. Diese Vorstellungen setzen sich zusammen aus Eigenschaften, Merkmalen u.ä., die an einem Objekt bzw. Subjekt wahrgenommen oder ihm zugeschrieben werden. Die Genauigkeit dieser

---

32   Dasselbe gilt (eingeschränkt) auch für Stereotype, nicht aber für Vorurteile und Feindbilder. Das jeweils legitime Vorhandensein könnte von daher als Unterscheidungsmerkmal zwischen Image und Stereotyp einerseits und Vorurteil und Feindbild andererseits verwendet werden.
33   Der Unterteilung von Image und Stereotyp, wie DRÖGE (1967, S. 122-126) sie vornimmt, nämlich daß Images sich immer nur auf Konsumgüter (Objekte) beziehen, Stereotype dagegen für die Verhaltenserwartungen von Menschen an andere Menschen (Subjekte) stehen, wird in dieser Arbeit nicht gefolgt. Auch Menschen kann ein Image zugeschrieben werden - man denke nur an das Image von Prominenten aus Politik oder Wirtschaft.

Eigenschaftszuschreibungen ist in starkem Maße von der Distanz respektive Nähe des Betrachters zum jeweiligen Objekt der Betrachtung abhängig. Je näher das Objekt dem geographischen, psychischen, kulturellen, politischen Standpunkt des Betrachters ist, desto genauer wird seine Beschreibung ausfallen. Mit zunehmender Distanz wird diese Genauigkeit geringer.

Definition
Image wird hier definiert als die mehr oder weniger strukturierte und als dynamisch zu verstehende Einheit aller Vorstellungen, Bewertungen und Assoziationen, die eine Person oder ein Kollektiv einem Objekt oder Subjekt entgegenbringt. Ein Image setzt sich dementsprechend zusammen aus der Summe einzelner, speziell dem Objekt oder Subjekt attribuierter, bewertender Eigenschaften, wobei die Zuschreibung von Eigenschaften bzw. ihre Bewertung in positiver wie in negativer Richtung erfolgen kann.[34]

2.5 Stereotype

> "Das Streben nach Vereinfachung, das in der Ökonomie des Lebens und des Denkens ein unentbehrliches Element darstellt, führt in der öffentlichen Aussage und Meinungsbildung zur schwarzweiß-Manier."
> (Walter Hagemann)[35]

Das Wort Stereotyp stammt aus dem Griechischen und bedeutet "dauerhafte Form". Zunächst war Stereotyp im Buchdruck eine technische Bezeichnung für das Drucken mittels feststehender Lettern. Heute wird der Begriff fast ausschließlich in übertragener Bedeutung gebraucht. In der Psychiatrie ist damit z.B. die "triebhafte, sich gegen das bewußte Denken (...) durchsetzende Wiederkehr der gleichen, oft sinnlos erscheinenden Gedanken, Worte, Wortbruchstücke, Wortneubildungen, aber auch von leeren Bewegungen und eigenartigen Handlungen" gemeint (BERGLER / SIX 1972, S. 1371).

---

34   Dies verweist (bewußt und absichtlich) auf den aus der Marktpsychologie stammenden Begriff des "psychologischen Profils", der auch in der Sozialpsychologie gut anwendbar ist.
35   Zitiert nach HAGEMANN (1951), S. 70.

Allgemeinsprachlich ist ein Stereotyp ein ständig unverändert wiederkehrendes Muster. Synonym wird auch häufig der Ausdruck "Klischee"[36] verwendet.

Allgemein wird die Ansicht vertreten, daß Stereotype für den Menschen notwendig sind, um sich in seiner Umwelt zurechtzufinden. LIPPMANN (1964) formuliert: "Die reale Umgebung ist insgesamt zu groß, zu komplex und auch zu fließend, um direkt erfaßt zu werden. (...) Obwohl wir in dieser Umwelt handeln müssen, müssen wir sie erst in einfacherem Modell rekonstruieren, bevor wir damit umgehen können." (S. 18). Stereotype vereinfachen die Welt. Im Sinne von LUHMANN stellen sie eine Form der "Reduktion von Komplexität" dar. Positiv formuliert liefern sie Orientierungshilfen. "Stereotypen sind zunächst einmal Kategorien, die die soziale Umwelt in verständliche und überschaubare Einheiten aufteilen, damit Chaos verhindern und eine auf gemeinsamen Werten, Erwartungen und Vorstellungen aufgebaute Organisation und ein entsprechend sinnvolles Verhalten in der sozialen Umwelt möglich machen." (SPILLMANNs 1989, S. 25). So vereinfachen (und ersetzen) Stereotype das Denken. Man kann von Stereotypen auch als Denkschablonen oder Denkschemata sprechen. So gesehen stellt die Gesamtheit der Stereotype, die eine Gruppe von Individuen besitzt, ein konventionalisiertes Ordnungssystem ihrer Umwelt dar. Diese Feststellung impliziert bereits, daß Stereotype nicht individuell ausgeprägt sein müssen, sondern auch inter-individuelle Phänomene sind.

Im Hinblick darauf, daß diese Orientierungshilfen nicht neutral sind, sondern immer auch Wertungen enthalten, stellt sich nun die Frage, wie solche Kategorien des Denkens zustande kommen. Ein Teil der Stereotype, die der Mensch besitzt, beruht zum einen auf Partialerfahrungen, die er mit dem Einstellungsgegenstand gemacht hat, und zum anderen auf Sekundärerfahrungen (Fremdinformationen, z.B. Hörensagen). LIPPMANN (1964, S. 74) und DRÖGE (1967, S. 126) behaupten, daß Stereotype <u>vor</u> der eigentlichen Erfahrung, vor dem Gebrauch der Vernunft liegen. Stereotype enthalten kein empirisch nachweisbares Wissen, keine wirkliche Erkenntnis einer Sache, sondern eine Ansammlung diffuser Vorstellungen. In diesem Sinn sind Stereotype antizipierende Vorstellungskomplexe. LIPPMANN (1964): "Meistens schauen wir nicht zuerst und definieren dann, wir definieren erst und schauen dann." (S. 63). Wird am Gegenüber ein Charakterzug wahrgenommen, der einen "wohlbekannten" Menschentyp kennzeichnet, dann ist man schnell bereit, den Rest des Bildes mit vorgefaßten Vorstellungen zu füllen. Aus der Wahrnehmung entfallen dabei all diejenigen Merkmale, die nicht in das stereotype Bild von

---

36 Laut Duden Fremdwörterbuch handelt es sich bei einem Klischee um eine "eingefahrene, überkommene Vorstellung" (zitiert nach Duden Fremdwörterbuch. 5. Auflage. Mannheim 1990, S. 403). Dort liest sich auch folgende "Übersetzung" von Stereotyp: "eingebürgertes Vorurteil mit festen Vorstellungsklischees innerhalb einer Gruppe" (S. 743). - Im Unterschied zum Stereotyp definiert sich das Klischee im übrigen über die Häufigkeit des Auftretens einer verbalen Äußerung; vgl. WENZEL (1978), S. 33f.

dem Objekt oder Subjekt passen. Stereotype vereinheitlichen und generalisieren[37] also die Vielfältigkeit der wahrnehmbaren und beobachtbaren Dinge. Erfahrungen werden dabei aus ihrem ursprünglichen Kontext herausgelöst.

Stereotype bewegen sich deshalb auf einem hohen Abstraktionsniveau. Formulierungen wie "Der typische Deutsche ist ...", "Der Deutsche schlechthin ..." oder "Das Wesen des Deutschen ..." sind wichtige Hinweise auf Stereotypien: Aus einer Fülle von Merkmalen oder aus einer Gruppe von Individuen werden einige wenige Muster- oder Einzelfälle herausgegriffen[38] und als Repräsentanten, als typisch für die ganze Gruppe behandelt. Gleichzeitig werden spezifische Eigenschaften oder Merkmale ignoriert. Der Gruppe wird in überzogener Form eine Homogenität unterstellt, die sie nicht besitzt (QUASTHOFF 1973, S. 167f.).

KLINEBERG (1950) behandelt diesen Aspekt unter dem Titel der "Kernel of Truth"-Hypothese. Er behauptet, daß einige Eigenschaften, die das bewertete Objekt bzw. Subjekt tatsächlich besitzt, den Inhalt der zugeordneten bzw. zuordenbaren Stereotype bestimmt; oder anders herum gesprochen: Stereotype können sich nur aus objektiv vorhandenen Charaktermerkmalen entwickeln. Kritisch muß dazu bemerkt werden, daß die Feststellung, welche Eigenschaften objektiv inhärent sind, in streng wissenschaftlichem Verständnis nicht zu leisten ist.[39]

Stereotype haben Etikett-(oder Formel-)charakter.[40] Hinter einem Begriff bzw. Ausdruck oder einer Bezeichnung verbirgt sich eine Fülle von kognitiven Assoziationen und Konnotationen. "Das Stereotyp und sein verbaler Träger bilden eine organische Einheit." (SCHAFF 1980, S. 73). Mit der Nennung einer solchen Bezeichnung erspart man sich die Aufzählung all der Eigenschaften des Bezeichneten, die man für "typisch" hält. Gleichzeitig ergibt sich aus diesen "Eigenschaften" eine Überzeichnung des Bezeichneten: Seine Beschreibung wird mit Hilfe von Extremen vorgenommen.[41] Häufig greifen mehrere stereotypisierende Begriffe ineinander, z.B. "Gastarbeiter" und "Ausländer". QUASTHOFF (1973) spricht von der "Ähnlichkeit zwischen den einzelnen semantischen Profilen" (S. 159). Obwohl sowohl QUASTHOFF wie auch WENZEL (1978) den Ausdruck "stereotyper Begriff" benutzen, definieren beide Autoren Stereotype vornehmlich als "verbale Ausdrücke" (die aus einer Wort-

---

37 Bei BRIGHAM (1971, S. 30ff.) finden sich einige interessante Überlegungen zu der Problematik, inwieweit Verallgemeinerungen in Stereotypen gerechtfertigt sind oder nicht.
38 Dies geschieht oft auf der Basis partieller Erfahrungen, die mit dem "beurteilten" Objekt bzw. Subjekt gemacht wurden.
39 Vgl. dazu Kapitel 2.2 dieser Arbeit.
40 Ansätze aus dem Bereich des "labelling approach" können bei der Analyse dieser Etiketten hilfreich sein. Vgl. dazu Kapitel 3 dieser Arbeit.
41 In der semantischen Analyse lassen sich daher des öfteren die superlativen Formen von Adjektiven finden.

gruppe bestehen) und schreiben ihnen Satzcharakter zu: "Da das Stereotyp so definiert worden ist, daß es einer Klasse von Personen bestimmte Eigenschaften oder Verhaltensweisen zu- oder abspricht bzw. sie zu diesen auffordert, dann folgt daraus, daß ein Stereotyp wenigstens aus einem Argument und aus einem Prädikat bestehen muß. Es hat in diesem Sinn also Satzcharakter. Aufgrund der obigen Definition [ein Stereotyp hat die Form einer allgemeinen Aussage, d.Verf.] ist also auch bestimmt, daß das Stereotyp nicht auf der Ebene des Wortes anzusiedeln ist." (WENZEL 1978, S. 28; Hervorhebung durch d.Verf.). Die empirische Analyse von Stereotypen muß sich jedoch nach Meinung der Verfasserin auch an einzelnen Worten orientieren, sofern sie eine Eigenschaft bezeichnen und mit Prädikaten wie "haben" oder "sein" einer Sache oder Person(engruppe) zugeordnet werden.

An dieser Stelle muß auf die Definition von Vorurteilen vorgegriffen werden. Eine überzeugende Trennung zwischen den Begriffen "Stereotypen" und "Vorurteilen" war in der Fachliteratur nicht zu finden. Dies liegt hptsl. an der inhaltlichen Ähnlichkeit der jeweils charakteristischen Merkmale. BRIGHAM (1971) verweist auf VINACKE, der bereits 1949 den "overlap" zwischen Stereotyp und Vorurteil betont und im übrigen vorschlägt, daß Stereotype "may serve as verbal expressions of prejudice, or the rationalization or projection of it".[42]

Stereotype und Vorurteile werden im allgemeinen unter den Oberbegriff Einstellungen subsumiert. Wie bereits erläutert, bestehen Einstellungen aus kognitiven, affektiven und konnativen Dimensionen. Die kognitiven Dimensionen oder Einstellungskomponenten erfüllen im Hinblick auf die Einstellungsobjekte eine Orientierungsfunktion; sie beinhalten Aussagen über die qualitativen Merkmale oder Relationen dieser Objekte. Insofern kann man auch von Überzeugungen sprechen. Die affektive Dimension verbindet diese Überzeugungen jeweils mit subjektiven Bewertungen.[43] Die konnative Ebene steuert das Verhalten gegenüber dem Einstellungsobjekt.

Dem folgend findet sich bei der Trennung von Vorurteilen und Stereotypen verschiedentlich die Differenzierung in Einstellungen und Überzeugungen, wobei Stereotype dann eher als Ausdruck von Überzeugungen, also kognitiven Komponenten, aufgefaßt werden, während Vorurteile als Form von Einstellungen, d.h. affektiven Elementen, definiert sind (WENZEL 1978, S. 23f.). Stereotype sind (wie auch das Schema oben vorschlägt) demnach Vorurteilen untergeordnet (DIECKMANN, B. 1987, S. 37f.). Diese Unterscheidung nach

---

42 Hier zitiert nach BRIGHAM (1971), S. 27.
43 HARRE / LAMB (1983) unterteilen "attitude" wie folgt in zwei Aspekte: "the cognitive, which consists of the nature and contents of the opinions, beliefs and views about certain social groups; and the affective which consists of the associated emotions and values" (S. 487).

kognitiven (Stereotype) und affektiven (Vorurteile) Aspekten ist für die empirische Analyse leider wenig befriedigend, da dort eine genaue Trennung zwischen Merkmalszuschreibungen und Bewertungen nahezu unmöglich ist - dies nicht zuletzt deshalb, weil eine Zuordnung von Merkmalen nicht nur rein deskriptiv sondern auch immer evaluativ ist. Die Unterscheidung in kognitive und affektive Komponenten schließt für Stereotype jegliche Emotionalität aus.[44] Die Frage ist jedoch, ob die Vorstellungen von einem Objekt bzw. Subjekt (und darum handelt es sich letztlich bei Stereotypen) völlig frei von Affekten, also Bewertungen jeglicher Art sein können.[45]

BRIGHAM (1971, S. 19f.) schlägt eine weniger strenge Trennung zwischen affektiven und kognitiven Komponenten vor, indem er den Rigiditätscharakter bzw. die Intensität der Stereotype untersucht. Entscheidend ist dabei der Extremitätsgrad, mit dem eine stereotype Einstellung vertreten wird.

Definition

Stereotype sind kategorial gebrauchte und in derselben Form immer wiederkehrende Denkschemata, die bei der Bewältigung von Umwelteindrücken Basisorientierungen liefern. Sie beruhen auf partiellen, unvollständigen Primär- oder Sekundärerfahrungen und simplifizieren und generalisieren den Gegenstand der Betrachtung. Sie richten sich dabei nicht nur auf die Eigenschaften von Dingen und Personen(-gruppen), sondern auch auf die Begegnungssituation mit ihnen. Stereotype sind überwiegend kognitiv und bis zu einem gewissen Grad sozial verbindlich. Stereotype sind komplexe Merkmalsbenennungen oder Eigenschaftszuschreibungen. Sie treten in allgemeinen Aussagen, verbalen Ausdrücken und Bezeichnungen (Etiketten) auf, mit denen generell die gleichen Vorstellungskomplexe assoziiert werden. Die Gleichförmigkeit ihrer Äußerung suggeriert, es handle sich bei dem Beschriebenen um unveränderliche Gesetzmäßigkeiten. Stereotype Aussagen haben lediglich den Anschein von Objektivität, da sie Werturteile enthalten, die nicht empirisch verifizierbar sind, sondern auf dem subjektiven Verhältnis des Sprechers zum Objekt beruhen. Die Reaktionen auf Stereotype beziehen sich (je nach ihrer Dauerhaftigkeit) vorwiegend auf ein durch die Bezeichnung, also den "Wort-Namen" (SCHAFF 1980, S. 32) aktualisierten gesellschaftlichen Inhalt, und weniger auf persönliche Erfahrungen.

---

44 Eine Reihe von Autoren (z.B. BASSEWITZ 1990, SCHAFF 1980) betonen demgegenüber jedoch, daß Stereotype ein Konglomerat von emotional besetzten Werturteilen sind.
45 Bewertungen sind Beurteilungen von Sachverhalten oder Personen nach bestimmten Wertmaßstäben. Nach diesem Verständnis sind Stereotype, und noch stärker Vorurteile, Ausdruck von individuellen und sozialen Wertsystemen.

Der Operationalisierbarkeit dieser Definition ist die Formulierung von DRÖGE (1968) dienlich: "(...) eine Stereotypisierung liegt dann vor, wenn aus einem Gesamtbündel möglicher Attributierungen E1, E2, ... En einer Person oder einer Personengruppe A ziemlich regelmäßig dieselbe Auswahl (E1, E2, ... Ei) getroffen wird, während alle anderen Merkmale unbesetzt bleiben." (S. 343).

2.6 Vorurteile

> "Kein Vorurteil wäre bedenklicher als die Annahme, ohne Vorurteile leben zu können. Die schlechthin vorurteilsfreie Existenz ist nicht vollziehbar."
> (Reinhold Bergler)[46]

> "Wer nicht gerne denkt, sollte wenigstens von Zeit zu Zeit seine Vorurteile neu gruppieren."
> (Luther Burbank)[47]

In der Literatur findet sich häufig der Hinweis auf die nicht nur etymologische Nähe des Begriffs "Vorurteil" zum "Urteil". Das Vorurteil ist ein voreiliges Urteil, das überhaupt nicht oder zumindest nur ungenügend durch Reflexion oder Erfahrung gestützt wird. Zwischen einem vorab gefaßten Urteil bzw. einem vorläufigen Urteil und einem Vorurteil bestehen aber Unterschiede. Vorurteile sind i.d.R. relativ resistent gegen neue Information, die den Meinungsgegenstand betrifft. Sie werden aufrecht erhalten, selbst wenn hinreichend erwiesen ist, daß ihr Wahrheitsanspruch ungültig ist. Vorläufige Urteile lassen sich dagegen aufgrund neuer Information korrigieren.

Indem Vorurteile Vor-Urteile sind, findet man sie häufig in der Form von "unpräzisen Wahrscheinlichkeitsaussagen" (SCHLÖDER 1988, S. 75) oder vagen Annahmen. Der Grad der Verallgemeinerung ist meist ablesbar an numerischen Angaben: "alle Deutschen", "die meisten Deutschen", "viele Deutsche". "Die Deutschen" bzw. "der Deutsche" impliziert, daß die Aussage auf alle Deutschen zutreffen soll.[48] Die in Vorurteilen verwendeten sprachlichen Bezeichnungen enthalten im allgemeinen Wertigkeiten. "Die verwendeten Aus-

---
46 Hier zitiert nach WIENEROVA (1991), S. 73.
47 Hier zitiert nach KÖPPING (1979), S. 114.
48 Vgl. dazu Kapitel 2.5 dieser Arbeit.

drücke sind kognitiv-evaluative Einheiten, so daß der negative Affekt nicht zum kognitiven Gehalt äußerlich dazukommt, sondern damit untrennbar verknüpft ist." (SCHLÖDER 1988, S. 76). Bezeichnung und Bewertung bilden eine feste Einheit.

In den Ausführungen zu Stereotypen ist deutlich geworden, daß sich die Definition des Begriffes "Vorurteil" schwierig gestaltet, weil eine deutliche Trennung vom Begriff "Stereotyp" nahezu unmöglich scheint. Was die Abgrenzung der Vorurteile von Stereotypen u.a. so schwierig macht, ist, daß beide sozialpsychologischen Phänomene eine Reihe von Merkmalen und Funktionen gemeinsam haben (s.o.).

Im allgemeinen läßt sich sagen, daß diese Merkmale und Funktionen bei Vorurteilen stärker ausgeprägt sind als bei Stereotypen. Insofern sind Vorurteile Stereotypen übergeordnet. Die Ab- und Ausgrenzungsfunktion steigert ARENS (1973) z.B. für Vorurteile zu "kollektiv bereitgestellten Abwehrformen" und "Schutzmaßnahmen" Ich-schwacher Individuen, die sich gegen die "unliebsame und dem eigenen Ich-Ideal zuwiderlaufende Realität" solidarisieren (S. 27). ARENS spricht außerdem von der "normativen Solidarität des Vorurteils" und dem "Kulturschutzgebiet allgemein akzeptierter Vorurteile" (S. 36f.). Und KARSTEN (1978, S. 122) bemerkt dazu, daß Vorurteile Mittel sind nicht nur zur Verteidigung des eigenen Standpunktes, sondern v.a. zur Erhöhung und Bekräftigung des eigenen Selbstwertgefühls.

Die Stereotypen- und Vorurteilsforschung hat sich je nach dem Schwerpunkt wissenschaftlichen Interesses mit unterschiedlichen Aspekten dieser sozialpsychologischen Phänomene beschäftigt. Ihre Ergebnisse werden im folgenden als sich gegenseitig ergänzend kurz dargestellt.

Der psychoanalytische Ansatz
Dieser Ansatz versucht, die abwertende Haltung gegenüber einem Einstellungsobjekt primär aus der Psyche des Individuums, seiner unterbewußten und triebgesteuerten Natur zu erklären. Vorurteile sind demnach Folge von unbewältigten inneren oder äußeren Konflikten des Individuums (BERGMANN 1989, S. 63). Das Individuum projiziert[49] entstehende Frustrationen auf ein Fremdobjekt bzw. -subjekt, um entstandene Spannungen zu reduzieren, d.h. es sucht sich einen "Sündenbock", der für die Ursachen der Spannungen verantwortlich gemacht werden kann. In der Regel dienen sozial unterprivilegierte Gruppen, von denen kein Widerstand zu erwarten ist, als Sündenböcke.

---

49 Projektionen spielen im Bereich der Feindbild-Produktion noch eine wichtige Rolle; vgl. dazu Kapitel 2.7 dieser Arbeit.

Im Rückgriff auf FREUD beschäftigt sich ADORNO (1969) in seiner Studie über "The Authoritarian Personality" mit Individuen, deren Ich durch rigide Erziehung in frühkindlicher Phase so schwach entwickelt ist, daß sie nicht in der Lage sind, die durch eben diese Erziehung ausgelösten inneren Konflikte zu lösen. Dazu ein Zitat aus BETHLEHEM (1985):

"Authoritarians have many impulses, desires, feelings, traits, ideas, and so on, which, because of the rigid and harsh socialization they underwent as children, are unacceptable to themselves. These impulses etc. are repressed, and projected onto members of outgroups, who are then denigrated for supposedly having the unacceptable characteristics." (S. 210).

Der Verzicht auf Vorurteile würde einem solchen Ich-schwachen Individuum eine wichtige psychische Stütze seiner Selbstbehauptung und seiner relativen inneren Ausgeglichenheit rauben.

Der kognitive Ansatz
Dieser Ansatz beschäftigt sich primär mit den kognitiven Elementen von Vorurteilen, also hptsl. mit Stereotypen, die bereits als den Vorurteilen integrativ beschrieben wurden. Im Sinne der "Reduktion von Komplexität" sind Vorurteile logische Folge der Kategorisierung von Umweltreizen und Informationsverarbeitungsprozessen, die für das Individuum notwendig sind, um die Umwelt verstehen, bewältigen und sich in ihr orientieren zu können. Diese Kategorisierungsprozesse folgen gewissen Regeln, die nach dem Prinzip der Merkmalsähnlichkeit bzw. -unähnlichkeit von Umweltelementen arbeiten. Bei der Wahrnehmung neuer (unbekannter) Objekte wird zunächst nach Merkmalen gesucht, die ähnlich bzw. bekannt sind; das betreffende Objekt wird nach diesen Ähnlichkeiten bereits (kognitiv) entwickelten Kategorien zugeordnet. Stereotype bzw. Vorurteile als Formen dieser Kategorien überbetonen (übertreiben) jedoch Ähnlichkeiten und Unterschiede. Generalisiert werden dabei i.d.R. nur negative Merkmale/Eigenschaften; positive Eigenschaften werden als Ausnahmen betrachtet. Vorurteile führen zu verzerrten Vorstellungen und Beurteilungen von Objekten, weil diese nur in ihrer Zugehörigkeit zu einer Kategorie und nicht individuell beurteilt werden.

SCHLÖDER (1988, S. 87) entwirft auf dieser Basis folgendes Schema von Vorurteilen:

Abbildung 2

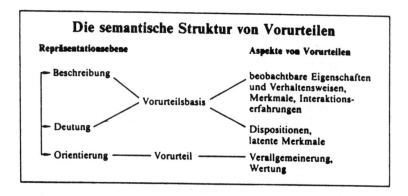

Der soziokulturelle Ansatz

Diese (lerntheoretische) Position innerhalb der Sozialwissenschaften geht davon aus, daß sich die Gründe für die Entwicklung, die Inhalte und die Funktion von Vorurteilen nur im gesellschaftlichen Zusammenhang interpretieren lassen. Wie bereits angedeutet, übernimmt das Individuum während der Sozialisation die in seiner Bezugsgruppe herrschenden Vorurteile und nationalen Stereotypen. In dieser Übernahme findet es Integrations- und Identifikationsmöglichkeiten mit der "Wir-Gruppe".[50] Vorurteile und die mit ihnen verknüpften Werte und Normen werden also als "soziales Erbe" bzw. "sozialer Code" tradiert (BERGMANN 1989, S. 65).

---

50 Eine genauere Darstellung zum Einfluß der Bezugsgruppe auf das Individuum (sein Denken und Verhalten) ist bei DIECKMANN, B. (1987), S. 42-46 nachzulesen.

Vorurteile enthalten extreme (meist negative)[51] Wertungen (Wert-Urteile). Sie werden i.d.R. als "sozial" definiert und beziehen sich insofern auf die Nicht-Mitglieder einer Gruppe.[52] In den Wertungen zeigt sich z.B. die Reaktion auf die empfundene Verletzung zentraler sozialer Werte und Normen[53] durch eine Fremdgruppe. Nach BARRES (1974) dienen Vorurteile der "Tradierung und Stabilisierung traditioneller Wert- und Ordnungsvorstellungen und damit der gegebenen Machtverhältnisse" (S. 111). Auch TAJFEL (1982) betont, daß der Aufrechterhaltung dieses Systems sozialer Kategorien eine Bedeutung zukommt, die weit über die einfache Funktion des Ordnens und Systematisierens der Umwelt hinausgeht. "Sie stellt einen starken Schutz des existierenden Systems sozialer Werte dar (...)" (S. 52; Hervorhebung durch d.Verf.). Damit gemeint ist die Funktion der Vorurteile für den inneren Zusammenhalt einer Gruppe und für die Aus- bzw. Abgrenzung gegenüber Fremdgruppen, die ihren Ausdruck in der Einteilung zwischen "wir" und "sie" bzw. "die anderen" findet. Derartige soziale Ordnungskriterien sind z.B. ethnische Zugehörigkeit, politische und ökonomische Systeme, kulturelle und ideologische Wertesysteme (Religion u.ä.), persönliche oder nationale Eigenschaften bzw. Verhaltensweisen.

Da Vorurteile häufig negative Bewertungen enthalten und stark die Verhaltensdisposition (und konkrete Handlungen) des Vorurteilsträgers beeinflussen,[54] sind Vorurteile i.d.R. nicht trennbar von der mit ihnen einhergehenden Diskriminierung der betroffenen gesellschaftlichen Minorität oder unterprivilegierten Majorität (wie z.B. in Südafrika). Vorurteile "regeln" quasi das Verhältnis zwischen zwei oder mehreren sozialen Gruppen.

Dieses Verhältnis kann eine gewisse Eigendynamik entwickeln, wenn das Vorurteil den Charakter der "self fulfilling prophecy" annimmt: Das Vorurteil stellt in diesem Sinne eine Aussage dar, die durch vorurteilsgesteuerte Wahrnehmung auf einer falschen Situationsbeschreibung beruht und dadurch unvorhergesehene Verhaltensformen hervorruft. Diese bewirken sowohl, daß das Vorurteil sich als "richtig" erweist, als auch, daß die ursprünglich falsche Situationsdefinition nachträglich als zutreffend erscheint. Es werden gesellschaftliche

---

51   Verschiedene Autoren sind allerdings zu der Auffassung gelangt, daß Vorurteile sowohl negativ wie auch positiv sein können; vgl. z.B. BETHLEHEM (1985) oder BERGLER (1966).
52   Mit "Gruppe" können entweder ganze Nationen bzw. Völker oder Gruppierungen innerhalb einer Gesellschaft gemeint sein. - Die primäre Verwendung des Begriffs "Vorurteil" für die Einstellung gegenüber sozialen Gruppen oder ihren Mitgliedern, und nicht auch gegenüber Dingen oder Abstrakta, grenzt im übrigen Vorurteile und Stereotype gegeneinander ab.
53   Einer der zentralsten Werte westlicher Gesellschaften ist (neben politischer Demokratie) die Wahrung von Humanität und Achtung des menschlichen Lebens. (Dies ist in der Zeitungsanalyse in Teil II dieser Arbeit von Bedeutung.)
54   Wie bereits in Kapitel 2.3 angesprochen, ist ein direkter Rückschluß von geäußerten vorurteilsbehafteten Einstellungen auf das Verhalten nicht möglich.

Bedingungen geschaffen, "die es den Angehörigen einer bestimmten Gruppe entweder nicht ohne weiteres ermöglichen, Rollen und Positionen einzunehmen, denen in der Gesellschaft ein relativ hohes Prestige zukommt (...), oder die so geartet sind, daß sie als Verursachungsbedingungen für die Entwicklung von Verhaltensweisen aufgefaßt werden müssen, die die vorhandenen Vorurteile scheinbar in der Wirklichkeit bewahrheiten." (BARRES 1974, S. 104). Darüber hinaus beginnt die vom Vorurteil betroffene soziale Minorität nach einer gewissen Zeit, die ihnen zugeschriebenen stereotypen Eigenschaften für sich selbst als wahr zu akzeptieren und sich an das "gewünschte" Verhalten anzupassen (BRIGHAM 1971, S. 20f.).[55]

Im Zusammenhang mit der Intergruppentheorie und dem Problem des Ethnozentrismus beschäftigt sich die Forschung überwiegend mit ethnischen Vorurteilen und Heterostereotypen über andere Völker. In der Regel geht man davon aus, daß ein fremdes Volk um so positiver bewertet wird, je mehr das Heterostereotyp in Übereinstimmung mit dem eigenen Autostereotyp perzipiert wird. PRINZ (1970) bezeichnet dies als ein "Erlebnis der Nähe" (S. 200). Umgekehrt fallen die Vorstellungen von einer fremden Gesellschaft um so negativer aus, je mehr Unterschiede zu der eigenen Gesellschaft (Kultur) wahrgenommen oder vermutet werden. Was ethnische Stereotype zu Vorurteilen macht, ist die ungerechtfertigte Annahme, daß ethnische Gruppen angeborene und unveränderliche psychologische Eigenschaften besitzen. Die kulturelle Tradierung dieser "Eigenschaften" in einer Ethnie findet in dem Zuschreibungsprozeß keine Berücksichtigung.[56]

Definition
Vorurteile sind tradierte, erlernte, vorgefaßte (Negativ-)Urteile und relativ stabile Einstellungen über das Verhalten und die Eigenschaften von Mitgliedern einer Fremdgruppe. Die Stellungnahme (Einstellung) zum Mitglied einer Fremdgruppe gründet nicht auf dessen individuellen Merkmalen, sondern allein auf seiner Zugehörigkeit zu der Gruppe. Vorurteile sind stabil in dem Sinn, als daß sie aufrecht erhalten werden, selbst wenn aufgrund neuer Information die Einstellung modifiziert werden müßte. Vorurteile sind überwiegend affektiv (emotional) besetzt.

---

[55] SNYDER (1983) stellt eine Reihe empirischer Untersuchungen vor, die sehr gut zeigen, wie nachhaltig Vorurteile nicht nur das eigene Verhalten, sondern v.a. das Verhalten der Betroffenen beeinflussen.
[56] Bei PRINZ (1970, S. 198ff.) findet sich diesbezüglich eine interessante Diskussion zur Existenz von sogenannten "National-" oder "Volkscharakteren" bzw. deren Verhältnis zu Stereotypen und Vorurteilen.

2.7 Feindbilder

> "Ein überdimensioniertes
> Feindbild ist keineswegs ein
> Zeichen der Stärke, sondern
> im Gegenteil eine Folge
> uneingestandener Schwäche."
> (Iring Fetscher)[57]

Vergleicht man Feindbilder mit Stereotypen und Vorurteilen, dann zeigt sich erstens, daß nationale bzw. ethnische Stereotype immer Teile von Feindbildern sind. Zweitens sind Feindbilder, wie SPILLMANNs (1989) betonen, "ein pathologisches Extrem der überlebenswichtigen Funktionen von Abgrenzung und Kategorisierung und Unterscheidung" (S. 35). D.h. Feindbilder sind eine Übersteigerung der Orientierungshilfen, die Stereotype anbieten. Und WASMUTH (1987) definiert drittens ein Feindbild als "die extreme Ausprägung eines Vorurteils" (S. 98).

Was hier noch einmal verdeutlicht werden soll, ist die Hypothese, daß sich Stereotype, Vorurteile und Feindbilder nach dem Extremitätsgrad der ihnen gemeinsamen Merkmale hierarchisch anordnen lassen.

Bei Feindbildern stellt sich, noch weit mehr als bei Stereotypen und Vorurteilen, die Frage, welchen Realitätsbezug und -gehalt die Vorstellungen von einem Feind haben oder haben können.

Da sind zum einen die realen divergierenden nationalen Interessen zwischen Staaten, die entweder in Konkurrenz um knappe Ressourcen oder im Konflikt um gegensätzliche Wertvorstellungen einander feindlich gegenüber stehen. Die Bedrohung durch eine fremde, feindliche Gruppe kann also durchaus real sein. Zum anderen ist da das <u>Bild</u>, das sich eine Gruppe/Gesellschaft/Nation von ihrem Feind macht. FREI (1985, S. 123) behauptet, daß der akute Konflikt ein bestimmtes Bild vom Gegner entstehen läßt und nicht umgekehrt.[58]

Ehemals reale Gegensätze können jedoch im Laufe der Zeit totalisiert und ideologisiert werden, so daß Feindbilder bestehen bleiben, selbst wenn sich die

---

[57] Zitiert nach FETSCHER (1989), S. 18.
[58] Für dieses Argument spricht z.B. die Veränderung, die das Bild vom Irak bzw. Saddam Husseins in der westlichen Welt mit Beginn der Golfkrise 1990 binnen kürzester Zeit durchmachte. In den 80er Jahren noch Bollwerk gegen den aus dem Iran überschwappenden islamischen Fundamentalismus betrachtet und als solches von westlichen Staaten mit Waffenlieferungen und großzügigen (Kriegs-)Krediten unterstützt, verwandelte sich das Bild vom Irak außerordentlich rasch zum gefährlichsten Aggressor im Nahen Osten.

Bedingungen ihres Entstehens verändert haben. OSSENDORFF (1987) argumentiert deswegen: "Eine Entwicklung, die in einer militärischen Auseinandersetzung mündet, wird daher durch den Aufbau von Feindbildern gefördert." (S. 94).

Was also ist ein Feind? "Enemies are those who are defined as such." (FINLAY / HOLSTI / FAGEN 1967, S. 25; Hervorhebung durch d.Verf.). Es ist also die Wahrnehmung einer (Begegnungs-)Situation und ihre Bewertung, die aus einem Fremden entweder einen Freund oder einen Feind macht. Fühlt der einzelne (bzw. die Gruppe) sich bedroht, dann muß der Fremde (oder die Fremdgruppe) ein Feind sein. Vor allem das Gefühl der Bedrohung hat weitreichende Folgen für das Bild vom Feind, das Feindbild.

Zu unterscheiden ist daher, wie MACK (1989) betont, "zwischen der feindlichen Bedrohung, die in einem bestimmten Augenblick erkennbar ist, und dem eigenen Beitrag zu dieser Bedrohung, die aus einer verzerrten Wahrnehmung herrührt" (S. 38). Integriert man diese beiden Positionen, dann läßt sich sagen, daß die Existenz realer Konflikte und externer Bedrohungen und deren Wahrnehmung bzw. Definition durch die Gruppe wesentliche Voraussetzungen für die Entstehung von Feindbildern (und Feindseligkeiten) sind.

Die Vorstellungen und Wertungen, die sich in einem Feindbild bündeln, müssen mithin unter dem Aspekt des Bedrohungsgefühls (ob berechtigtes oder unberechtigtes sei zunächst dahingestellt) und der potentiell offenen Feindschaft gesehen werden. Das Vorhandensein von Feindbildern ist demnach ein Hinweis darauf, daß ein Individuum oder eine Gruppe ihr Verhältnis zu einer Fremdgruppe als antagonistisch definiert. Dabei wird der Feind immer in seinen Eigenschaften oder Verhaltensweisen gegenüber der eigenen Position betrachtet, und die ihm zugeschriebenen Eigenschaften beziehen sich überwiegend auf dieses Beziehungsverhältnis (z.B. angriffslustig, rachsüchtig o.ä.). Auf jeden Fall sind Feindbilder Produkt beständiger Bedrohungsängste.[59] Diese Ängste beziehen sich entweder unmittelbar auf die Existenz oder aber auf das Wertesystem.

Existentielle Bedrohungsgefühle äußern sich meist in "worst-case-Denken". Gemeint ist die Annahme, jede Begegnung mit dem Feind sei ein "Null-Summen-Spiel": Der Sieg der eigenen Gruppe ist nur über die totale Niederlage der anderen Gruppe möglich, und umgekehrt.

---

59 LINK (1991, S. 39f.) beschreibt dies als die psychopathische Annahme eines Verhältnisses zwischen dem eigenen System, das Subjektstatus besitzt, autonom, zurechnungsfähig und vernunftbegabt ist, und der Umwelt, die entweder aus anderen, feindlichen Systemen besteht oder, schlimmer, aus dem "außersystemischen Chaos", das im übertragenen Sinn als Viren, Ratten oder Ungeziefer auftritt und Vernunftargumenten nicht zugänglich ist.

Eine Bedrohung von Werten wird immer schon dann empfunden, wenn der Fremde andere Werte achtet, weil damit eine Miß-(oder Ver-)achtung der eigenen Werte vermutet wird: "The enemy symbolizes the antithesis of core values (...)" (FINLAY / HOLSTI / FAGEN 1967, S. 7). Indem man den Anderen als andersartig wahrnimmt, ist er bedrohlich, denn die Begegnung mit dem Neuen, Fremden, Unbekannten, Ungewohnten bereitet dem Individuum zunächst prinzipiell Angst. In der Konfrontation mit dem Unbekannten gerät der einzelne in einen kognitiven Widerspruch, in einen Konflikt mit seinen bisherigen Kenntnissen, der ihn unsicher und ängstlich werden läßt. Diese Angst und das Bedrohungsgefühl werden faßbar gemacht, indem der einzelne bzw. die Gruppe das Unbekannte in seiner Totalität abwertet, anstatt sich mit dem Unbekannten auseinanderzusetzen oder sich um Verstehen zu bemühen. Dadurch verstärkt sich die Unwissenheit und gleichzeitig das Unbehagen gegen die fremde Wirklichkeit (ARENS 1973, S. 26f.). Wer seine eigene Position, Wahrnehmungsperspektiven, seine Bedürfnisse, Einstellungen, Weltbilder und Verhaltensweisen derartig in den Mittelpunkt stellt und zum Maßstab aller Dinge erhebt, dem mangelt es an Empathie, der Bereitschaft und Fähigkeit, sich in das Selbst- und Weltbild und die Interessen anderer hineinzuversetzen und diese für sich selber produktiv zu machen. Diese "autistische Orientierung" führt laut SENGHAAS (1992) logisch konsequent zu Feindbild-Projektionen.

Ausgehend von FREUD haben verschiedene Autoren den "Projektions"-Begriff in die Feindbild-Diskussion eingeführt. DIECKMANN, H. (1986) betont z.B., daß das Feindbild nicht der Feind oder Gegner selbst ist, "sondern etwas Drittes, das sich zwischen ihn und uns selbst schiebt, ein Bild" (S. 25). Und weiter: "Psychoanalytisch gesehen, sind diese Bilder Projektionen, die aus unserem eigenen Unbewußten stammen." (S. 25). Diese Projektionen enthalten all diejenigen Eigenschaften, die das Individuum an sich selbst ablehnt, als "dunkel" und unerwünscht verdrängt. Nach FREUD sind Projektionen Abwehrmechanismen, also Prozesse, in denen Impulse, unterdrückte Triebwünsche oder Ideen nach außen auf ein fremdes Objekt verlagert werden, weil ihr bewußtes Erkennen für das Individuum zu schmerzhaft (weil moralisch nicht akzeptabel) wäre. An dem Anderen wird dasjenige Verhalten verdammt, welches man sich selber nicht erlaubt; das Individuum fühlt sich in seinem Selbstbild und Selbstwertgefühl bedroht, wenn ein anderer ein Verhalten "auslebt", das es sich selber verbietet. Es entwickelt dabei ein neidisch-aggressives Bild von dem Anderen und rächt an ihm die versagten Wünsche.

SPILLMANNs (1989) stellen bezüglich der Entwicklung der Selbst- und Fremdwahrnehmungsfähigkeit eine interessante Theorie auf, die den Mechanismus der Feindbild-Konstruktion folgendermaßen erklärt: In den ersten Lebensmonaten ist ein Kleinkind noch nicht in der Lage, zwischen sich und der Mutter zu unterscheiden; es erlebt sich und die Mutter als eine symbiotische Einheit. Gleichzeitig wird der eigene, vertraute Bereich als "gut", alles fremde, unvertraute als "böse" bewertet. Im Laufe seiner Entwicklung lernt das Kind, zwischen sich und der Mutter zu differenzieren und außerdem gut und böse zu integrieren. In diesem Sinne sind Feindbilder, in denen ja gerade "Gut" und "Böse" extrem polarisiert werden, beim erwachsenen Menschen Ausdruck des Zerfalls differenzierter kognitiver und emotionaler Wahrnehmungsfähigkeit und Zeichen der Regression auf frühkindliche Wahrnehmungs- und Erkenntnismuster (SPILLMANNs 1989, S. 23-28).

Das Individuum (bzw. die Gruppe) macht sich also ein Bild von den Eigenschaften und Verhaltensweisen seines Feindes (zurecht). Dieses Bild ist einseitig, da es ausschließlich negativ bewertete Eigenschaften enthält. Positive Merkmale bleiben unberücksichtigt, da es darum geht, den Anderen in seiner Bösartigkeit und in seiner Position als Feind zu totalisieren.

KEEN (1987, S. 15-86) ermittelt 13 verschiedene Feindbild-Typen: Der Feind als Fremder; der Feind als Angreifer und "natürliche Bedrohung"; der gesichtslose Feind, der i.d.R. nur als Horde auftritt; der Feind als Feind Gottes, entweder als Re-Inkarnation des absoluten Bösen, des Satan oder als Agent finsterer Mächte im Pakt mit dem Teufel;[60] der Feind als primitiver, moralisch minderwertiger Barbar, der Kultur, Zivilisation und den Geist der Menschlichkeit bedroht; der gefräßige, herrschaftshungrige Feind auf Beutezug gegen seine Nachbarn; der Feind als Verbrecher gegen Völker- und Menschenrechte (Anarchist, Terrorist, Krimineller); der Feind als sadistischer Folterer mit Lust am Töten; der Feind als Vergewaltiger; der Feind als Bestie, Kriechtier, Insekt und Krankheitserreger; der Feind als Tod oder weltbedrohender apokalyptischer Reiter; der Feind als gleichwertiger Krieger und der Feind als Abstraktum. Hinzufügen kann man noch den Feind als geistesgestörten Fanatiker, der gegen praktische Vernunft immun ist.

Betrachtet man Karikaturen oder Plakate, die den Feind darstellen sollen,[61] so wird deutlich, daß Feindbilder oft archetypisch-mythologische Züge tragen. Gezeigt wird ein Untier, eine Bestie, ein Dämon, der in "oral-sadistischer Gier" alles verschlingt, zerreißt und zerstört. Gleichzeitig werden dem Feind Attribute der Minderwertigkeit, des Niedrigen, Gemeinen und Unmenschlichen zugeordnet. Insbesondere Feindbilder westlicher Gesellschaften betonen am Feind das Merkmal der Unmenschlichkeit, der Mißachtung menschlichen Lebens und menschlicher Würde. Ziel dieser Zuschreibungen ist es, den Gegner zu de-individualisieren, zu dämonisieren, zu de-humanisieren und dadurch die

---

60 ROTH, P. (1989) bemerkt dazu: "Es wird ihm [dem Feind, d.Verf.] unterstellt, daß er ein Volk, die Welt usw. schnurstracks in den Abgrund führt, in die Hölle, daß er teuflisch ist." (S. 86).
61 Zahlreiche Beispiele finden sich bei KEEN (1987).

Bereitschaft der Gruppe zur Verteidigung (Rüstungsausgaben) zu festigen und im militärischen Konfliktfall die Tötungshemmung des Individuums (Soldat) zu minimalisieren. Während die feindliche Fremdgruppe in das Abseits der Unrechtmäßigkeit geschoben wird, glaubt sich die eigene Gruppe in der Verpflichtung, eine "höhere Moral" zu verteidigen, was nicht selten im Pathos einer umfassenden "Menschheitsrettungsmoral" endet. Moralisierend wird zu den rhetorischen Taktiken einer Selbstlegitimation gegriffen, die, anstatt mit Sachargumenten die Ansichten und Absichten eines Gegners zu tadeln, diesem jede moralische Integrität abspricht (LÜBBE 1987, S. 120f.).

Die Aufgabe, den Gruppenzusammenhalt nach innen zu stärken und die Gruppe nach außen hin abzugrenzen, wie bereits bei Vorurteilen erwähnt, gewinnt in einem solchen Konfliktfall bei Feindbildern eine besondere Bedeutung. Der gemeinsame Feind schweißt die Gruppenmitglieder noch enger zusammen und eint sie in ihrem Kampf gegen ihn.[62] Dies war z.B. während des Falkland-Konfliktes 1982 besonders deutlich erkennbar: In der britischen Bevölkerung wurde durch den gemeinsamen Feind Argentinien ein Zusammengehörigkeitsgefühl geschaffen, das dazu diente, wirtschaftliche Probleme und innenpolitische Konflikte der britischen Gesellschaft zumindest für kurze Zeit aus dem Bewußtsein der Bevölkerung zu verdrängen.

Im Extremfall kann ein Feindbild in den Dienst staatlicher Unterdrückung von Kritik und Opposition gestellt werden. In Sündenbock-Manier wird der "Feind" für Mißstände in der eigenen Gesellschaft verantwortlich gemacht und werden all diejenigen verfolgt, die angeblich im Dienste des Gegners subversiv die Gruppe unterminieren.

KÜHNL (1983, S. 1310-1312) behauptet im Rückblick auf die Geschichte dieses Jahrhunderts (1. und 2. Weltkrieg, Rüstungswettlauf zwischen den Supermächten), daß Feindbilder Machtmittel der Herrschenden seien. In der Bevölkerung würden bewußt und absichtlich Unwissen und Falschwissen erzeugt, verbunden mit einer irrealen Angst(-Mache) vor der Bedrohung durch den Feind, um so über die wahren Gründe (wie z.B. wirtschaftliche Interessen) der Rüstungs- und Militärpolitik hinwegzutäuschen. Auch MÜLLER (1990) konstatiert für Bedrohungsanalysen westlicher Provenienz, die Legitimationsgrundlage ihrer Sicherheitspolitik sind, ein erstaunliches Maß von Unterstellungen und paranoiden Obsessionen, die meistenteils von einer Identität von (militärischem) Potential und (Angriffs-)Absichten ausgehen. MÜLLER bezeichnet diese Formen tautologischer Argumentation als "sprachgewandte Verbalisierung eines Trugschlusses" und "paralogische[n] Scheinnachweis"

---

62   SPOO (1982, S. 997ff.) spricht von einer "Volksgemeinschaftsideologie", die die Vorstellung einer gemeinsamen Bedrohung und das Gefühl erzeugte, "alle säßen im gleichen Boot" und müßten daher zusammenhalten.

(S. 84). In kleinen assoziativen Etappen wird auf sprachlicher Ebene die Notwendigkeit eigener Rüstungsanstrengungen aufgezeigt.

Inwieweit man den Herrschenden in Ost und West während der 70er und 80er Jahre geplante, als Herrschaftsmethode eingesetzte und erfolgreiche Beeinflussung der Bevölkerung u.a. mit Hilfe von Feindbild-Produktionen unterstellen kann, sei zunächst dahingestellt. Während der Golfkrise 1990/91 war jedoch die Informationspolitik des amerikanischen Pentagons so umfassend, beinahe totalitär (Zensur!) und beherrschte die Institutionen öffentlicher Meinungsbildung derart, daß die tatsächlichen Zahlen und Fakten[63] sehr spät und nur vereinzelt in das gesellschaftliche Bewußtsein drangen. Die Vorstellungen von den Beteiligten und vom Verlauf des Golfkrieges konnten damit wohl kaum noch verändert werden.

Feindbilder sind immer kontrastiv, d.h. es gibt kein Feindbild ohne ein Freundbild (und umgekehrt; SPILLMANNs 1989, S. 27). Dieses Freundbild ist entweder die Vorstellung von der eigenen Gruppe, das Autostereotyp, oder von einer fremden Gruppe, der aber ähnliche oder gleiche Eigenschaften zugesprochen werden wie der eigenen Gruppe. In der Gegenüberstellung von Freund und Feind wird häufig in doppelten Standards gedacht. Das gleiche Verhalten, ausgeübt von beiden Parteien, unterliegt unterschiedlicher Bewertung: Der Gegner "droht", während die eigene Partei lediglich "warnt"; nationale Widerstandsgruppen sind entweder "Terroristen" und "Guerillas" oder "Freiheitskämpfer".[64] Ursachen für diese Bewertung nach doppelten Standards sind darin zu suchen, daß das Individuum sein eigenes Verhalten nach situationsspezifischen Variablen, das Verhalten anderer dagegen nach dispositionalen Variablen (Natur, Veranlagung, Persönlichkeitsfaktoren) bemißt (FLOHR 1991, S. 66).

Feindbilder sind nicht individuell, sondern werden von den Mitgliedern einer Gruppe oder Gesellschaft geteilt. Genauso wie Vorurteile werden auch Feindbilder in der Sozialisationsphase des Kindes von Bezugspersonen erlernt und so von Generation zu Generation weitervermittelt. In der Regel beziehen sich Feindbilder auch auf ein Kollektiv, also ein(e) Volk(sgruppe) oder eine Nation; seltener konzentrieren sie sich auf Einzelpersonen, und das meist auch nur dann, wenn, wie im Fall von Saddam Hussein, diese Einzelperson als Vertreter oder herausragende Persönlichkeit seiner Gruppe betrachtet und als Inkarnation des "Bösen" dargestellt werden kann.[65]

---

63 Beispiele bei OSSENBERG (1992).
64 Weitere Beispiele bei FLOHR (1991), S. 64-69.
65 In diesem Zusammenhang wird vielfach eine Trennungslinie gezogen zwischen der "bösen", kriegslüsternen Regierungsclique und der unterdrückten, friedliebenden Bevölkerung.

Der Kontrast, der zwischen Freund und Feind gezogen wird, äußert sich in einer extremen Schwarzweißmalerei der Realität. "[The enemy] is part of the polarized world which all men create and reflects man's two-sided prism of beliefs and disbeliefs - that which accepted as true and good and that which is rejected as false and evil." (FINLAY / HOLSTI / FAGEN 1967, S. 7). Die Welt wird durch und mit Feindbildern eingeteilt in "Gut" und "Böse": Erst im Kontrast zum dämonischen, absolut Bösen kann das Gute in seinem vollen "Glorienschein" deutlich hervortreten. Diese Art grob verallgemeinernder Realitäts-Aussagen "helfen" (ähnlich wie Stereotype), sich in der Umwelt zu orientieren.[66] Vor allem im internationalen Bereich ist das Freund-Feind-Muster eine der zentralen Kategorien, nach denen das politische Geschehen perzipiert und interpretiert wird. Es versteht sich, daß die Auswirkungen derlei schwarz-weiß-Muster auf die Handlungen politischer Entscheidungsträger weitreichend sind.

Definition
Ein Feindbild ist also die Ganzheit von einseitigen Wahrnehmungen, Vorstellungen und (extrem) negativen Gefühlen, die unter dem Aspekt der Feindschaft und des Bedrohungsgefühls einem Menschen, einer Gruppe von Menschen, Völkern oder Staaten entgegengebracht wird und dessen Realitätsgehalt nicht objektiv meßbar ist. Dabei werden dem Wahrnehmungsobjekt überwiegend negative Eigenschaften und Verhaltensweisen zugeschrieben, die in polarem Gegensatz zu den Merkmalen des Selbstbildes stehen.

---

[66] SPILLMANNs (1989) behaupten diesbezüglich, daß "es sich dabei [bei Feindbildern, d.Verf.] nicht mehr einfach um Orientierungshilfen und -hypothesen, sondern um Orientierungsdiktate handelt" (S. 35).

3. Funktion von Sprache

> "Die beschwerlichsten von allen
> sind aber die Vorurtheile der
> Gesellschaft, welche sich vermöge
> der Worte und Benennungen in die
> Seele geschlichen haben. Die
> Menschen glauben nämlich, ihre
> Vernunft führe die Herrschaft über
> die Worte; allein nicht selten
> beherrschen gegentheils die Worte
> den Sinn (...)"
> (Francis Bacon)[1]

3.1 Sprache als Ausdrucks- und Transportmittel von Vorstellungen und Einstellungen

3.1.1 Wirklichkeitskonstruktion durch Sprache

Die Orientierung in seiner Umwelt ist eine der überlebenswichtigsten Aufgaben, die der Mensch zu erfüllen hat. Notwendig dazu ist die Fähigkeit, die Eindrücke und Impulse aus der Umwelt sinnvoll zu ordnen. Dieses Ordnen von Impulsen im Nervensystem und im Gehirn kann als physiologisches Bedürfnis des Menschen betrachtet werden. Ausdruck des Ordnungs- und Orientierungsprozesses ist der "innere Zwang" des Menschen, die Elemente seiner Umwelt mit Namen und Bezeichnungen zu belegen; dies gilt insbesondere für neue und unbekannte Dinge. Erst vermittels der Sprache wird Wirklichkeit tatsächlich erfahrbar, denn als Medium mit ontologischer Funktion hilft die Sprache, die perzipierte Wirklichkeit, Informationen und Erfahrungen zu ordnen.[2] "Language forms our thoughts. It determines the categories by which we experience the world." (KHLEIF 1979, S. 159). Viele Wörter bezeichnen z.B. eigentlich nur unspezifische Klassen von Gegenständen; fälschlicherweise (weil unzulässig verallgemeinernd) werden sie aber häufig zur Bezeichnung eines individuellen Vertreters aus dieser Klasse gebraucht. Wahrnehmung und Erfahrung in der Wirklichkeit geschehen in Abhängigkeit und nur innerhalb der Grenzen von den Struktursystemen der Sprache und von den Sprachgewohnheiten der Gemeinschaft, die gleichzeitig gewisse Interpretationen der Wahrnehmungen und Erfahrungen (oder schlichtweg Interpretationen "der" Wirklichkeit) vorweg nahelegen. In diesem Sinne ist Sprache konservativ und konservierend. Sie muß es auch sein, um die Verständigung zwischen den Mitgliedern einer Sprachgemein-

---

1 Zitiert nach BACON (1974), S. 39.
2 Vgl. dazu Kapitel 2.1 dieser Arbeit.

schaft über den schöpferischen Moment der Namensbelegung hinaus sicherzustellen.[3]

Sprache ordnet jedoch nicht nur die Realität: Wörter und Begriffe wirken gleichzeitig wie ein Filter, der sich zwischen das wahrnehmende Individuum und seine Umwelt schiebt, d.h. Sprache bestimmt die Wahrnehmung, noch bevor das Individuum aufgefordert ist, seine Beobachtungen anderen mitzuteilen, d.h. in Sprache umzusetzen. MUELLER (1975) behauptet in diesem Zusammenhang, daß Sprache als "interne Zensur" (S. 27) im Wahrnehmungsprozeß funktioniert. In bezug auf Stereotype und Feindbilder ist dieser Funktionsmechanismus bereits nachgewiesen worden.[4]

Sprachliche Zeichen können die Vielfalt der Realität aber nur unzureichend repräsentieren. Diese inhärente Unzulänglichkeit der Sprache wird unterstützt durch das Bemühen des Menschen, auf der einen Seite für alle Einzelfälle nach dem Wesentlichen, dem "gemeinsamen Nenner" zu suchen (also zu abstrahieren) sowie die Einzelfälle unter den gemeinsamen Nennerbegriff zu subsumieren und auf der anderen Seite vorhandene Unterschiede übermäßig zu betonen. Verallgemeinerungen, die notwendig sind, um "in vielen Situationen bei vielen gleichen und ähnlichen benannten Dingen Gültigkeit [zu] besitzen" (DRÖGE 1967, S. 210), erschweren die vollständige Erfassung der besonderen, individuellen Merkmale einer Sache. Dieses "Dilemma" der Sprache fördert Stereotypisierungsvorgänge erheblich. Gleichzeitig sind jedoch viele Wörter mehrdeutig. Zur Bedeutungspräzisierung werden deshalb oftmals Stereotype herangezogen, die inhaltlich eindeutig definiert sind.

In Anlehnung an diese kurzen sprachphilosophischen Ausführungen sollen auf der sprachwissenschaftlichen Ebene mit SVENSSON (1977) Stereotype umschrieben werden als "eine Paraphrase des bestimmten Äußerungen gemeinsamen semantischen Äquivalents" (S. 54), d.h. Stereotype sind Klassifikationen von sprachlichen Äußerungen nach den ihnen gemeinsamen semantischen Gehalten. Formal gesehen sind Stereotype "die Wiederholung einer typischen Reduktion", oder anders ausgedrückt: "die wiederholte Darstellung der Verbegrifflichung von abgehobenen Sinn-Assoziationen" (DRÖGE 1967, S. 207).

Indem die Mitglieder einer Sprachgemeinschaft sich in Kommunikationsprozessen über die außersprachliche Wirklichkeit austauschen, findet eine gemeinsame Konstruktion, Interpretation, Stabilisierung oder Veränderung der

---

3 Historischer Sprachwandel, d.h. allmähliche Veränderung (Einschränkung oder Erweiterung) des semantischen Gehaltes von Wörtern ist damit aber selbstverständlich nicht ausgeschlossen.
4 Vgl. dazu Kapitel 2 dieser Arbeit.

Wirklichkeit(smodelle) statt.[5] Sprache stellt dabei die Kategorien zur Verfügung, mit denen Wahrnehmungen, Erfahrungen und die Klassifikationen derselben intersubjektiv kommunizierbar gemacht werden. Damit ist bereits auf den sozialintegrativen (bzw. Distanz erzeugenden) Charakter von Sprache hingewiesen. Sprache konstituiert Gesellschaft, denn ohne Kommunikation ist kooperative Existenz der Mitglieder einer Gesellschaft nicht möglich. Gleichzeitig ermittelt das Individuum im sprachlichen Gedankenaustausch (Diskurs) seine Position innerhalb der Gruppe oder Gesellschaft. Kommunikation ist jedoch erst dann erfolgreich, wenn die Kommunikationspartner über dasselbe Zeichensystem und über einen gemeinsamen Interpretationsrahmen bzw. dasselbe Bezugssystem verfügen.[6] SCHWARZE (1982, S. 14) hat in diesem Zusammenhang darauf hingewiesen, daß die Kenntnis von Stereotypen, die in einer Sprachgemeinschaft allgemein gängig sind, notwendig ist für das Verständnis sprachlicher Äußerungen. Die Kenntnis von Stereotypen setzt aber nicht voraus, daß der Rezipient diese Stereotype und die mit ihnen verbundenen bzw. durch sie ausgedrückten Einstellungen auch teilt.

Menschliche Gemeinschaft ist immer auch Sprachgemeinschaft, d.h. die Mitglieder einer sozialen Gruppe oder ganzen Gesellschaft erfahren ihre Gemeinsamkeit u.a. durch die sprachliche Aus- und Abgrenzung gegen andere Sprach- und Sozialgruppen. Dies gilt für Groß- wie für Kleingruppen; jede spricht ihre spezifische Sprache. Wer "dazu gehören" will, bedient sich der Sprache, also der Redeweise, dem Wortgebrauch und der Aussprache seiner Gruppe. "Wer eine fremde, eine ungebräuchliche Begrifflichkeit oder einen fremden Sprachduktus benutzt, stellt sich allein dadurch schon außerhalb einer Gruppe und macht sich dadurch verdächtig." (SCHMIDT 1972, S. 92).

3.1.2 Arabische Sprache in westlichen Medien

Der hier beschriebene sozialpsychologische Mechanismus von Sprache erklärt zugleich Wirkung und Funktion der wörtlichen Zitate aus den Reden Saddam Husseins, die vor und während des Golfkrieges 1991 in den verschiedenen deutschen Presseerzeugnissen abgedruckt wurden. Der vom westlich-europäischen so völlig verschiedene arabische Sprachstil, dessen sich Saddam Hussein bediente, war für das deutsche Lesepublikum fremd und unver-

---

5   Dieser konstruktivistischen Sicht steht die Theorie entgegen, daß Sprache nur dazu dienen kann, die außerhalb und unabhängig vom Individuum existierende Wirklichkeit abzubilden, zu reproduzieren, nicht aber sie schöpferisch zu gestalten, zu konstruieren. - Zu diesem Theorienstreit siehe ausführlicher z.B. SCHAFF 1974; darin insbesondere das Kapitel "Sprache und Wirklichkeit" (S. 137-158).
6   Dazu ausführlicher z.B. SCHMIDT (1972), S. 88f.

ständlich. "In unseren eigenen politisch und wirtschaftlich weitgehend saturierten Gesellschaften (...) mag das Pathos oder der 'Fanatismus' nahöstlicher Politiker befremdlich wirken. (...) die militante Rhetorik der bekanntesten politischen Führer aus dem Nahen Osten erregt bei uns im allgemeinen nur achselzuckendes Unverständnis, Spott oder auch starken Widerwillen." (RIECK 1990, S. 123). Die ganz andere Art sich auszudrücken grenzte Saddam Hussein deutlich aus nahezu jeder Sprachgemeinschaft in der westlichen Welt aus. Sie war unbekannt und erzeugte Unsicherheit, wie nun mit dem Benutzer einer solchen Sprache umzugehen sei. Da das Unbekannte i.d.R. Angst und Bedrohungsgefühle weckt, war die erste und, entsprechend der psychischen Abwehrmechanismen von Projektionen und Feindbildern, einzige Reaktion die Abwertung (negative Bewertung) des Sprechers. Die angesprochenen Zitate in der westlichen Presse konnten also nur dazu dienen, Saddam Hussein als Nicht-Mitglied der in-group darzustellen und auszugrenzen, das deutlich durch seinen fremdartigen Sprachgebrauch markiert war.

Was KOSCHWITZ (1984) als "Wortradikalismus der Araber" bezeichnet, ruft beim Medienpublikum westlicher Industrienationen auch inhaltlich Unbehagen und die Furcht vor einer tatsächlichen Bedrohung aus der arabischen Welt hervor, da nicht abzuschätzen ist, inwieweit den rhetorisch wortgewaltigen Ankündigungen und Drohungen auch Taten nachfolgen.

Man muß bei alledem berücksichtigen, daß jede Übersetzung aus dem Arabischen ins Deutsche (oder auch Französische oder Englische) mit Vorsicht zu genießen ist, da eine Wort-für-Wort Übersetzung nie die tiefer liegenden Sinnstrukturen einer Rede oder eines Textes erfassen kann. Dies gilt in ganz besonderem Maße für die wesentlich "blumigere" und stärker metaphorische arabische Sprache.[7] "Bei Übersetzungen ergibt sich ein weiteres Problem aus der Tatsache, daß eine in einer Kultur wohl verstandene Metapher in einem anderen Teil der Welt eine völlig verschiedene Bedeutung haben kann." (HAYAKAWA 1967, S. 152). Unter diesem Hinweis könnte sich eine sprachphilosophische Betrachtung anschließen über die These, daß die Vielfalt der Sprachen als die eigentliche Ursache von (internationalen) Konflikten anzusehen ist, da sie eine wirkliche Verständigung und ein vollkommenes Verstehen unter den Menschen und Kulturen unmöglich macht. Eine These, die im Rahmen dieser Arbeit jedoch nicht diskutiert werden kann.

---

7 Erinnert sei z.B. an den häufig zitierten Ausdruck "Mutter aller Schlachten" in Saddam Husseins Rede vom 17.01.1991.

3.1.3 Bewertung der Wirklichkeit durch Sprache

> "Das Bindungsmittel zwischen den Menschen ist die Sprache; allein die Worte werden der Fassungskraft des gemeinen Haufens gemäß gewählt, und so wird der Verstand durch unpassende Wortbezeichnungen vielfach irre geführt."
> (Francis Bacon)[8]

Die Elemente der sozialen Wirklichkeit, die mit ihnen verbundenen (bewertenden) Assoziationen und die sie beschreibende Sprache sind untrennbar, obgleich der Stimulus, der von der Materie (dem Element) ausgeht, ein anderer ist als derjenige, der von einem sprachlichen Zeichen ausgeht. Prinzipiell muß unterschieden werden zwischen der denotativen, bezeichnenden, referentiellen "Bedeutung" und der konnotativen, emotiven, metaphorischen "Bedeutung". Während zwei Kommunikationspartner mit einem Element ihrer außersprachlichen Wirklichkeit dieselbe denotative Bedeutung verbinden, kann dieses Element für beide eine ganz unterschiedliche konnotative Bedeutung besitzen. "Agreement on the referents of signs implies nothing whatsoever about similarity of the representational states associated with these signs, but rather that these states have entered into the same sets of relations between situations and verbal responses." (OSGOOD / SUCI / TANNENBAUM 1957, S. 323).

Gleichzeitig ist jedoch die Bandbreite der Möglichkeiten, Wörtern konnotative Bedeutungen zuschreiben zu können, durch die relative Stabilität von Lernsituationen innerhalb einer gegebenen Gesellschaft bzw. Kultur und durch habitualisierten Gebrauch der Wörter eingeschränkt. Dieser habitualisierte Gebrauch äußert sich häufig auch darin, daß zwei, drei Wörter als Phrasen relativ konstant in immer derselben Kombination gebraucht werden (Bsp.: grüne Wiese, blauer Himmel); ohne Frage fördert diese Form des Sprachgebrauchs auch Stereotypisierungsprozesse. Die Bedeutung eines Wortes ist außerdem abhängig vom Wortkontext, der spezifischen Situation, in der es gebraucht wird.

Die "Inhalte" eines Wortes kann man differenzieren nach ihrer kognitiv-darstellenden (Begriffsinhalt), der affektiv-gefühlsbezogenen (Gefühlswert) und der evaluativ-bewertenden (Nebensinn) Ebene.[9] Bei Stereotypen z.B. ist der Anteil der Begriffsinhalte zugunsten von Gefühlswerten und Nebensinn gering.

---

8   Zitiert nach BACON (1974), S. 33.
9   STERN (1972) schlägt lediglich eine duale Klassifikation von sprachlichen Zeichen nach dem emotiven/gefühlsmäßigen und dem rationalen/geistigen Gehalt der mit dem Zeichen verbundenen Erfahrungsinhalte vor und betont, daß beide Kriterien mit unterschiedlichem Gewicht auftreten: "Vor allem ist es schwierig, den 'Grad' der 'Emotivität' semanti-

Wörter bezeichnen nicht nur, sondern <u>deuten</u>, d.h. interpretieren zugleich die Realität. Denn mit der Sprache in ihrer Funktion zur Bezeichnungen und Namensgebung werden nicht nur Bedeutungen, sondern auch die sozial konventionalisierten Vorstellungen und dazugehörige Assoziationen, also welche Wörter etwas Gutes oder Böses, Angenehmes oder Unangenehmes bezeichnen, im Sozialisationsprozeß erlernt und (häufig als Stereotype) im Kommunikationsprozeß der Gruppe verfestigt. "Werden die Wörter und die Bewertungen des Bezeichneten in sprachlichen Kontexten erlernt, ohne daß die Dinge in der Situation präsent sind, so gehen die vorgeformten Interpretationsgehalte der Sprache unkontrolliert in das Bewußtsein ein. Folgt die konkrete Erfahrung nach, so besteht die Gefahr, daß sie von vorneherein durch den ideologischen Filter der Sprache gebrochen wird. Auf jeden Fall muß sie sich gegen den Widerstand des sprachlich Vorgeprägten behaupten." (DIECKMANN, W. 1974, S. 211f.).

Francis Bacon wies bereits Anfang des 17. Jahrhunderts darauf hin, daß das Fassen von Gedanken in Worte zu irrtümlichen Vorstellungen führt, da die begriffliche Fixierung eines Sachverhaltes dem Urteilenden selbst unbewußt werthafte Vorentscheidungen impliziert (ROEBEN 1985, S. 17f.).

Assoziationen (als "Bestandteile" von Wörtern) sind die emotiven Repräsentationen einer Gesamtreaktion auf die erste Begegnung mit dem vom Wort bezeichneten Sachverhalt; diese Reaktion kann auch als konnotative Bedeutung des entsprechenden Wortes verstanden werden. DIECKMANN, W. (1969) unterscheidet vier Assoziationsmöglichkeiten nach den Merkmalen "individuell", "sozial", "okkasionell" und "usuell". Hier ist nur die Kombination "sozial + usuell" relevant: Die Assoziation zu einem Wort, Ausdruck etc. wird von der Mehrheit der Sprecher einer Sprachgemeinschaft in allen Kontexten geteilt; die Bewertung des so Bezeichneten ist damit sozial verbindlich (DIECKMANN, W. 1969, S. 78). Der ganze Komplex von Bedeutungen und dem "Wissen", wie das jeweils Bezeichnete zu beurteilen ist, wird später bei der Nennung des Wortes hervorgerufen (DIECKMANN, W. 1980, S. 47). "Wissen" degeneriert damit zur Kenntnis davon, wie Sprachgemeinschaften Symbole konstruieren und manipulieren. So werden Wörter zu Symbolen: Die Worte "Gastarbeiter" und "Ausländer" stehen z.B. symbolisch für einen bestimmten sozialen Status und gleichzeitig für die mit diesem Status verbundenen gesellschaftlichen Bewertungen. Dabei führen jedoch nicht die Bezeichnungen zu einer vorurteilsgeladenen Bewertung des Bezeichneten, sondern die stereotypen Vorstellungen über das Bezeichnete. QUASTHOFF (1973) stellt fest, "daß nicht die Sprache Ursache der Vorurteile sein kann, sondern daß Sprache und Vor-

---

scher Einheiten zu bestimmen, da er nicht nur individuell verschieden ist, sondern auch stark durch den Aussagekontext variiert werden kann (...)" (S. 326).

urteile ihrerseits Funktionen der realen gesellschaftlichen Verhältnisse sind." (S. 164).

Indem Wörter symbolische Funktion übernehmen, verkürzen und vereinfachen sie Prozesse der Massenkommunikation. STRASSNER (1987) schreibt dazu: "Da ein Wort die Variantenvielfalt der von ihm systematisierten Realien, Informationen, Handlungsanweisungen, Demonstrationen und Emotionen reduziert und gleichzeitig abstrahiert, enthält es bereits auf der primären Stufe des Verwertungsprozesses der Natur die originären Wertzuweisungen in der Form der Bedeutungsgebung nur verdeckt durch das sprachliche Symbol." (S. 17). STRASSNER spielt hier indirekt auf die Wichtigkeit sprachlicher Metaphern bei der Wahrnehmung, Deutung und Bewertung von Umweltreizen an. In der Begegnung mit neuen unbekannten Dingen zieht sich der Mensch auf den Vergleich mit Vertrautem zurück; er denkt und beschreibt in metaphorischen Kategorien. Die Anzahl der dabei verwendeten Metaphern ist umfassend und relativ konstant. EDELMANN (1980, S. 40f.) bezeichnet Metaphern daher auch als festgefügte Instanzen der selektiven Wahrnehmung. Gleichzeitig sind Metaphern unmittelbarer Ausdruck von Wertungen und Affekten, d.h. sie werden besonders häufig dann verwendet, wenn starke Gefühle sprachlich umgesetzt werden sollen.

Die Durchsetzung der Sprache mit Metaphern ist den Sprechern meist nicht bewußt, da Metaphern vielfach den Status des Alltäglichen und Selbstverständlichen angenommen haben und sich ihr Gebrauch und ihr Verstehen intuitiv vollziehen. Dennoch erzielen Metaphern ohne Zweifel ihre Wirkung: Sorgfältig und gezielt eingesetzt, übernehmen sie eine wichtige Funktion im Bereich der persuasiven Meinungssprache (z.B. der Politik). "Je nach der Wahl verschiedener Inhaltsbereiche, aus denen Vergleiche, Metaphern, Analogien herangezogen werden, erzeugt auch der gesamte Text einen emotional verschieden gefärbten Gesamteindruck." (SCHÖLERs 1988, S. 168).

LAKOFF (1991) führt am Beispiel des Golfkonfliktes 1990/91 in dezidierten, z.T. überraschenden, aber logisch sehr schlüssigen Einzelschritten aus, "inwieweit uns das metaphorische Denken an den Rand des Krieges führt" (S. 221).[10] Aus den metaphorischen Gleichsetzungen Krieg = Fortsetzung der Politik mit anderen Mitteln (CLAUSEWITZ 1780-1831), Politik = Geschäft (wodurch sich Politik einer Kosten-Nutzen-Analyse unterziehen läßt) und Staat = Mensch (der über angeborene Charaktereigenschaften verfügt wie friedlich oder aggressiv, verantwortlich oder unverantwortlich) entwickelt LAKOFF (1991, S. 224) die Analogie Krieg = Kampf zwischen zwei Menschen, Kampf Mann gegen Mann . Die Metapher Staat = Mensch verschleiert erstens, wessen Interessen mit den auf Seiten des "Helden" (USA) so häufig angeführten

---

10 LAKOFF verfaßte diesen Aufsatz vor Beginn der Kampfhandlungen im Januar 1991.

"nationalen Interessen" tatsächlich gemeint sind; zweitens verwehrt sie den Blick auf die inneren sozialpolitischen Strukturen des "Schurken" (Irak), nämlich auf die Zivilbevölkerung, die unter einem Krieg am meisten zu leiden hat (LAKOFF 1991, S. 235-238). Folge ist "monolithisches" Denken (FLOHR 1991, S. 71), das keinen Unterschied mehr macht zwischen einem Staat, seiner Bevölkerung und seinem Herrscher bzw. seiner Regierung.

Ohne Sprache gäbe es keine Werte, denn Werte werden über Sprache vermittelt. Indem sie Kategorien für die Perzeption von Wirklichkeit bereitstellt, wird Sprache auch zum Träger gesellschaftlicher Normen und Wertvorstellungen. "Die Sprache insgesamt enthält die Traditionsmuster der Wertordnung. Die in ihr angelegten Wertsetzungen lassen sich nur schwer verändern, nur schwer korrigieren. In der Sprache schlagen sich (...) die akkumulierten Erfahrungen mit Werthaltungen von Generationen nieder. In dieser Hinsicht ist *Sprache das 'standardisierte Bewußtsein'* der Gesellschaft und Kulturgeschichte eines Volkes. Sie wirkt deshalb bindend wie orientierend." (STRASSNER 1987, S. 59). D.h. die Mitglieder einer Sprachgemeinschaft teilen bis zu einem gewissen Grad ihre Normen und Werte, und die Verwendung eines Begriffes signalisiert die Identifikation des Sprechers mit den dahinterstehenden Werten. Sprache ist also Integrationsmoment in sozialen Gruppen. Gemeinsame Sprache als System gemeinsamer Bedeutungszuschreibungen hat u.a. ihren Sinn darin, daß sie "uns davor bewahrt, den Sinn einer Äußerung immer aufs neue aushandeln zu müssen" (DÖRNER 1991, S. 5).

Der Umkehrschluß liegt da nur nahe: Semantische Mißverständnisse sind überall da vorprogrammiert, wo unterschiedliche Wertesysteme miteinander kollidieren. Nicht jede Kultur ordnet einer Sache die gleiche Bedeutung bzw. den gleichen Wert zu. Saddam Hussein (miß-)interpretierte z.B. im Vorfeld des Golfkrieges 1991 die europäische Tradition des öffentlichen und kontroversen Diskurses über einen potentiellen Krieg offensichtlich als Schwäche der westlichen Welt.

3.1.4 Orientierungshilfen in der Sprache

"Wörter sind Abkürzungen für
alte Denkvorgänge."
(Kurt Tucholsky)[11]

Da fortwährend neue Situationen auf den Menschen zukommen, die Handlungsentscheidungen von ihm verlangen, braucht der Mensch die Möglichkeit, Erfahrungen zu speichern. Die Speicherquantität des Einzelnen ist jedoch begrenzt; er braucht den Rückgriff auf das Potential der sozialen Gruppe. In der Sprache werden deshalb konkrete historisch-gesellschaftliche Erfahrungen ("Volksweisheiten") symbolisiert und tradiert.[12] Unabdingbar sind dabei die gemeinsame Bedeutung und Form der sprachlichen Zeichen, in denen die Erfahrungen gespeichert und weitergegeben werden, d.h. es besteht die Notwendigkeit zur Vereinheitlichung und Abstraktion der individuellen Einzelerfahrungen. Sie werden deshalb z.b. in Sprichwörtern oder Redensarten gebündelt. Sie "sind als unmittelbarer Ausdruck der Billigung oder Mißbilligung Urteile in ihrer einfachsten Form" (HAYAKAWA 1967, S. 53). Durch häufigen Gebrauch gehen diese Redensarten in das sprachliche Inventar der Gruppe ein; dabei gerät die historische Situation, aus der die Erfahrung erwachsen ist, in Vergessenheit. Dies ist ein typisches Kennzeichen von Stereotypen und Vorurteilen. Nicht selten schlagen sie sich in derlei Redensarten oder Sprichwörtern nieder, und umgekehrt können Redensarten und Sprichwörter Ausdruck stereotypen Denkens sein. Wenn auch vielfach die historischen Bedingungen einer Erfahrung den Sprechern nicht mehr gegenwärtig sind, sedimentiert haben sich jedoch die damit verbundenen emotiven Assoziationen und Bewertungen.[13] Damit ist darauf verwiesen, daß Sprach(-elemente) auf bloße Signal- oder Auslöserfunktion für individuelle und kollektive Gefühls- oder Vorstellungs"wallungen" reduziert sein können.

---

11 Hier zitiert nach KÖPPING (1979), S. 24.
12 DÖRNER (1991) spricht von der Sprache auch als "Gerüst des kollektiven Gedächtnisses" (S. 10).
13 Niemand kann sich z.B. heute noch an die Türkenkriege des 16. und 17. Jahrhunderts erinnern; gehalten hat sich jedoch der Ausspruch von der "türkischen Gefahr", der im Zuge einer Wirtschaftspolitik, die ausländische Gastarbeiter v.a. aus der Türkei in die Bundesrepublik Deutschland holte, und der daraus folgenden "Angst vor Überfremdung" quasi re-aktiviert wurde und eine ganz neue Dimension erhalten hat.

3.2 Persuasion durch Rhetorik

"Die Rede leiht ihre magische
Gewalt dem Höchsten wie dem
Niedrigsten."
(Emil Dovifat)[14]

Wenn Sprache das Denken formt, dann kann über die Sprache auch das Denken beeinflußt werden. Sprachliche Mittel (d.h. rhetorische Mittel) geraten in der politischen Auseinandersetzung so zu Spielbällen eines rhetorisch geschulten Redners. In diesem Exkurs soll es nicht darum gehen, rhetorische Stilmittel und Figuren in ihrer Anwendung und Wirkungsweise detailliert darzustellen. Von vorwiegendem Interesse ist hier die Beschäftigung mit Problemen der Persuasion, persuasiven und rhetorischen Kommunikation. Gleichwohl die begriffliche und inhaltliche Nähe zu Propaganda relativ eng ist, kann hier nur kursorisch auf diese Form der Kommunikation eingegangen werden. Bevor jedoch Rhetorik und Persuasion diskutiert werden, sei an dieser Stelle ein Überblick über die Geschichte der Rhetorik eingefügt.

3.2.1 Rhetorik in der Historie

Beeinflussung des Denkens durch Kommunikation wird kurzgefaßt als Persuasion, Überredung oder Überzeugung. Als solche war sie bereits Thema in der klassischen griechischen und römischen Antike. Insbesondere die Theoretiker der Rhetorik (griech. rhetoriké "Redekunst") beschäftigten sich mit der Persuasion und ihrer Wechselwirkung mit der Erkenntnis, dem Wissen und der Wahrheit.

Sophisten wie die Griechen Protagoras oder Gorgias aus Leontinoi waren im 5. und 4. vorchristlichen Jahrhundert die ersten Philosophen, die sich im Rahmen ihrer Erkenntnistheorie mit der Rhetorik befaßten. Sie propagieren einen pragmatischen Vernunftgebrauch und praktisch-politischen Relativismus, negieren die Existenz einer absoluten, menschunabhängigen Wahrheit und betrachten die Rhetorik als unverzichtbares Kommunikationsmittel. Rhetorik verstehen sie als Streitkunst, als Waffe, die benutzt wird, um auf Menschen zu wirken und sie zu beherrschen. Da die Rhetorik zu guten wie zu schlechten Zwecken eingesetzt werden kann, erheben die Sophisten die Forderung nach

---

14 Zitiert nach DOVIFAT (1969), S. 1.

einem "gerechten" Redekünstler, ohne allerdings dieses Attribut näher zu spezifizieren (UEDING / STEINBRINK 1986, S. 16f.).

PLATON (427-347 v.Chr.) wendet sich insbesondere gegen den ethischen Relativismus der Sophisten und versucht, ein objektives Prinzip für alle individuellen Handlungsweisen zu finden. Seine Theorie des Wissens (Wissen bedeutet bei PLATON Wiedererkennen) mündet in eine "Ideenlehre", in der die "Idee des Wahren/Guten" über allen Interessen steht und als Unveränderlichkeit aus dem dynamischen Prozeß der sich beständig verändernden Dinge herausragt (UEDING / STEINBRINK 1986, S. 18). PLATON lehnt die Rhetorik der Sophisten ab: Sie sei nicht wahrheitsfähig und führe vom wahren Wissen weg (GÖTTERT 1991, S. 78), da die Beredsamkeit und nicht die Wahrheit oder der Sachverstand über den Ausgang von Streitreden entscheide. PLATON gesteht allerdings ein, daß auch die Wahrheit der Vermittlung bedarf. In der Erkenntnis, daß der Redner, will er erfolgreich sein, seine Rede auf die Fähigkeiten und Bedürfnisse seiner Zuhörer ausrichten muß, die Erkenntnis der Wahrheit aber außerhalb der Bedürfnisse der Zuhörer liegt, bemüht sich PLATONs Rhetorik darum, das Wahrscheinliche darzustellen und sich dabei am Glaublichen zu orientieren.

In Anlehnung an PLATON behauptet auch ARISTOTELES (384-322 v.Chr.), daß die Rhetorik ihre Argumente nicht aus der Wahrheit, sondern aus der Wahrscheinlichkeit beziehen muß. Er wendet sich gegen die Art von Rhetorik, die lediglich verbale Tricks vermitteln will, mit denen man in einer Rede dem Zuhörer schmeicheln, ihn emotional erregen und im persönlichen Interesse beeinflussen (manipulieren) kann, ohne ihm wirkliche Gründe und echte Argumente zu liefern. Es sei vielmehr die Pflicht des ethisch handelnden Redners (vir bonus), die im Thema der Rede liegenden Überzeugungsmöglichkeiten zu finden; falls die Rede dem Zuhörer dennoch nicht einsichtig ist, ist Überzeugung (Persuasion) nicht möglich (UEDING / STEINBRINK 1986, S. 23; WÖRNER 1990, S. 15). Gleichzeitig geht es der Rhetorik aber gerade auch "um den ungebildeten Zuhörer, der sich darüber freut, wenn er einen allgemeinen Satz (den er kennt) auf einen besonderen Fall zutreffen sieht. Der Redner muß sich in diesem Sinne durchaus an der 'vorgefaßten Meinung' orientieren, will er Glauben finden" (GÖTTERT 1991, S. 87). Daher ist die Rede nicht ein Mittel zur Geltendmachung partieller Interessen, sondern soll im öffentlichen Interesse eingesetzt werden. Gängige Topoi (verbale Allgemeinplätze), Metaphern und Metonyme sind nach ARISTOTELES dabei einer "gesteigerten" Rede durchaus dienlich, da sie die Rede glaubwürdig (weil natürlich) machen. ARISTOTELES erkennt hier aber auch sehr wohl die Nähe zur Manipulation.

CICERO (106-43 v.Chr.) betrachtet die Rhetorik ausschließlich unter pragmatischen Gesichtspunkten. Ihm geht es um die praktische Umsetzung philosophischen Wissens in politischen Zusammenhängen. Rhetorik dient dabei als Mittel zur Herstellung von Konsens im Prozeß von Meinungsauseinandersetzung und Willensbildung. Da die Rhetorik immer auch zu schlechten Zwecken eingesetzt werden kann, kritisiert CICERO die Redeschulen, die nur rhetorische Techniken vermitteln, ohne den Redner auch als Philosophen zu schulen. Entsprechend formuliert CICERO seine Anforderungen an die Rednerpersönlichkeit: persönliche Integrität, Verantwortungsbewußtsein, umfassende Bildung und skeptische Einschätzung menschlicher Erkenntnisfähigkeit. Der gute Redner sei ein Menschenkenner, der sich ganz auf die Regungen seiner Zuhörerschaft einstellt; der Erfolg der Rede liege deshalb im psychologischen Bereich: "Nicht allein die sachliche Information, nicht die logische Präparierung des Falles entscheidet, sondern dessen hinreißende Vermittlung." (GÖTTERT 1991, S. 111).

Sprache hat, so CICERO, grundlegende Funktionen für den Zusammenhalt menschlicher Gemeinschaft. Nur indem der Redner diese Gemeinsamkeit, d.h. die Sprache regelrecht ausbeutet, kann seine Rede letztlich Erfolg haben. Die Macht des Redners wurzelt also in der Beherrschung einer Sprache, die gedankenreich und ausdrucksstark zugleich ist (GÖTTERT 1991, S. 107-114).

AUGUSTINUS (354-430 n.Chr.), in christlicher Tradition stehend, erkennt die Bedeutung der Rhetorik für die Predigt. Er sieht in den rhetorischen Reflexionen über Sprache einen gangbaren Weg zur Bewältigung der Probleme, die sich mit der Auslegung und Verkündung der Bibel verbinden. Rhetorik versteht er als das Wissen über die Weitergabe von Verstandenem, Erkanntem. "Aufgabe des weltlichen wie des christlichen Redners ist es zu belehren, zu ergötzen und zu bewegen." (RONNEBERGER / RÜHL 1990, S. 137). Die Rhetorik könne zwar für gute wie auch für schlechte Ziele gebraucht werden; aber nicht die Gabe der Beredsamkeit sei schuldig, sondern allein die Absicht desjenigen, der sich der Rhetorik im einen oder anderen Sinne bediene (UEDING / STEINBRINK 1986, S. 50).

Das Mittelalter knüpfte an die griechisch-römische Tradition der Rhetorik an und zählt diese zu den Sieben Freien Künsten (Artes liberales). Die Rhetorik fand hptsl. in der mittelalterlichen Dichtung Anwendung; rhetorische Figuren wurden dabei aber eher als Anhängsel der Grammatik betrachtet. Die politische Rhetorik entfaltet sich erst wieder mit dem aufstrebenden Parlamentarismus in England zur Zeit Oliver Cromwells (1599-1658) und gelangte als Kanzleirhetorik während der Französischen Revolution zu ihrem vorläufigen Höhepunkt.

Danach ist ein Niedergang der rhetorischen Tradition zu verzeichnen; die erkenntnismäßigen Voraussetzungen der Rhetorik können dem naturwissenschaftlich orientierten Wahrheitsbegriff der Aufklärung nicht mehr standhalten, und das Bedürfnis nach individuellem subjektivem Ausdruck wendet sich gegen die normative, typisierende Regelhaftigkeit. KANT (1724-1804), einer der prominentesten Kritiker der Rhetorik während der Aufklärung, bezeichnet die Beredsamkeit als "Kunst, sich der Schwäche der Menschen zu seiner Absicht zu bedienen" und bezichtigt sie, "durch den schönen Schein zu hintergehen".[15]

Diese kritische Haltung hat sich insbesondere nach den Erfahrungen mit dem Mißbrauch der Rhetorik in der nationalsozialistischen Propaganda des Dritten Reiches bis heute gehalten. Sachliche Argumentation wird dem rhetorischen Glanz einer Rede vorgezogen. Rhetorik spielt in der politischen Rede des 20. Jahrhunderts kaum noch eine Rolle, sieht man einmal von Rednern der sozialdemokratischen Bewegung wie Rosa Luxemburg (1870-1919) und Karl Liebknecht (1871-1919) zu Beginn des Jahrhunderts ab. Entscheidungen werden heute kaum noch im Parlament, sondern in Ausschüssen und Fachgremien getroffen. Bundestagsdebatten dienen nicht mehr der Entscheidungsfindung, sondern nur noch der Legitimation politischer Entscheidungen in der Öffentlichkeit. Die politische Rede hat daher eher werbenden als argumentativen Charakter; ihre Sprache ist formelhaft und besteht hptsl. aus Wiederholungen eingefahrener Wendungen (UEDING / STEINBRINK 1986, S. 173f.). Lediglich in der Werbung erlebt die Rhetorik-Lehre seit einiger Zeit wieder einen spürbaren Aufschwung.

3.2.2 Kommunikation, Rhetorik und Persuasion

Persuasion ist eingebettet in die durch Kommunikation bestimmte Interaktionssituation zwischen zwei oder mehreren Personen. Ihr zugrunde liegt eine wie auch immer geartete Intention, in der es um das Auslösen von Anschlußhandlungen und die Realisation von Zielzuständen geht, die der Sprecher nur mit Hilfe des Rezipienten erreichen kann. KOPPERSCHMIDT (1971) nennt dieses Beziehungsverhältnis "Elementarsituation" und verdeutlicht diese mit folgender Zeichnung (S. 62):

---

15 Hier zitiert nach RONNEBERGER / RÜHL (1992), S. 140.

Abbildung 3

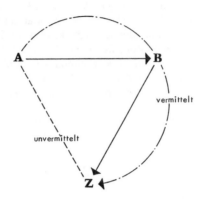

A braucht B zur Erreichung von Z, d.h. A muß B in einer solchen Weise beeinflussen, daß er ihm zu Z verhilft. Das Ziel kann die Verstärkung oder der Wandel bisheriger oder die Herstellung neuer Handlungsmuster[16] sein. Die Sprache ist dabei nur ein (indirektes) Mittel; alternativ läßt sich z.B. auch Gewalt instrumentalisieren. Im Bereich Sprache wiederum ist persuasive Kommunikation ebenfalls nur eine mögliche Methode, um die Elementarsituation zu bewältigen; ebensogut könnte A einen Befehl erteilen. Welches Mittel zum Erreichen des Zielzustandes eingesetzt wird, hängt nicht nur vom Ziel Z ab, sondern auch von der Beziehung zwischen A und B. Soll die Beziehungssituation mit Hilfe von Kommunikation verändert werden, dann bedarf es der Überzeugung (oder Überredung)[17] des Interaktionspartners. Kommunikation wird dabei auf eine bestimmte Intention hin funktionalisiert. Indem Kommunikation von einer Überzeugungsabsicht bestimmt ist, ist sie persuasive Kommunikation. KOPPERSCHMIDT (1971) definiert persuasive Kommunikation als "eine sprachlich vermittelte und argumentativ bestimmte Form der Beeinflussung mit dem Ziel, durch adäquaten Meinungswandel einen Konsens herzustellen" (S. 67; Hervorhebung durch d.Verf.). Über das Stichwort Argumentation fließt die Rhetorik in KOPPERSCHMIDTs Definition ein, was ihm erlaubt, persuasive und rhetorische Kommunikation gleichzusetzen. Die rhetorische Struktur einer Rede versteht er dabei als das Ergebnis einer persuasiv orientierten Organisation von Sprache (KOPPERSCHMIDT 1971, S. 264).

---

16 Bei diesen Mustern muß es sich nicht unbedingt um nach außen gerichtete Handlungen handeln; Persuasion bezieht sich meist primär auf die (langfristige) Anerkennung oder Übernahme von Handlungsmotiven (Einstellungsmustern), also endogenen Strukturen.
17 Mittels Überzeugen wird zwischen Redner und Rezipient ein echter Konsens hergestellt, weshalb Überzeugen positiv, Überreden dagegen negativ konnotiert ist, weil durch Überreden nur ein Scheinkonsens hergestellt wird; vgl. GEIßNER (1977), S. 236f.

Damit sind rhetorische Reden an persönliche Interessen, Meinungen, Werthaltungen etc. gebunden. Ziel ist es, diesen Interessen durch Rhetorik zur Zustimmung, zur Geltung und zum Erfolg zu verhelfen. Rhetorik ist also unweigerlich parteilich. Sie ist Mittel zum Zweck, sie verhilft dem Redner dazu, die Position des "Situationsmächtigen" einzunehmen, und steht deshalb beständig in der Gefahr, als Instrument einer Ideologie mißbraucht zu werden. "Die Rhetorik besitzt keinen eingebauten Widerstand gegen ihren geplanten, ihren bewußt inszenierten Mißbrauch." (KALIVODA 1990, S. 135). Daher kann Rhetorik allenfalls in der Literatur (Poesie), nicht aber in der Politik oder in den Produkten der Massenpresse zum Selbstzweck werden.

Begreift man Persuasion als spezifische Form von Kommunikation, zeigt sich, daß alle Grundfaktoren eines Kommunikationsmodells,[18] also Kommunikator, Aussage, Medium und Rezipient, persuasionsrelevant sind. Persuasion ist kein zusätzlicher Faktor in der Kommunikation, sondern alle Faktoren der Kommunikation werden "persuasiv funktionalisiert" (KOPPERSCHMIDT 1971, S. 136). Kommunikator- und Rezipienten-Variabeln bestimmen die Persuabilität des Rezipienten, wobei beim Kommunikator Glaubwürdigkeit, Status und (wahrgenommene) Sachkompetenz, auf seiten des Rezipienten Prädispositionen wie Einstellungen, Bedürfnisse, Erwartungen, aber auch Alter, Geschlecht oder Bildung eine wichtige Rolle spielen. Die technische Organisation des Mediums sowie allgemein die Redesituation bestimmen die Form einer Mitteilung. Insbesondere im Hinblick auf die Situation rhetorischer Rede unterscheiden sich die Massenmedien fundamental voneinander. Man betrachte allein den Unterschied zwischen geschriebener und gesprochener Sprache: Der Presse bleiben neben der Intonation auch die non-verbalen Mittel der Rhetorik (Mimik, Gestik) versagt, die in Hörfunk und Fernsehen dem Redner zur Unterstützung seiner Rede offenstehen. In der Aussage bestimmen das Sammeln der Argumente (inventio), ihre logische Gliederung (dispositio), die formale Ausgestaltung (elocutio) und die Präsentation der Rede (actio) ihre Überzeugungskraft.

Man klassifiziert Redefiguren gängigerweise in a) lexikalische Wortfiguren (Abweichungen vom normalen Wortgebrauch), b) kompositorische Sinnfiguren (Ordnen eines Gedankengangs), c) syntaktische Figuren (Abweichungen vom normalen Satzbau) und d) dialektische Figuren (Aufbau der Argumentation). Metaphern, Anspielungen und Redensarten, Slogans und Schlagwörter (als Beispiele herausgegriffen) sind lexikalische und dialektische Figuren, die in der ideologisch geprägten Meinungssprache und Propaganda stereotypisierende Funktion tragen. Sie haben ihren Platz im Rahmen öffentlicher Kommunikation, die größere gesellschaftliche oder sozialpolitische Themen behandelt. Ihre Auf-

---

18   An dieser Stelle wird auf kein spezifisches Kommunikationsmodell Bezug genommen. Die Entwürfe dazu sind vielfältig; fast alle enthalten jedoch die genannten Faktoren, wenngleich sie eine jeweils andere Beziehungsstruktur oder Ordnung zwischen ihnen proklamieren.

gabe ist es, das Publikum in seiner Meinung zu dem aktuellen Thema zu beeinflussen und zu lenken. Diese rhetorischen Mittel unterstützen weniger den Informationsgehalt oder den Wahrheitsbeweis einer Rede als vielmehr ihre Suggestionskraft. "Das Schlagwort beschreibt nicht, es beurteilt, es wertet, es ist einseitig." (MACKENSEN 1973, S. 111).

Ähnlich wie bei Stereotypen ist der Begriffsinhalt von Schlagwörtern demnach gering und der Gefühlswert bedeutend. Von den drei Elementen der Rede, den Verstand zu schulen (docere), das Gemüt zu bewegen (movere) und die Sinne zu unterhalten (delectare), liegt die Betonung hier also v.a. auf dem "movere". In der Regel handelt es sich bei Schlagwörtern um "Leerformeln" und "Worthülsen",[19] die einen so starken Eigenwert und Signalcharakter im Fluß einer Rede haben, daß sich eine inhaltliche Definition oder ein erklärender Kontext erübrigen. Denn gerade darin liegt die Eigenschaft von Stereotypen: Man überprüft ihre Aussagekraft oder ihre Anwendbarkeit auf den speziellen Fall nicht. Schlagwörter sind Stereotype insofern, als daß sie das Komplizierte auf das Typische reduzieren, mit einfachen Gegensätzen, d.h. mit bipolaren Wortschatzstrukturen arbeiten (DIECKMANN, W. 1980, S. 61ff.). Ihre Wirkung beziehen sie genau wie Stereotype aus der fortwährenden Wiederholung. Kennzeichnend ist die formelhafte Verkürzung und sprachliche Pointierung ihrer "Themen".

Das Wissen um rhetorische Mittel macht es dem Rezipienten möglich, sie in einer Rede oder einem Text zu identifizieren und sich ihrer Wirkung auf diese Weise analytisch zu entziehen. Rhetorik kann also auch (im Sinne AUGUSTINUS') hermeneutische Hilfsdisziplin sein, wobei die Gesetze der rhetorischen Produktion in Instrumente der rhetorischen Analyse umfunktioniert und aus den sprachlichen Mitteln bzw. ihren Wirkungen die Intentionen des Sprechers ermittelt werden.

Aber sowenig wie von der "Allmacht der Medien" die Rede sein kann, so ist auch eine rhetorische Rede nicht immer und überall erfolgreich persuasiv. GEIßNER (1977, S. 238-251) zählt auf seiten der Rezipienten eine Reihe von Faktoren auf, die effektive Überzeugung be- oder verhindern: z.B. unterschiedliche Erlebnisfähigkeit durch verschiedene Erfahrungshorizonte; unterschiedliche Interessen, die die Aufmerksamkeitsrichtung entsprechend der Erwartungen, die an ein Ereignis bezüglich seiner Bedeutung für die eigene Lebenspraxis gestellt werden; unterschiedliche Werthaltungen; unterschiedliche Lern- und

---

19   MACKENSEN (1973) hält diese Bezeichnungen für unpassend; er betrachtet Stereotype vielmehr als "Umbindungen": Stereotype "haben nur den Bezug zu dem ihren Lautungen ursprünglich zugeordneten Sinngehalt verloren. Aber nach wie vor signalisieren sie etwas; sie vermitteln Urteile und Vorstellungen, die dem Partner nicht fremd sind. Sie binden ihre Lautungen an einen neuen Inhalt (...)" MACKENSEN führt dazu verschiedene Beispiele stereotyper Redensarten an: "Da kannst Du warten, bis Du schwarz bist!" (S. 66f.).

Urteilsfähigkeit; unterschiedlicher Sprachgebrauch; unterschiedliche Kommunikationsbiographien, die das kommunikative Verhalten des Individuums gegenüber anderen Personen, Themen und Situationen bestimmen.

3.3 Sprache und Feindbilder

Stereotype Redensarten und Sprichwörter lassen sich, wenn man mündliche oder schriftliche Kommunikation aufmerksam verfolgt, relativ leicht finden. Schwieriger wird es bei Vorurteilen und Feindbildern, da es zum einen keine objektiven Kriterien für die Angemessenheit einer Bewertung oder eines Urteils gibt, und zum anderen, weil die Feststellung, ob ein Ausdruck, Attribut oder Adjektiv tatsächlich abwertenden oder diffamierenden Charakter hat, letztendlich nur subjektiv sein kann. Ähnlich subjektiv ist die Einschätzung, ob es in der Absicht des Kommunikators liegt, mit der Verwendung negativer Bewertungen tatsächlich einem Feindbild Ausdruck zu verleihen. Ein direkter Rückschluß vom Text oder Wort auf ein Feindbild ist also schwierig. DIECKMANN, B. (1987, S. 180) erkennt richtig, daß eine Gleichsetzung von negativer Bewertung mit Vorurteil oder Feindbild nicht möglich ist; negative Bewertungen sind lediglich Indikatoren für negative Vorurteile, und sie sind es auch erst dann, wenn sie negativ und beliebig, d.h. nicht durch die Art der Ereignisse bedingt oder angebracht sind. Dabei stellt sich allerdings auch hier wieder die Frage nach den objektiven Kriterien der Angemessenheit.

EHRLICH (1979) analysiert die Sprache der Vorurteile und versucht sich an einem "Wörterbuch für die Klassifizierung von ethnischen Stereotypen".[20] Er bezeichnet die Sprache des Vorurteils als eine Spezialsprache, die sich im wesentlichen aus "Ethnophaulismen" zusammensetze. Diese Ethnophaulismen sind Wörter und Ausdrücke, die eine ethnische Gruppe herabsetzen: Das können z.B. herabsetzende Gruppen-Spitznamen ("Spaghettifresser" für Italiener), eindeutig herabsetzende Wörter ("Kanake") oder solche Ausdrücke sein, die eine Herabsetzung zwar nicht eindeutig anzeigen, aber dennoch als Abwertung zu betrachten sind, da sie ethnische Bezeichnungen in einem anderen Kontext verwenden ("polnische Wirtschaft", "böhmische Dörfer"). EHRLICHs Wörterbuch setzt sich ausschließlich aus Adjektiven zusammen, die er im wesentlichen klassifiziert in moralisch-kulturelle und relationale Eigenschaften. Im Rahmen einer Analyse sprachlicher Indikatoren für Feindbilder dürfte EHRLICHs Kategorie "Konflikt/ Feindseligkeit" von Interesse sein. Die Merkmale dieser Kate-

---

20   EHRLICH (1979) betrachtet Stereotype als die kognitiven Dimensionen des Vorurteils und definiert Stereotypisierungen als "Begriffe, die sich auf die Strukturierung der Elemente beziehen, aus denen sich Überzeugungen bezüglich sozialer Gruppen zusammensetzen" (S. 31). - Vgl. die folgenden Ausführungen EHRLICH (1979), S. 32-43.

gorie sind Aggressivität, Konflikt oder Feindseligkeit zur Beschreibung des Verhältnisses zwischen sozialen Gruppen.

Im Zuge der Operationalisierung des Begriffes "Feindbild" stellen sich dem Forscher also u.a. folgende Fragen: Welcher Art müssen diese negativen Bewertungen sein? Gibt es einen objektiven Grad der Ausdrucksstärke, an dem sich Feindbilder festmachen lassen? Muß eine bestimmte Anzahl negativer Ausdrücke vorliegen, bevor von einem Feindbild gesprochen werden kann? Die größte Schwierigkeit liegt jedoch darin, neben der Oberflächenstruktur auch die Tiefenstruktur einer sprachlichen Äußerung zu erfassen. Bewertungen können explizit artikuliert werden, gleichzeitig bzw. statt dessen auch auf subtile Weise implizit in einer Äußerung mitschwingen. Als implizite Bewertungen führt DIECKMANN, B. (1987, S 179) z.b. positiv oder negativ konnotierende, identifizierende Bezeichnungen ("Gastarbeiter"), spezifische Themen- oder Problemnennungen oder die Art und Weise, sozial diskriminierte Gruppen immer nur mit bestimmten Themen in Verbindung zu bringen, an.

3.3.1 Sprachliche Mittel in der Feindbild-Erzeugung

> "Sprache definiert und verdammt den Feind nicht nur, sie erzeugt ihn auch; und dieses Erzeugnis stellt nicht den Feind dar, wie er wirklich ist, sondern vielmehr, wie er sein muß, um seine Funktion für das Establishment zu erfüllen."
> (Herbert Marcuse)[21]

Mit welchen konkreten sprachlichen Mitteln der Feind oder vielmehr das Bild vom Feind erzeugt wird, sagt MARCUSE leider nicht. Im folgenden wird deshalb versucht, eine Liste dieser sprachlichen Mittel aufzustellen.

Ausgehend von der Annahme, daß Images, Stereotype, Vorurteile und Feindbilder hierarchisch-integrativ sind, wird behauptet, daß die sprachlichen Ausdrucksformen nicht einzeln für sich, sondern in Verbindung miteinander betrachtet werden müssen und i.d.R. in Kombinationen zu finden sind.

---

21   Hier zitiert nach SCHMIDT (1972), S. 93.

Polarisierungen
Gemeint sind damit dichotomisch angelegte Klassifikationen und Beurteilungen der eigenen und der fremden Gruppe. Dies spiegelt sich im Sinne der schwarz-weiß-Malerei besonders in der Verwendung von Gegensatzpaaren und antonymen oder kontrastiven Wörter wider.

Verallgemeinerungen, wie z.b. "Der Irak ist nicht verhandlungsbereit", tragen ebenfalls zur Polarisierung gegnerischer Parteien bei. Durch den kollektiven Singular wird aus einer heterogenen, wenn auch feindlichen Volksmenge eine amorphe, einheitlich Masse. Die feindlichen Positionen werden reduziert auf "den Irak" und "die USA". Diese von jeglicher Individualität abstrahierenden Mechanismen fanden ihren Höhepunkt in der Berichterstattung vor und über den Golfkrieg, als v.a. in der BILD-Zeitung "die Welt" (Summationsformel!) gegen Saddam Hussein beschworen wurde.

Verallgemeinerungen
Syntaktisch liegt stereotypen Aussagen, und damit auch Aussagen über Feinde, die Form "Alle x sind f" zugrunde. Derlei Aussagen werden auch Allaussagen genannt. x ist dabei eine beliebige Gruppenbezeichnung, und f ist entweder ein Nomen, Adverb oder Adjektiv, die jeweils eine negative Konnotation tragen. "Alle x", z.B. "alle Deutschen", läßt sich auch ersetzen durch "die Deutschen" bzw. im kollektiven Singular "der Deutsche" oder "das Wesen des Deutschen". Genauso "kollektivierend" wirken Aussageformen wie "Der Irak ist nicht verhandlungsbereit" (s.o.), da mit dieser Aussage kaum das gesamte irakische Volk gemeint sein kann, aber genauso wenig deutlich wird, welche Personen statt dessen als politische Repräsentanten gesehen werden.

Um ein Gefühl der Distanz z.B. zu einer sozialen Minderheit zu demonstrieren, werden Formulierungen wie "diese Türken" oder "solche Leute" verwendet.

Verallgemeinerungen äußern sich außerdem in der Art, die Bewertungen über den Feind (oder die Fremdgruppe) zu verabsolutieren. Der Feind ist so und so; komparative oder relativierende Aussagen sind nicht zu finden. Statt dessen werden wenige konkrete Beispiele als typisch generalisiert. Gleichzeitig abstrahiert der Kommunikator von seiner subjektiven Meinung: Aus "Ich verachte Araber" wird die scheinbar objektive und allgemein gültige Formulierung "Araber sind verachtenswert".

Funktional ähnlich wirken auch Nominalisierungen. Dabei wird ein Aussagesatz, der die Aktivität einer Person beschreibt, syntaktisch auf ein (zusammengesetztes) Nomen reduziert: Anstatt "Saddam Hussein bombardiert Israel" heißt es dann "der Bombenleger Saddam Hussein". Dadurch, daß sie alle anderen Aktivitäten ausschaltet, reduziert die Nominalisierung gegenüber der weniger gedrängten Satz-Form den Bezeichneten auf eine Person, deren ganzes Wesen einzig und allein darin besteht, fremde Länder zu bombardieren (GOOD 1983, S. 24). Die Aktivitäten der eigenen Gruppe werden im Gegensatz dazu als Geschehen und als Handeln unter "Sachzwängen" dargestellt.

Personalisierungen
Personalisierungstendenzen sind in der (politischen) Berichterstattung bereits ein bekanntes Phänomen. In der Darstellung von politischen oder militärischen Ereignissen ruft Personalisierung den Eindruck hervor, als ob der jeweilige Konflikt nur zwischen zwei Individuen, nicht aber zwischen den dahinterstehenden gesellschaftlichen Instanzen oder internationalen politischen Systemen ausgetragen würde.[22] Für den Aufbau von Feindbildern spielten insbesondere vor und während des Golfkrieges 1990/91 Personalisierungen daher eine große Rolle. Ein erster oberflächlicher Blick in die Presse läßt vermuten, daß diese Personalisierung im Laufe der Ereignisse am Golf intensiviert wurde und Saddam Hussein bald als alleiniger Handlungsträger auf irakischer Seite erschien. Sobald ein globaler Konflikt auf eine kleine Gruppe (oder gar nur zwei) Handlungsträger personalisiert worden ist, findet eine Beurteilung dieser Situation nur noch anhand der Bewertung der Kontrahenten statt, wobei die Gegenpartei i.d.R. ausschließlich mit diffamierenden, pejorativen Floskeln belegt wird. Ähnlich wie Verallgemeinerungen durch den kollektiven Singular dient die Personalisierung politischer Ereignisse der weiteren Polarisierung der gegensätzlichen Interessengruppen.

GOOD (1983) sieht die Gefahr der Personalisierung im übrigen darin, "daß dem Leser einer dieser vermeintlich objektiven Berichte ein 'entpolitisiertes' Bild seiner sozialen Wirklichkeit vermittelt wird" (S. 18). Darüber hinaus werden komplexe Sachverhalte durch Personalisierungen auf unzulässige Art und Weise reduziert und simplifiziert.

Vereinnahmungen
Wie bereits ausführlich dargestellt, gehört zur Feindbildkonstruktion immer auch die Stärkung der eigenen Position und die Bindung der Gruppenmitglieder an diese Position. In der massenmedialen Kommunikation wird den Gruppenmitgliedern die Identifizierung mit der eigenen Gruppe durch "Vereinnahmungstaktiken" wie z.B. die häufige Verwendung der Personalpronomen "wir", "uns", "unsere" etc. ermöglicht; diese zielen darauf, beim Rezipienten ein "Wir-Bewußtsein" bzw. das Gefühl kollektiver Betroffenheit zu erzeugen und ihn mit der Gruppe zu solidarisieren. "Die erste Person im Plural - formal ein Mittel zur Dissonanzreduzierung - eröffnet dem Rezipienten das Gefühl, irgendwie mitbeteiligt zu sein (...)" (BRINKMANN 1980, S. 291).

---

22   Vgl. dazu die Ausführungen über Metaphern in Kapitel 3.1.3 dieser Arbeit.

Das Pendant zu "wir" sind "die (anderen)". Mit "die (anderen)" ist eine deutliche Ausgrenzung beabsichtigt.

Schlüsselwörter

Schlüsselwörter meinen in unserem Zusammenhang eindeutig pejorative Bezeichnungen, deren abwertender Charakter selbst in isolierter Nennung, also ohne jeden Kontext, deutlich ist. Das sind z.b. Gruppenbezeichnungen wie "Itaker", "Spaghettifresser", "Polack", "nigger" und in abgeschwächter Form auch "Jude", "Ami" oder "Ossi" bzw. "Besserwessi"; diese Liste ließe sich beliebig ergänzen.

Negative oder positive Werte und Attribute

Aufwertung der eigenen und Abwertung der fremden Seite geschehen i.d.R. mittels Häufung positiver bzw. negativer Attribute in den Beschreibungen und Aussagen über die jeweilige Partei. Adjektive spielen in diesem Bewertungsprozeß eine wichtige Rolle: Sie zeigen die evaluative Ausrichtung der zu ihnen gehörenden Substantive an. Um die Bezeichnung (Name) des Gegners herum wird ein ganzes Begriffs-(oder Wort-)feld aufgebaut, das das Feindbild schließlich semantisch konstituiert. Einige Wörter tauchen in einem anderen Kontext als in Verbindung mit dem Feind schließlich nicht mehr auf; insbesondere die Massenmedien reservieren diese Wörter quasi für verbale Angriffe gegen "den" Feind.

Ziel ist es, den Gegner in ein solches semantisch negatives Umfeld zu schieben, daß letztlich der Name des Gegners in den Assoziationen des Medienpublikums nur noch mit negativen Urteilen verbunden wird. "Ein bestimmtes Wort wird ständig mit negativen Attributen versehen, bis schließlich eine assoziative Verbindung erreicht wird, in der gewissermaßen die negativen Attribute so auf das Wort 'abfärben', daß letztlich das Wort selbst als negativ aufgenommen wird und damit auch der gemeinte Sachverhalt negativ gewertet wird." (BRINKMANN 1980, S. 133).[23] Der Gegner wird semantisch permanent mit negativen Werten (z.b. Unfreiheit, Tyrannei etc.) gekoppelt, während die eigene Position nur positive Werten erhält (z.b. Freiheit, Demokratie etc.). Je nach Konfliktfeld wird an verschiedene Wertefelder appelliert (politisch, sozial, kulturell u.ä.). Die Adjektive, die bei der Beschreibung und Bewertung der Konfliktparteien verwendet werden, stehen häufig im Superlativ, um den emotionalen Eindruck zu verstärken, es handle sich um Extrempositionen, und eine Steigerung des "guten" bzw. "bösen" Verhaltens sei nicht mehr möglich.

BRINKMANN (1980, S. 157) weist darauf hin, daß insbesondere Vergleiche mit Tieren der Abqualifizierung des Gegner dienen können. In Kombi-

---

[23] FISCHER / NOKE (1985) verwenden diesbezüglich den Ausdruck "Diffamierung als Methode" (S. 357).

nation mit einem politischen Adjektiv bekommt ein Tiervergleich besonderes Gewicht (z.B. "rote Kampfhähne"). Die Verwendung eines umgangssprachlichen und stark emotiven Wortschatzes trägt dabei entscheidend zur Abwertung des Gegners bei.

Die Schwierigkeit in der empirischen Analyse besteht darin, präzise festzulegen, welche Attribute und Werte positiv und welche negativ konnotiert sind, da es für sie keine allgemeine Verbindlichkeit für alle (Sprach-)Gemeinschaften gibt. Zu bedenken ist auch, daß viele dieser symbolischen, wertbesetzten Begriffe wie z.b. "Freiheit" und "Demokratie" ohne jegliche inhaltliche Füllung bleiben und deshalb für sich gesehen bereits Stereotype darstellen.

Eng mit dieser Bewertungstaktik ist auch die Verwendung synonymischer Unterscheidungen verbunden. Hierbei werden zwei unterschiedlich bewertete Wörter (positiv - negativ) für an sich dieselbe Sache verwendet, um deutlich zu machen, daß die eigene bzw. die gegnerische Seite gemeint ist. Auf die gegnerische Seite entfällt dabei natürlich der negativ konnotierte und bewertete Ausdruck: z.B. Patriotismus vs. Chauvinismus, Eroberung vs. Raub fremder Länder, warnen vs. drohen etc.

In diesem Zusammenhang ist auch zu erwähnen, daß man sich in der politischen und militärischen Sprache zur Bezeichnung eigenen Verhaltens mit Vorliebe verschiedener Euphemismen bedient, d.h. "ein vorgegebener, positiv klingender Ausdruck bezeichnet den zugrundeliegenden Sachverhalt nur unvollständig, verzerrt oder objektiv falsch" (LÜGER 1983, S. 8).[24] Verharmlosende und beschönigende Ersatzbezeichnungen sind z.B. "Verteidigungsministerium" statt "Kriegsministerium", "Frontbegradigung" statt "Rückzug" etc. Aus der kritischen Sprachbetrachtung geht deutlich hervor, daß ein derartiger Wortgebrauch in starkem Maße auch der Umbenennung und damit Umdeutung der Realität dient. In ihm kommt eine Doppelmoral zum Ausdruck, die gleiches Handeln mit zweierlei Maß mißt.

Bilder und Metaphern
Zu untersuchen wäre, aus welchem Bildbereich der überwiegende Teil der verwendeten Metaphern stammt. Es liegt in der Natur der Sache, daß in der Berichterstattung über die Kriegsvorbereitungen und den Golfkrieg selber viele Ausdrücke aus dem Bereich der Militärsprache zu finden sind. Allerdings sind bereits so viele Ausdrücke aus der Militärsprache in die Allgemeinsprache eingegangen und werden so unpräzise verwendet, daß sie in der Kriegsberichterstattung auf zwei Ebenen wirken, nämlich zum einen auf der rein beschreibenden Ebene der Kriegsereignisse, und zum anderen auf der emotionalen Ebene,

---

24 Zu Euphemismen ausführlicher z.B. LEINFELLNER (1971) oder LUCHTENBERG (1985).

die sie im Laufe der Zeit in der Alltagssprache insbesondere im Bereich der Politik erhalten haben. Darüber hinaus sind militärische Metaphern ausgezeichnet dazu geeignet, nach dem Freund-Feind-Schema den Eindruck von der Existenz zweier konträrer Gruppen mit bipolaren Interessen und die Vorstellung vom aggressiven Charakter einer Sache oder Person zu evozieren. Entsprechend der Annahme, daß Saddam Hussein als herausragender Feind in den Vorstellungen der westlichen Bevölkerung geweckt werden sollte, müßte sich also in der Beschreibung seiner Person und Handlungsweise anteilig militärische Metaphorik finden lassen.

Wiederholungen
Die beständige, unveränderte Wiederholung von Ausdrücken und Aussageinhalten ist konstituierendes Merkmal von Stereotypen; aus der Wiederholung beziehen sie ihre Einprägsamkeit. Durch die Wiederholung erhalten Behauptungen einen vermeintlichen Wahrheitsgehalt, auf den sie i.d.R. keinen Anspruch haben und der im Einzelfall auch nicht mehr überprüft wird. Dennoch ist der Rezipient geneigt, einer Aussage insbesondere dann Glauben zu schenken, je häufiger er ihr in gleicher oder ähnlicher Form begegnet, da er in der Wiederholung eine gewisse Objektivität zu erkennen meint. Trifft er in verschiedenen Kontexten oder bei verschiedenen Kommunikatoren auf ähnliche Behauptungen, hält er sie für bestätigt. "Die Behauptung hat aber nur dann wirklichen Einfluß, wenn sie ständig wiederholt wird, und zwar möglichst mit denselben Worten. Das Wiederholte wird schließlich als eine bewiesene Wahrheit angenommen." (FISCHER / NOKE 1985, S. 347).

3.3.2 Stereotype, Vorurteile und Feindbilder in der Sprache der Massenmedien

> "Hütet euch vor den falschen Propheten (...) An ihren Früchten werdet ihr sie erkennen."
> (Neues Testament, Matthäus 7, 15-16)

Jedes Medium, jeder Sender, jedes Presseorgan hat seinen besonderen Stil, der sich sowohl in der <u>formalen</u> Gestaltung der Sendungen oder Zeitungsartikel als auch in der jeweiligen <u>sprachlichen</u> Gestaltung niederschlägt. Die Vorstellungen davon, was nun genau das <u>Spezifische</u> an der "Pressesprache" oder allgemein der Sprache der Massenmedien sei, gehen allerdings auseinander. Dies v.a. deshalb, weil, wie LÜGER (1983, S. 3-45) ausführt,[25] der wissenschaftliche Zugang zu den einzelnen Medien(-produkten) vielfältig ist: So gibt es z.b. Untersuchungen unter dem Aspekt der normativen Sprachkritik oder aus dem Bereich der Rezeptionsforschung unter Berücksichtigung manipulativer Elemente der Pressesprache. In der Regel versuchen Autoren wie z.B. MITTELBERG (1967), sich der Sprache (und den sprachlichen Mitteln) eines einzelnen Presseerzeugnisses zu nähern, wobei sehr häufig die Boulevard-Presse im Mittelpunkt steht, u.a. weil ihr ein großes Beeinflussungspotential unterstellt wird. Auf der Ebene des Wortschatzes wird den Boulevard-Zeitungen ein relativ standardisiertes und sehr emotives Vokabular attestiert; stilistisch sind sie oftmals geprägt von ausdrucksstarkem Pathos, klischeehaften Formulierungen und stereotypen Vereinfachungen bzw. Verallgemeinerungen.

Die Beeinflussungsmöglichkeiten in den Medien mittels Sprache sind vielfältig. Durch die in Wörtern enthaltenen Urteile wird die Wahrnehmung eines Geschehens von öffentlichem Interesse entscheidend geprägt. Je nachdem welchen Eindruck der Journalist bei seinem Publikum über einen Vorgang hinterlassen will, wählt er z.b. entweder die Wörter "Revolution", "Aufstand", "Putsch", "Meuterei", "Aufruhr", "Bürgerkrieg" o.ä. Mit Hilfe (negativ-feindlicher) Etikettierungen werden durch die Sprache ideologische Grundpositionen vermittelt.

Ziel des empirischen Teils dieser Arbeit kann es aber nicht sein, sämtliche sprachlichen und stilistischen Mittel der Printmedien bzw. der untersuchten Periodika aufzulisten. Es geht vielmehr darum, Zusammenhänge zwischen Sprache und Massenmedien aufzuzeigen und dabei darzustellen, welcher spezifischen Mittel sich die Journalisten während des Golfkonfliktes 1990/91 bedienten, um ein Stereotyp und schließlich das Feindbild "Saddam Hussein" in den Vorstellungen ihres Leserpublikums zu evozieren.

DRÖGE (1967) hat bereits darauf hingewiesen, daß in der öffentlichen (massenmedialen) Kommunikation, d.h. in der Berichterstattung über ein Ereignis, an dem die Rezipienten nicht selber teilnehmen konnten, subjektive Verzerrung und Stereotype vorprogrammiert sind, "denn Publizistik kann nicht anders als unablässig durch eigenen Gebrauch ohne realen Erfahrungshintergrund Stereotypen zu verstärken oder neue zu schaffen" (DRÖGE 1967, S. 170f.). Um ein individueller Erfahrung nicht zugängliches Ereignis kollektiv für eine heterogene Rezipientenmenge verständlich zu machen, bedarf es der inhaltlichen und sprachlichen Vereinfachung. Diese Vermittleraufgabe des Journalisten, nämlich schwierige Sachverhalte und Zusammenhänge für den Rezipienten verständlich darzustellen, wirkt sich auf die sprachliche Gestaltung der Zeitungsartikel (und Rundfunksendungen) aus. Sie ist in starkem Maße davon abhängig,

---

25 Vgl. dazu auch BURGER (1984).

welche Vorstellungen sich der Journalist von seinem Publikum macht.[26] Er wird versuchen, sich dem Sprachregister des "intendierten Rezipienten" anzupassen.

Weiter oben wurde bereits angesprochen, daß die Symbolkraft von sprachlichen Stereotypen die Interaktion zwischen Kommunikationspartnern erleichtert und verkürzt. Dazu DRÖGE (1967): "Die Kommunikation wird bei hoher Stereotypisierung formal einfacher und zugleich verbindlicher." (S. 212). Insbesondere die Sprache der Massenmedien ist daher wesentlich durch Stereotypisierung und Standardisierung gekennzeichnet. Signale, Zeichen, Begriffe werden so eingesetzt, daß mit möglichst geringem (Sprach-)Aufwand möglichst viel Inhalt transportiert wird. Dieses entspricht dem Prinzip der Sprachökonomie. Ihre Funktion in der Presse liegt allerdings weniger darin, das Verhältnis zwischen Textlänge und Informationsmenge zu optimieren, sondern vielmehr darin, den Anschein eines komprimierten Informationsangebots zu erwecken. Stereotype und Vorurteile werden bewußt vom Kommunikator mit der Absicht eingesetzt, das Rezeptionsmuster eines möglichst breiten Publikums zu treffen. Dementsprechend wird "die Realität", also z.B. die Meldungen der Nachrichtenagenturen, nach vereinheitlichten und festgelegten Mustern aufbereitet, was oberflächlich betrachtet die Rezeption zu erleichtern scheint, tatsächlich aber lediglich die Stereotypisierung der Realität und das "Denken in Standards"[27] vertieft.

---

26   Sofern er sich überhaupt an seinem Publikum orientiert; vgl. dazu Kapitel 6.2 dieser Arbeit.
27   MANZ (1968) verwendet dafür auch den Ausdruck "neurotische Fehlanpassung" (S. 8).

4. Rückständig und unterentwickelt: Das Araberbild in der westlichen Welt - Ein historischer Abriß

4.1 Feindbilder als Tradition

> "Dieses historische Araberbild ist nicht zu trennen vom Araberbild unserer Tage, ist unbewußter Bestandteil unseres ideologischen 'Gepäcks', das unterschwellig auch der ganzen Nahost-Politik zugrunde liegt."
> (Erdmute Heller)[1]

Wie oben bereits genauer ausgeführt, haben Vorurteile und Feindbilder traditionellen Charakter: Sie werden innerhalb der Gruppe an die nächste Generation weitergegeben, und eine Veränderung ihrer Form oder Inhalte (oder gar ihr Abbau) geht nur sehr langsam vonstatten. Der Ursprung oder Entstehungszeitpunkt von Vorurteilen und Feindbildern ist deshalb oft in der frühen Entwicklungsgeschichte der Gruppe zu suchen. FLOHR (1991, S. 99-107) nennt eine ganze Reihe historisch-politischer Rahmenbedingungen für die Entstehung und Entwicklung von Feindbildern, so z.B. Kriege, Zeiten der Unterdrückung, wirtschaftliche Konkurrenzsituationen etc. Begegnungen (feindlicher Art) mit anderen Gruppen zu einem bestimmten Zeitpunkt der Geschichte der Gruppe können zu Schlüsselerlebnissen werden, die die Vorstellungen über diese anderen Gruppen nachhaltig prägen[2] und z.T. durchaus mythischen Charakter annehmen.

So verhält es sich zum Beispiel mit dem Bild, das die westliche Welt vom Orient hat. Eine Reihe von (widersprüchlichen) Vorstellungen, entstanden im Laufe der Beziehungsgeschichte zwischen Orient und Okzident, bündelt sich und wird in Krisenzeiten, "aufgefrischt" mit aktuellen Elementen, wieder in das Gedächtnis der Menschen gerufen. Ein solcher "Aktualisierungs"-Prozeß hat mit Sicherheit auch während der Golfkrise stattgefunden. Nicht zuletzt die Massen-

---

1 Zitiert nach HELLER (1981), S. 26.
2 Der Rückgriff oder Vergleich mit historischen Ereignissen oder Personen während einer aktuellen Krisenzeit zeigt deutlich, wie sehr jede Generation von dem über Jahrhunderte hinweg tradierten "Wissen" (Erfahrungen aus der Geschichte eines Volkes gehen in den Wissensschatz der nachfolgenden Generationen ein) beeinflußt ist. So wurde z.B. Saddam Hussein vor und während des Golfkrieges 1990/91 vielfach mit Nebukadnezar (babylonischer König im 6. Jahrhundert v.Chr., der Jerusalem zerstörte und deren Einwohner verschleppte) oder mit dem "Roten Pharao" Gamal Abd el Nasser (1918-1970, Wortführer der Blockfreien Staaten und Vertreter der panarabischen Idee) verglichen. (Besonders häufig waren die Vergleiche mit Adolf Hitler.)

medien konnten sich in ihrer Berichterstattung und Kommentierung der Krise und des anschließenden Krieges auf Vorstellungen stützen, die die westliche Welt und insbesondere Europa von der arabischen Welt hat.[3] Das vorhandene Araberbild hat Europäer und Amerikaner mit Kategorien und Beurteilungsschemata "versorgt", die ihnen halfen, die Geschehnisse und die beteiligten Parteien in ihr Weltbild einzuordnen; das bewährte (Feind-)Bild war sozusagen die Folie, der Hintergrund der aktuellen Ereignisse.

In der Regel dienen Feindbilder dazu, den Zusammenhalt in einer Gruppe und die Kampfbereitschaft der Gruppenmitglieder zu stärken. Inwieweit das Araberbild in der westlichen Welt jedoch dazu beigetragen (bzw. es ermöglicht) hat, den Golfkrieg als gerechtfertigt zu empfinden und die alliierten Truppen gegen den Irak zu unterstützen, ist jedoch schwierig zu beurteilen. Insbesondere die massiven Proteste in der Bundesrepublik Deutschland gegen den Krieg, die an den unmittelbaren Kriegshandlungen mit Soldaten der Bundeswehr nicht beteiligt war und lediglich finanzielle Unterstützung leistete, haben gezeigt, daß es in der Zeit vor Kriegsausbruch nicht gelungen war, aus dem stereotypen Bild von dem Araber ein Feindbild zu schaffen, das die Proteste ähnlich wie in Großbritannien[4] und in den Vereinigten Staaten von Amerika relativ gering hielt.

Krieg war und ist eines der entscheidensten und prägendsten Erlebnisse in der Beziehung zwischen Gruppen oder Völkern. Durch ihn werden (wie z.B. zur Zeit der Kreuzzüge) Vorstellungen über eine Fremdgruppe entwickelt oder aber alte Vorstellungen (und Feindbilder) wachgerufen, stabilisiert, an die junge Generation weitergegeben bzw. bei ihr bekanntgemacht und mit neuen Elementen, die sich aus der aktuellen Situation ergeben (haben), angereichert. Man kann mit einiger Sicherheit davon ausgehen, daß die beschriebenen Mechanismen auch im Falle des Golfkrieges 1991 funktionierten.

4.2 Verwirrung der Begriffe

Auch wenn im Rahmen dieser Arbeit eine einheitliche Begriffsverwendung versucht wird, muß darauf hingewiesen werden, daß im allgemeinsprachlichen Gebrauch nur mangelnde Trennschärfe zwischen den Ausdrücken

---

3   So fiel z.B. der WELT das Einschwenken auf Saddam Hussein als Feind nicht schwer, hatte RÜHL ihn doch schon in der Ausgabe vom 20.04.1990 als den "Wilden von Bagdad" bezeichnet, der eine "schwer berechenbare, aber extreme Sicherheitsgefährdung" für die ganze westliche Welt darstelle.
4   BEBBER (1991) gibt einen kurzen Überblick über die Berichterstattung der britischen Presse vom Januar 1991. Über die Boulevard-Blätter sagt er: "Mit Schlagzeilen wie 'Wir treten sie in den Arsch' soll die eher sorgenvolle Stimmung der Briten in Kriegslüsternheit umgewandelt werden." (S. 78).

"Orient", "Morgenland", "Asien", "Araber", "Islam" u.ä.m. herrscht. Diese Unschärfe in der Begriffsbildung spiegelt jedoch die Unschärfe der Vorstellungen wider, die sich hinter diesen Termini verbergen. Das bezieht sich zum einen auf Merkmale und Eigenschaften der im Orient lebenden Völker,[5] als auch auf die geographische Ausdehnung des Orients überhaupt. Eigentlich umfaßt der Orient die Länder zwischen Istanbul (als Tor zu Kleinasien) und Indien (Ferner Osten) sowie die arabische Halbinsel und die Länder Nord-Afrikas. In der Regel wird mit dem Orient jedoch nur der Nahe und Mittlere Osten assoziiert, wobei es sich wiederum um zwei Bezeichnungen handelt, bei denen die Vorstellungen von ihren geographischen Ausdehnungen recht diffus sind und darüber hinaus eher politische denn geographische Raumbestimmungen enthalten. Eine eindeutige geographische Eingrenzung Arabiens scheint nicht möglich. Noch schwieriger wird es, wenn "Islam" als religiöse Kategorie hinzukommt, denn im Nahen und Mittleren Osten leben neben Moslems auch Juden und Christen. Der Araber ist jedoch immer gleichzeitig auch ein Mohammedaner. Wie wichtig diese Unterscheidung nach Religionszugehörigkeit ist, wir später noch deutlicher.

Zunächst einmal weisen jedoch die Bezeichnungen "Vorderer Orient", "Naher" oder "Mittlerer Osten" darauf hin, daß die damit umfaßten Staaten und Völker nicht als selbständige Nationen, sondern immer nur in ihrer (geographischen) Relation zu Europa betrachtet werden.

4.3 Orient vs. Okzident

Eng mit diesem eurozentristischen Standpunkt ist die Tatsache verbunden, daß Abendland und Morgenland, Okzident und Orient in den Vorstellungen der Europäer immer als Gegensatzpaar begriffen wurden und werden. Sie bilden als gegensätzliche Pole eine entscheidende Kategorie im europäischen Weltbild. Der Orient ist in allen Dingen das negative Pendant zum Okzident. Das beginnt bei den wahrgenommenen (oder vermuteten) Charaktereigenschaften: Der Orientale ist irrational, verlogen, hinterhältig und kindlich; der Europäer ist rational, tugendhaft, barmherzig und reif (SAID 1981, S. 50). Es betrifft die unterschiedlichen Religionen, die nicht als gleichberechtigt existent nebeneinander akzeptiert werden: Islam ist eine Religion, die Gewalt predigt und sich gegen jede theologische Auseinandersetzung sperrt; das Christentum ist von Grund auf friedfertig, predigt Nächstenliebe und versucht, die Menschen durch Überzeu-

---

5　Symptomatisch ist an dieser Stelle bereits, daß in den westlichen Staaten häufig nicht zwischen den einzelnen im Orient lebenden Völkern differenziert wird. Eine Unterscheidung findet heute allenfalls zwischen Palästinensern, Israeliten und den Arabern statt. Damit wird "der Orientale" zu einem Sprachstereotyp und einer Kategorie, in die alle Wahrnehmungen über "den Orient" eingeordnet werden.

gung zum rechten Glauben zu bringen. Auch die erreichten Kultur- bzw. Zivilisationsstufen werden als gegensätzlich betrachtet: Das christliche Europa steht dem Fortschritt offen, während das mohammedanische Arabien gleichbedeutend ist mit Stagnation und Rückständigkeit; dem freien Willen im Christentum steht eine deterministische Ethik und der islamische Fatalismus gegenüber.

Vom Gegensatz ist es nur ein kurzer Schritt zur Gegnerschaft und schließlich zur Feindschaft. In diesem Prozeß tritt schnell eine Polarisierung der Unterschiede ein, indem die Merkmale der beiden feindlichen Gruppen ins Extreme überzeichnet und dramatisiert werden; so wird der Orientale noch "orientalischer" und der Westen noch "westlicher". Ziel ist es, eine scharfe Trennlinie zwischen diesen beiden Gesellschaften zu ziehen und die Wahrnehmung etwaiger Übereinstimmungen oder Ähnlichkeiten unmöglich zu machen. Gleichzeitig werden die Unterschiede zwischen den Kulturen als "Kampflinie" aufgefaßt.

DANIEL (1962) beschreibt das Verhältnis zwischen Orient und westlicher Welt und formuliert sehr treffend die Mechanismen, die aus dieser gegensätzlichen Wahrnehmung folgen:

"Men seem to take it for granted that an alien society
is dangerous, if not hostile, and the spasmodic
outbreak of warfare between Islam and Christendom
throughout their history has been one manifestation of
this. Apparently, under the pressure of their sense of
danger, whether real or imagined, a deformed image of
their enemy's beliefs takes shape in men's minds. By
misapprehension and misrepresentation an idea of the
beliefs and practices of one society can pass into the
accepted myths of another society in a form so
distorted that its relation to the original facts is
sometimes barely discernible." (S. 2).

4.4 Die Entwicklung der Beziehungs- und Vorstellungsgeschichte

Ausgehend von der Grundannahme, daß Vorurteile und Feindbilder, oder allgemein: Vorstellungen von einer Fremdgruppe, tradiert werden, läßt sich die Meinung vertreten, daß ein Großteil der heute virulenten Vorstellungen über die Araber und die arabische Welt aus der Beziehungsgeschichte zwischen Abendland und Morgenland zu erklären sind. An dieser Stelle werden daher die wichtigsten historischen Markierungspunkte und Einflußfaktoren aus dieser

Geschichte kurz dargestellt. Parallel dazu wird darauf verwiesen, inwieweit die historischen Vorstellungen sich im heutigen Araberbild wiederfinden lassen.

Vor Beginn des Mittelalters kann in Europa kein eindeutiges Bild vom Orient ausgemacht werden. Die Mauren hatten zwar zu Anfang des 8. Jahrhunderts die Iberische Halbinsel erobert; aber in diesen Eroberungsfeldzügen hatte sich kein spezifisch arabisches (Feind-)Bild ausgeprägt. Die Kontakte zu den Besatzern waren vielmehr geprägt durch einen intensiven und positiven Austausch im Bereich der Naturwissenschaften, Medizin, Astrologie und Philosophie. Die Berührungspunkte mit arabischen Volksstämmen waren bis dahin als Handelsbeziehungen ausschließlich wirtschaftlicher Art gewesen. Das eigentliche Orientbild entstand erst mit der spanischen Reconquista und den Kreuzzügen.

Voraussetzung dafür war jedoch, daß im 11. Jahrhundert das christliche Europa zu einer ideologischen Einheit zusammenfand. Diese Einheit und das daraus entstehende Gemeinschaftsgefühl bedurften zu ihrer Stabilisierung eine klare Abgrenzung (was DANIEL 1966, S. 4 als "sense of difference" bezeichnet) zu den an sie angrenzenden Völkern, die notwendigerweise als Feinde begriffen werden mußten. Das noch junge (idealisierte) Selbstbild Europas wurde konstituiert durch und gleichzeitig kontrastiert mit dem feindlichen Fremdbild zunächst v.a. der Sarazenen, da diese im Zuge des islamischen Expansionsdranges als erste auf europäischen Schlachtfeldern standen. Hier setzte der bereits oben beschriebene Mechanismus "Kein Selbstbild ohne Fremdbild" ein; die eigene Identität war eine negative Ableitung des Fremdbildes.

Insbesondere die Kreuzzüge als erste gemeinsame Handlungen des Abendlandes schufen ein echtes Bedürfnis nach einem einheitlichen und klaren Bild vom Gegner. "Bei einer solchen Konzentration und Zielgerichtetheit des Kampfes mußte der Feind notwendigerweise schärfere, spezifischere Züge erhalten, und das Bild von ihm mußte sich vereinfachen und vereinheitlichen." (RODINSON 1980, S. 26). Dabei interessierte weniger die politische oder kulturelle Geschichte des Orients als vielmehr Mentalität und Ideologie. Das heißt aber nicht, daß ein tatsächliches Bemühen vorhanden war, die orientalischen Völker kennenzulernen; im Gegenteil versuchte die katholische Kirche, den Kontakt zwischen christlichen Europäern und Arabern auf ein Minimum zu reduzieren. So wurde z.B. die Heirat zwischen Christen und Moslems als Todsünde verdammt und verboten. Gleichzeitig wurde ein Bild vom Islam entworfen, das Christen ganz bewußt abstoßen sollte (DANIEL 1962, S. 264). Ziel war es, die feindliche Haltung gegenüber dem Islam aufrecht zu erhalten. So entstand eine Reihe von unwissenschaftlichen und ungewissenhaft recherchierten Werken, reine Fiktionen und absichtlich falsche Darstellungen des Islams, die

Haß entzündeten und das negative Bild von ihm schafften, das sich der Nachwelt erhalten hat.

Eine entscheidende Rolle im Bild vom feindlichen Fremden spielten die Religionen. Sie wurden schnell zum ideologischen Rückgrat der Feindschaft. Der islamische Glaube wurde als Kernstück der Solidarität der Sarazenen, Araber, Türken, Persern etc. gegen die Christen betrachtet. Inbegriff der Feindschaft zwischen Arabien und Europa wurde (aus europäischer Sicht) damit die Polarisierung von Christentum und Islam.[6] In den Augen mittelalterlicher Zeitgenossen verleugnete der Islam zwei traditionell christliche Werte: Enthaltsamkeit (Askese) und Vernunft. Es handelte sich dabei um so zentrale Werte, daß jede andere Interpretation als die christliche schlechthin als Bedrohung des Christentums empfunden wurde. Ziel der Kirche in Rom war es zu beweisen, daß erstens Mohammed kein Prophet (ein Blick auf sein ausschweifendes, zügelloses und gewalttätiges Leben schien Beweis genug zu sein) sondern ein Schwindler und die Personifizierung des Antichristen, des Teufels oder gar "Bote der Apokalypse" sei, daß zweitens der Koran unlogisch, ungeordnet und kein "Buch Gottes" sondern die bewußte Pervertierung der Wahrheit sei und drittens daß Anhänger des islamischen Glaubens Ketzer, Götzendiener und Heiden, also "Feinde des wahren Glaubens", seien (MONTGOMMERY WATT 1972, S. 73f.).

Die Vorwürfe gegen den Islam bezogen sich thematisch hptsl. auf Gewalttätigkeit, Verrat bzw. Unaufrichtigkeit und Laszivität. DANIEL (1962) hat darauf hingewiesen, daß es sich bei diesen oftmals polemischen Angriffen um "habitual condemnations of Islam" handelt (S. 123). Im Mittelalter herrschte eine erstaunliche Einmütigkeit der Meinungen; einmal formulierte Vorstellungen wurden ohne Veränderung "like a tried and tested tool" beständig weiterverwendet:

> "It must be only too obvious that there was variation
> of only a few themes, and even phrases, whose
> repetition is a sign of how stereotyped the treatment
> of power and violence became. This indicates, not a
> lack of interest, but a deep and unshakable conviction.
> (...) In the condemnation of the Islamic attitude
> exaggeration had its usual place, but mostly it was a
> case of accepted attitudes which were never examined or
> questioned." (DANIEL 1962, S. 133).

---

[6] Bei genauerer Betrachtung weisen christliche und islamische Lehre jedoch auch bestimmte Ähnlichkeiten auf (z.B. Monotheismus, Offenbarungsreligion). Genau aus diesen Ähnlichkeiten resultierte jedoch zum einen die starke Notwendigkeit, sich deutlich abzugrenzen, und zum anderen das geringe Interesse, sich intensiv und objektiv mit der fremden Religion auseinanderzusetzen. Die größere Fremdheit und die geographische Distanz z.B. zu Indien und China riefen im Gegensatz dazu auch größeres Interesse unter den Europäern hervor.

Eine echte inhaltliche Auseinandersetzung mit dem islamischen Glauben fand deshalb nicht statt. Man hielt sich an Äußerlichkeiten auf und suchte bzw. interpretierte lediglich Bibelstellen, die belegen sollten, daß der Zwist zwischen Christen und Arabern schon aus alttestamentarischer Zeit stamme. Daraus leitete man auch die Rechtfertigung für die Kreuzzüge ab. Das Postulat der Überlegenheit der christlichen Völker und gleichzeitig der inhärenten Gewalttätigkeit[7] des Islam sollte die kämpfenden Kreuzzügler überzeugend motivieren. Diese Zuschreibung von Gewalt als definites Charakteristikum verweist auf ein Merkmal bei der Schaffung von Feindbildern, das bereits erwähnt wurde: Wer (angeblich) permanent Gewalt gegen die Anhänger der eigenen Religion ausübt, dem fehlt jegliche Humanität oder Achtung vor den Menschenrechten. Humanität bzw. die Menschenrechte haben jedoch in der christlichen Welt einen ganz besonderen moralischen Stellenwert. Die Wahrnehmung der Übereinstimmung bzw. Divergenz mit einer anderen Gruppe oder Gesellschaft bezüglich des "Humanitätsgrades" und der Garantie der Menschenrechte bestimmen (zumindest in Ländern westlich aufgeklärter Prägung) in entscheidendem Maße die Bereitschaft, Vorurteile und Feindbilder zu entwickeln.

Mit der Idee der Kreuzzüge als religiöse Berufung unter göttlicher Autorität vermischte sich die Interpretation von AUGUSTINUS' (354-430 n.Chr.) Schriften zum "gerechten Krieg", die sich primär auf Angriffskriege bezogen. Die Kreuzzüge schienen als "bellum justissimum" par excellence.[8] Im Zuge dieser Argumentation wurden ganz handfeste ökonomische[9] und machtpolitische Interessengegensätze auf die religiösen Unterschiede reduziert.

Die Kreuzzüge waren für das christliche Europa letztendlich eine traumatische Erfahrung. Trotz kurzfristiger Erfolge (Eroberung Jerusalems 1099, Eroberung Konstantinopels 1203) endeten alle sieben Kreuzzüge in einer Katastrophe, und 1291 wurden die letzten Christen wieder aus dem Orient vertrieben.

Das mittelalterliche Abendland hatte sich kaum von den fehlgeschlagenen Kreuzzügen erholt, als das Osmanische Reich begann, sich über Süd-Ost-Europa auszubreiten. 1529 belagerten die Türken das erste Mal, 1683 das zweite Mal Wien. Das ganze 16. und 17. Jahrhundert stand unter dem Zeichen der Türken-

---

7   Erklärt wurde diese inhärente Gewalttätigkeit mit der Lehre Mohammeds, der seinen Gläubigen verspricht, sie gelangten ins Paradies, wenn sie einen Feind des Islam töteten oder durch einen solchen selber umkommen würden (klassische Form des Märtyrertodes). "This was part of the small body of information that reached even the less well-informed." (DANIEL 1962, S. 123).
8   Wenn man die Argumentation betrachtet, die anläßlich des Golfkrieges gegen den Irak 1991 herangezogen wurde, kann man sich des Eindrucks nicht erwehren, daß das 20. Jahrhundert sich noch nicht all zu weit von mittelalterlicher Denk- und Argumentationsweise entfernt hat.
9   So trieb z.B. die katholische Kirche die Rückeroberung Spaniens (Reconquista) voran, da der Verlust der dortigen Bistümer und Ländereien enorme materielle Einbußen darstellte.

kriege und dem Versuch Europas, die "türkische Gefahr" abzuwenden. Die europäische Literatur dieser Zeit ist geprägt von anti-türkischer Polemik, Beschimpfungen, degradierenden und höhnischen Ausdrücken.[10]

Kreuzzüge und Türkenkriege sind als dauerhaftes Trauma in die intellektuelle und emotionale Struktur des Abendlandes eingegliedert worden und haben es den Europäern bis heute schwer gemacht, den Islam und den Orient als etwas anderes denn als eine konstante Bedrohung, als einen Feind, vielleicht sogar als den Feind zu sehen (SAID 1981, S. 71).

Ende des 15. Jahrhunderts schien das europäische Christentum auseinanderzufallen. Das Auseinanderbrechen der ideologischen Einheit mündete in die Aufspaltung der christlichen Kirche in Katholiken und Protestanten. Bis dahin hatte sich aber der Kanon von Vorstellungen und Meinungen über den Islam (und damit über den Orient) bereits so fest etabliert, daß er das abendländische Schisma, den Verfall des christlichen Kreuzzugsgedankens und die zunehmende Säkularisierung in Europa überlebte. Die christliche Religion verfügt nach wie vor über die traditionsreichsten (Freund-Feind-)Denkmuster, die in den europäischen Ländern in einem Bedarfsfall wie dem Golfkonflikt 1990/91 einen gewissen Konsens bewirken können. Die religiös bedingte Feindseligkeit gegenüber dem Islam ist heute zwar stark in den Hintergrund getreten, das Mißtrauen gegenüber den Moslems ist jedoch geblieben.

Im 18. und 19. Jahrhundert veränderte sich das Bild des Arabers im Westen allmählich. "The old theological view of Christians was little changed, but a new secular image overlaid it at every point. The old attack on Islam as violent was paralleled by the image of cruelty and tyranny and corruption. The old attack on Islam as lascivious was paralleled by the image of romantic eroticism." (DANIEL 1966, S. 23). 1704 übersetzte ANTOINE GALLAND die persischen Märchen aus "Tausend und einer Nacht" - ein Buch, das sofort durchschlagenden Erfolg hatte, über beinahe drei Jahrhunderte hinweg immer wieder Neu-Auflagen erlebt hat und auch heute ganze Generationen erheblich in ihrem Bild vom Morgenland prägt. Neben das Bild vom Moslem als dem gewalttätigen, fanatischen und bedrohlichen Ketzer trat die (mystifizierte) Vorstellung vom Orient als einer exotischen, geheimnis- und prunkvollen Märchenwelt voll grenzenloser Sinnlichkeit und erotischer Fantasien. "Solch grellbunte Bilder befriedigen auf billige Weise die tiefersitzenden Instinkte, die finstere Sinnlichkeit, den unbewußten Masochismus und Sadismus des friedlichen europäischen Bürgertums. (...) Auch wenn Europäer selbst in den Orient reisten, war dies das Bild, welches sie suchten, wobei sie unbarmherzig sortierten, was sie fanden, und über alles hinwegsahen, was in ihr vorgefaßtes Bild nicht paßte." (RODINSON 1980, S. 65).

---

10 Zahlreiche Beispiele sind zu finden bei: ÖZYURT (1972).

Mit dem romantischen Bild vom stolzen und unabhängigen Beduinen, der als Nomade durch die Wüste zieht, paarte sich in der Kolonialzeit des 19. Jahrhunderts das imperialistische Gefühl westlicher Überlegenheit und verachtender Herablassung gegenüber der arabischen Welt. Beseelt von ihrem Sendungsbewußtsein, proklamierten v.a. die Briten die politische, soziale und kulturelle Überlegenheit Europas über die unterentwickelten Völker des afrikanischen Kontinents und des Orients: In jenen Ländern herrsche Despotismus statt Selbstverwaltung, Willkürherrschaft statt Demokratie. Ihre Besetzung und die Kontrolle ihrer inneren Angelegenheiten stelle deshalb eine "gute Sache" dar, da sie auf diese Weise eine viel bessere Regierung bekämen als jede, die sie jemals im Verlauf ihrer Geschichte selber erreichen könnten (SAID 1981, S. 40-45). Den in Wirtschaft und Technik aufstrebenden und dynamischen europäischen Nationen stand der "stagnierende" und "rückständige"[11] Orient gegenüber.

Die Vorstellung, den selbst erreichten zivilisatorischen Status, Errungenschaften und Werte an diese unterentwickelten Völker vermitteln zu müssen, diente jedoch als Rechtfertigung von politischen, militärischen und wirtschaftlichen Expansionsbestrebungen der europäischen Kolonialmächte. KARL MAY (1842-1912) spiegelt in seinen Romanen über die Abenteuer des Kara ben Nemsi im Vorderen Orient und seines Gefährten Hadschi Halef Omar sehr treffend das damalige Zeitempfinden. Ähnlich wie "Tausend und eine Nacht" beeinflussen seine phantasievollen Schilderungen auch heute noch die Vorstellungen vom Orient.[12] Fortsetzung fand diese Mystifizierung in Spielfilmen wie "Der Dieb von Bagdad" oder "Lawrence von Arabien".

---

11   Die Rückständigkeit des Orients bzw. des Islam wird heute erklärt mit einem defizitären Bildungssystem, das sich hptsl. auf das Memorieren religiöser und rechtswissenschaftlicher Texte stützt. "Problemorientiertes Denken kann aber nicht durch Memorieren erlernt werden. Diese Erziehungsform korrespondiert mit dem Fehlen einer Partizipation in einer traditionellen Gesellschaft, deren Hierarchie von den Ulema, den Militärs und der politischen Obrigkeit konstituiert wird." (REICHEL 1973, S. 122).
12   KARL MAYs Ich-Romane basieren lediglich auf Gehörtem und Gelesenem; er hat die Orte "seiner" Abenteuer selber nie bereist. - Es ist auffällig, daß literarische Werke, also Fiktionen (!), derartig unser Bild vom Orient bestimmen. Hier wird in eklatanter Weise deutlich, wie wenig sich z.T. Vorstellungen an der Realität einer Situation orientieren. "Die Bilder, die sich aus dieser Volksliteratur formten, hinterließen im Bewußtsein der Menschen bleibende Spuren, die jederzeit in einer gegebenen konkreten Situation wiederbelebt werden konnten. Dies umso leichter, als diesen fiktiven Bildern in Deutschland keinerlei Korrektiv durch ein entsprechendes Sachwissen über die Geschichte und Kultur der arabischen Welt entgegenstand." (HELLER 1981, S. 27). - Es ließe sich in diesem Zusammenhang die Behauptung aufstellen, daß sich der epochen-überspannende Erfolg der Märchen aus "Tausend und einer Nacht" und KARL MAYs Romanen nicht zuletzt aus den Stereotypen und klischeehaften Schilderungen erklären läßt, die sie ihren LeserInnen über den Orient bieten. - Ähnliche Mechanismen sind mit Sicherheit auch in solch aktuellen Bestseller-Erlebnisromanen wie MAHMOODY, Betty: Nicht ohne meine Tochter! zu finden, der die Diskussion über das stereotype Bild über die Perser bzw. die persische Gesellschaft entfacht haben.

4.5 Der Nahost-Konflikt

Aber auch komplizierte politische Ereignisse der jüngeren Vergangenheit und der Gegenwart, subsumiert unter dem unklaren Namen "Nahost-Konflikt", haben dazu beigetragen, "klare" Vorstellungen darüber zu schaffen, wer im Nahen Osten Freund und wer Feind ist.

Aufgrund ihrer spezifischen historischen Vergangenheit der NS-Zeit und einem beständigen Schuld- bzw. Wiedergutmachungsgefühl gegenüber dem jüdischen Volk fiel insbesondere den Deutschen eine objektiv-neutrale Bewertung der israelischen Politik gegenüber den arabischen Palästinensern und der PLO schwer. Wie KOSCHWITZ (1984) richtig bemerkt, genoß Israel vor den arabischen Staaten der Region einen "spürbaren Vorsprung in der publizistischen Weltmeinung" (S. 347). Das lag/liegt v.a. an der Wahrnehmung von kultureller Nähe Israels zu anderen westlichen Staaten, wo man von einer Identität der Standards und Werte ausgeht. Infolgedessen wurde/wird israelische Politik nach denselben Kriterien wie die anderer westlicher Nationen beurteilt. Die Politik arabischer Staaten wird hingegen nach anderen Maßstäben bewertet.

Ganz unschuldig waren die staatlichen bzw. gesellschaftlichen Vertreter einzelner arabischer Nationen daran jedoch auch nicht. Ihre Informationspolitik glich eher einer Feindbild-Propaganda gegen westlichen Imperialismus, Kolonialismus und Zionismus. Sie war[13] gekennzeichnet von Realitätsferne ("wishful thinking"), Übertreibungen, faktischen Ungenauigkeiten und Wortradikalismus. Die Israelis, besser vertraut mit amerikanischer und europäischer Mentalität, wußten diese Fehler zu nutzen. "Geschickt lancierten sie rhetorische, propagandistische Entgleisungen (...) in die internationale Presse, alarmierten damit die öffentliche Meinung des Westens und zementierten in ihr ein negatives Araberbild." (KOSCHWITZ 1984, S. 344). Dadurch und durch die terroristischen Aktionen einzelner arabischer Extremistengruppen entstand in westlichen Vorstellungen das schwarz-weiß Kontrastbild von den Arabern als aggressive Herausforderer und den lediglich ihre Rechte und Existenz verteidigenden Israelis. Erst für die Mitte der 70er Jahre konstatiert KOSCHWITZ (1984, S. 347-356) eine allmähliche Veränderung der arabischen Informationspolitik und gleichzeitig das Lautwerden kritischer Stimmen gegen die aggressive Siedlungspolitik der Israelis.

---

13 Sie ist es z.T. noch, wie man an den Reden Saddam Husseins sehr gut sehen kann.

4.6 Das Araberbild heute: Ein Konglomerat widersprüchlicher Vorstellungen

Die Möglichkeiten des Welttourismus und die Begegnung mit Moslems im eigenen Land haben in den letzten Jahren bis heute mit Sicherheit ein differenzierteres Bild vom Orient entstehen lassen. Aber trotz wachsender wirtschaftlicher und politischer Verflechtungen ist das Wissen über "die Araber" nach wie vor gering. Ebenso sind die (negativen) Assoziationen, die "der Orient" angesichts unverstandener Ereignisse oder Phänomene in der westlichen Welt hervorruft, widersprüchlich geblieben. Der Orient ist auf der einen Seite immer noch geheimnisvoll und faszinierend; auf der anderen Seite hat sich das Gefühl unterschwelliger Bedrohung und schwelender Feindschaft aus der Zeit der Kreuzzüge und Türkenkriege erhalten.[14] Aus der Kolonialzeit stammt der Vorwurf des Despotismus und totalitärer Regime, Grausamkeit, der Servilität und der Korrumpiertheit der arabischen Völker. Kennzeichen des Islam sei unzureichend gezügelter religiöser und blutrünstiger Fanatismus, "der sich dem zivilisatorischen Drang des Westens entgegenstellt" (RODINSON 1980, S. 74) und in der westlichen Welt die Furcht vor dem Panislamismus (Vereinigung aller islamischen Völker) als aggressive Ideologie (Stichwort: "Heiliger Krieg") mit weltweitem Herrschaftsanspruch aufrecht erhält.

Nicht weniger gering ist die Angst vor dem islamischen Fundamentalismus. Europäer und Amerikaner sehen in dieser religiös-politischen Bewegung, die weltweit ein mit weltlicher Macht ausgestattetes geistliches Regime errichten will, gleichzeitig aber eigentlich "nur" Ausdruck einer tiefgreifenden innerislamischen Krise ist, hervorgerufen durch einen religiösen Dogmatismus,[15] der das alltägliche Leben bestimmt, gleichwohl die dringend notwendige Anpassung an sich ändernde Zeiten aber verhindert (TIMM 1992, S. 72), eine grundsätzliche Bedrohung pluralistisch-säkularer Ideen und individuell-freiheitlicher Grundwerte der westlichen Gesellschaften. Gemeint sind hptsl. die Menschenrechte als universelle, unveräußerliche und einklagbare Rechte des Individuums auf Gerechtigkeit und Freiheit. In der islamischen Staatsauffassung existiert die Konzeption von einer Autonomie oder Souveränität des Individuums tatsächlich nicht. In der theozentrischen Weltsicht des Islam ist der Mensch vielmehr der Gemeinschaft aller Gläubigen und seiner staatlichen Obrigkeit unterworfen.

---

14 ABDULLAH (1978) erkennt gar eine "Urangst vor krummsäbelschwingenden Moslems" (S. 18).
15 Ursache dieses Dogmatismus ist das "Einfrieren" jeglicher religiös-philosophischer Interpretation insbesondere des Korans zu Beginn der Neuzeit. Eine Zeit der Aufklärung, wie sie Europa im 17. und 18. Jahrhundert auf allen geistigen Ebenen erlebte, haben islamische Kulturen nicht kennengelernt, so daß dort u.a. eine Säkularisierung religiöser und weltlicher Lebensbereiche bis heute nicht stattfinden konnte; vgl. statt anderer LERCH (1991).

Eine universelle Menschenrechtsidee kann es in der islamischen politischen Denktradition laut KÜHNHARDT (1991, S. 151) daher auch gar nicht geben.[16]

Insbesondere die Massenmedien bestärken in ihrer Berichterstattung über den Nahost-Konflikt die Vorstellung, es handle sich beim Orient um ein "Pulverfaß", dessen Explosion weltweite Auswirkungen haben könnte. Der Nahe Osten ist in den verwirrten Vorstellungen vieler Europäer zu einem Aufenthaltsort für blutrünstige Terroristen, Selbstmordkommandos und, seit der Ölkrise Anfang der 70er Jahre,[17] erpresserischen Ölscheichs geworden. Dazu gesellen sich Eigenschaftszuschreibungen wie faul, unehrlich, gefährlich, unberechenbar, skrupellos, zu rationalem Denken und Handeln nicht fähig, feige etc., die als "typisch arabisch" erlebt werden. Ganz in eurozentristischer Manier wurde/wird lediglich differenziert zwischen solchen Arabern, die mit der westlichen Welt kooperieren (z.b. Anwar As Saddat, König Husain von Jordanien), und solchen, die Unabhängigkeit vom Westen suchen (z.b. Yasir Arafat, Ajatollah Khomeini). Mit dem Golfkrieg 1991 hat sich auch Saddam Hussein zu den Bösen gesellt.

---

16   Vgl. zum Problem der Menschenrecht im Islam neben KÜHNHARDT (1991) auch TIBI (1990).
17   Insbesondere die Energiekrise 1973 hat das Bewußtsein der Überlegenheit des Westens über die arabischen Staaten stark in Frage gestellt (siehe dazu ausführlicher: HELLER 1981, S. 27-30).

5. Mediale Konstruktion von Realität: Feindesdarstellung in der Presse

5.1 Selektionsmechanismen und Nachrichtenfaktoren

> "Still a man hears what he wants to
> hear and disregards the rest."
> (Simon and Garfunkel: The Boxer)

Über den Ticker der Nachrichtenagenturen in den Redaktionen der elektronischen und der Print-Medien läuft tagtäglich eine Fülle von Meldungen ein, von denen nur ein kleiner Anteil (rd. 1%) schließlich in Rundfunk und Presse "das Licht der Öffentlichkeit erblickt". Dazwischen liegt die Entscheidung des Journalisten, welche dieser Meldungen er für "nachrichtens-wert" hält und welche unbeachtet "unter den Tisch fallen". Wie aber kommen diese Entscheidungen zustande? Nach welchen Kriterien selektiert der Journalist aus der Menge an Ereignissen und Nachrichten?

Die Theorie der kognitiven Dissonanz[1] bietet da erste Hinweise. Vereinfacht gesagt wählt der Redakteur aus der Menge der Meldungen diejenigen aus, die mit seinen Erwartungen und Einstellungen am ehesten kongruieren. Mehr noch: Wenn er ein Thema, ein Ereignis bearbeitet, wird er Meldungen oder Informationen entsprechend den Vorüberlegungen, Hypothesen und Annahmen, die er sich bereits zu diesem Thema gemacht hat, auswählen. Dabei werden die Hypothesen nicht formal-wissenschaftlich überprüft, sondern schwingen implizit mit. Das heißt, der Journalist geht nicht "unbelastet" an seine Arbeit heran. STOCKING / LAMARCA (1990) haben journalistisches "Newsmaking" in dieser Hinsicht empirisch überprüft und stellen resümierend fest: "(...) hypothesis-making may be a pervasive phenomenon among journalists, at least in the development of normal, non-breaking news and feature stories." (S. 300).

Man kann also davon ausgehen, daß Journalisten durch ihre individuell-subjektiven Prädispositionen und politisch-ideologischen Einstellungen einen verzerrenden Einfluß nicht nur auf die Selektion von Sachverhalten und Ereignissen ausüben sondern auch auf deren Darstellung. Um die Analyse von der Einzelperson des Journalisten etwas zu lösen, müssen jedoch auch gesamtgesellschaftliche, ökonomische und politische Aspekte des Mediensystems berücksichtigt werden. Das Ergebnis der mehr oder weniger willkürlichen Auswahl aus der Fülle täglicher Meldungen <u>kann</u> die vereinfachte Polarisierung politischer und sozialer Kontrahenten in "Freund" und "Feind" sein.

---

1 Vgl. dazu Kapitel 2.3 dieser Arbeit.

Stereotype, Vorurteile und Feindbilder sind jedoch, wie bereits in Kapitel 2 dieser Arbeit erläutert, nicht nur Folge einer bestimmten Betrachtungsweise von Realität, sondern auch ihr konstitutives Element. Folglich wirken stereotype Systeme im Wahrnehmungs- und Kommunikationsprozeß der Rezipienten wie auch der Journalisten als Selektionsmechanismen. Zusammenfassend läßt sich die Behauptung aufstellen, daß Stereotype, Vorurteile und Feindbilder gleichzeitig Voraussetzung wie Ergebnis journalistischer Berichterstattung sind.

Was LUHMANN systemtheoretisch zum Erhalt eines Systems notwendige "Reduktion von Komplexität" nennt und SCHULZ (1980, S. 33) als "Minimierungsproblem" bezeichnet, da die Nachrichtenmenge unbegrenzt, die Aufnahmekapazität des Individuums jedoch beschränkt ist, stellt sich in den Medien als ein Selektionsprozeß dar, der verschiedene Stufen vom Ereignis über den Journalisten bis hin zum Rezipienten durchläuft und von verschiedenen Faktoren abhängt. Dabei geht auf jeder Stufe des Kommunikationsprozesses, in jeder selektiven Instanz ein "Stück Information" verloren.

Für die Selektionsmechanismen auf seiten des Rezipienten sind verschiedene Theorien entwickelt worden, z.B. FESTINGERs "Theorie der kognitiven Dissonanz" oder der "uses and gratification approach". Mit den Selektionsfaktoren auf der Kommunikatorseite beschäftigt sich die "Nachrichtenwert-Theorie".

ÖSTGAARD (1965) formulierte zunächst in hypothetischer Form die wichtigsten Selektionskriterien im Nachrichtenfluß. In Anlehnung daran entwickelten GALTUNG / RUGE (1965) den ersten umfassenden und für die nachfolgende Forschung grundlegenden Katalog an Nachrichtenwerten. Ihre Überlegungen wurden innerhalb der deutschen Kommunikationsforschung u.a. in den Untersuchungen von SCHULZ (1976) aufgenommen, empirisch überprüft und konzeptionell erweitert.[2]

5.1.1 Nachrichtenfaktoren nach ÖSTGAARD

ÖSTGAARD (1965) beschäftigt sich mit externen und internen bzw. inhärenten Faktoren, die den Nachrichtenfluß bestimmen. Zu den externen Faktoren zählt er z.B. Zensurvorschriften, Regierungseinflüsse auf die Nachrichtenmedien, ökonomische Strukturbedingungen der internationalen Nachrichtenagenturen (z.B. Kosten für die Übermittlung von Nachrichten aus entlegenen

---

2   Einen dezidierten Überblick über diesen Forschungsbereich und empirische Ergebnisse internationaler Untersuchungen gibt STAAB (1990). - Die Schlußfolgerungen und die Aufstellungen der Nachrichtenwerte bzw. -faktoren überlappen sich in diesen Untersuchungen zum größten Teil.

Regionen der Welt), redaktionelle Linie und Einflüsse des Verlegers, Rücksichtnahme auf Anzeigenkunden etc. Dazu gehören außerdem subjektive Dispositionen und individuelle (z.b. politische) Einstellungen des Nachrichtenredakteurs zu einem Ereignis oder den agierenden Handlungsträgern, seine Orientierung an den Kollegen (der Prestige-Medien).

Die Bestimmung inhärenter Nachrichtenfaktoren stützt ÖSTGAARD auf die Annahme, daß sich der Journalist bei der Transformation eines Ereignisses zu einer Nachricht an dem orientiert, was er für die Wünsche, das Interesse seines Publikums hält. ÖSTGAARD (1969, S. 40-51) nennt dementsprechend drei Nachrichtenfaktoren:

1. simplification
Nachrichten werden in solcher Form dargeboten, daß das jeweilige Ereignis weniger komplex scheint und damit für den Leser, Hörer oder Zuschauer verständlich ist. So funktioniert Selektion auf zwei Ebenen: Zum einen erhalten einfach strukturierte Ereignisse den Vorzug vor komplexen, und zum anderen werden in der Verarbeitung des Ereignisses zur Nachricht komplexe Sachverhalte inhaltlich vereinfacht.

2. identification
Ziel jeder journalistischen Arbeit muß es sein, die Aufmerksamkeit des Publikums zu gewinnen. Dieses läßt sich nach ÖSTGAARD am leichtesten durch Identifikationsangebote erreichen. Geographische, kulturelle und zeitliche Nähe des Ereignisses zum Rezipienten bezeichnet er dabei als "Schlüsselmerkmale". Die Identifikationsmöglichkeit wird erhöht, wenn sich das Ereignis auf Nationen oder Personen mit hohem sozialen Status bezieht und/oder es eine Personifikation der Nachricht zuläßt.

3. sensationalism
Ohne den Begriff "sensationalism" näher zu definieren, hält ÖSTGAARD das Merkmal "Sensation" für geeignet, den Attraktivitätsgrad eines Ereignisses zu erhöhen, da es Emotionen wecke und den Rezipienten errege. Dazu zählen Ereignisse wie Konflikte, Katastrophen, Gewalt, Gefahr für Angehörige des eigenen Volkes etc.

Diese Faktoren in der Nachrichtenvermittlung bewirken eine Behinderung des Nachrichtenflusses. Das, was ÖSTGAARD die "news barrier" nennt, hat zweierlei zur Folge:
1. Das Weltgeschehen wird diskontinuierlich in Form von Teilereignissen und fragmentarischen Ausschnitten präsentiert.
2. Hat ein Ereignis die Selektionsinstanzen erst einmal überwunden, dann haben nachfolgende Nachrichten zum gleichen Thema eine vergleichsweise hohe Chance, ebenfalls in die Medien zu gelangen.

5.1.2 Nachrichtenwerte nach GALTUNG / RUGE

GALTUNG / RUGE (1965) setzen in ihrer Nachrichtentheorie am Ereignis selber an und versuchen, diejenigen Eigenschaften zu benennen, die ein Ereignis haben muß, um als Nachricht in die Berichterstattung der Medien aufgenommen zu werden. Sie gehen davon aus, daß Informationsaufnahme und Informationsverarbeitung in den Nachrichtensystemen der Massenmedien (als gesellschaftliche Instanzen) den gleichen Prinzipien folgen wie individuelle, psychologische Wahrnehmung (GALTUNG / RUGE 1965, S. 65). D.h. Ereignisse sind mit bestimmten Merkmalen behaftet, deren Ausprägungen es wahrscheinlich (oder unwahrscheinlich) machen, daß sie zu Nachrichten werden. Diese Merkmale fassen GALTUNG / RUGE (1965, S. 66-72, S. 81ff.) zu folgenden zwölf Nachrichtenwerten zusammen:[3]

1. frequency
Damit ist die Zeitspanne gemeint, die ein Ereignis benötigt, um sich zu "entfalten". Je mehr diese Zeitspanne der Erscheinungsperiodik der Medien entspricht, desto wahrscheinlicher wird das Ereignis zur Nachricht. D.h. sich rasch zuspitzende oder schnell entwickelnde Ereignisse haben die größten "Nachrichten-Chancen"; Ereignisse, die über einen längeren Zeitraum hin andauern, bleiben eher unberücksichtigt.

2. threshold (absolute/increased intensity)
Um "nachrichtens-wert" zu sein, muß ein Ereignis eine bestimme Aufmerksamkeitsschwelle überwinden.

3. unambiguity
Ein Ereignis, das leicht verständlich und eindeutig interpretierbar ist, wird einem widersprüchlichen und implikationsreichen Ereignis vorgezogen.

4. meaningfulness (cultural proximity, relevance)
Das Ereignis muß von Bedeutung sein; dies kann sich aus einer gewissen kulturellen Nähe des Rezipienten zum Ereignis(land) oder aus der für den Rezipienten persönlichen Relevanz ergeben.[4]

5. consonance (predictability, demand)
Je mehr sich ein Ereignis im Rahmen von Erwartungen oder Forderungen (demand) bewegt, desto eher kann es zu einer Nachricht werden.

---

[3] Eine direkte empirische Überprüfung dieser zwölf Faktoren ist zu finden bei PETERSON (1979), S. 119-125.
[4] Zum Problem der Relevanz siehe statt anderer: RUHRMANN (1989).

6. unexpectedness (unpredictability, scarcity)
Dieses Merkmal ist eine Korrektive von Punkt 5. Aufmerksamkeit erlangen demnach diejenigen Ereignisse, die selten, überraschend oder unvorhergesehen sind. Institutionalisierte Ereignisse oder solche, die sich innerhalb eines kurzen Zeitraums mehrfach wiederholen, sind vergleichsweise uninteressant für die Berichterstattung.

7. continuity
Sobald sich ein Geschehen oder eine Folge von Ereignissen in den Medien etabliert hat, ist die Chance groß, daß ein Anschluß-Ereignis ebenfalls zur Nachricht avanciert.

8. composition
Ein Ereignis, das aus der thematischen Struktur zeitgleicher Ereignisse herausfällt, hat einen geringeren Schwellenwert zur Beachtung zu überwinden, da es das Nachrichtenbild variiert und ausgewogener erscheinen läßt (SCHULZ 1990, S. 18).

9. reference to elite people
(siehe Punkt 10.)

10. reference to elite nations
Punkt 9. und 10. beziehen sich auf die Handlungsträger in einem Ereignis. Ereignisse, die eine Elite-Person oder eine Elite-Nation[5] betreffen oder von diesen initiiert sind, haben einen hohen Nachrichtenwert, da sie den Rezipienten durch inhärente Personalisierung des Ereignisses vergleichsweise gute Identifizierungsmöglichkeiten bieten.

11. reference to persons
Auch hier gilt die Annahme, daß Personalisierung (und stärker: Personifizierung) des Ereignisses der Identifizierung dienen. Je mehr also ein Ereignis Bezug nimmt zum Handeln oder zum Schicksal einzelner Menschen, desto eher wird es zur Nachricht.

12. reference to something negative
Je mehr ein Ereignis auf Konflikte, Krisen, Gewalt, Zerstörung o.ä. bezogen ist, desto eher findet es Beachtung in den Medien. GALTUNG / RUGE gehen in diesem Zusammenhang von einer grundsätzlichen Asymmetrie des Lebens zwischen Negativem und Positivem und dem latenten oder manifesten menschlichen Bedürfnis nach negativen Nachrichten aus.

---

5   Elitecharakter bezieht sich hier auf das Ansehen einer Person oder Nation in Abhängigkeit von seinem politischen, wirtschaftlichen und/oder kulturellen Status.

GALTUNG / RUGE betonen, daß diese zwölf Faktoren nicht voneinander unabhängig sind, und erstellen eine Liste der interessantesten Kombinationen paarweise verknüpfter Faktoren auf der Grundlage folgender Hypothesen:

1. Je mehr ein Ereignis die aufgeführten Kriterien erfüllt, desto wahrscheinlicher wird es als Nachricht registiert (selection).
2. Diejenigen Faktoren, die ein Ereignis schließlich zur Nachricht machen, werden in der Berichterstattung überbetont (distortion).
3. Selektion und Verzerrung finden auf jeder Stufe des Kommunikationsprozesses vom Ereignis bis zum Rezipienten statt (replication).
4. Je mehr verschiedene Faktoren ein Ereignis auf sich vereinen kann, desto wahrscheinlicher wird es zu einer Nachricht (cumulative effect).
5. Wenn ein Ereignis einem oder mehreren Faktoren kaum oder gar nicht entspricht, dann müssen andere Faktoren dieses Defizit kompensieren, damit das Ereignis dennoch zur Nachricht wird (complementarity).

5.1.3 Kommerzialisiertes Nachrichtenwesen: Konkurrenz in den Medien

HOLZER (1969, 1971) nähert sich dem Problem der Nachrichtenwerte noch von einem anderen Standpunkt.[6] Er untersucht die Printmedien der Bundesrepublik unter ökonomischen Aspekten, nämlich der Konkurrenzfähigkeit der Zeitungen und Zeitschriften. Dazu gehören sowohl die Art und Weise, wie die Medien an ihre Nachrichten kommen, als auch die typischen Bedingungen einer Presse, die sich verkaufen, d.h. Absatz bei der zahlenden Leserschaft (Konsumenten) finden muß. HOLZER verweist mehrfach auf den Warencharakter und die kommerziellen Prinzipien (Gewinnorientierung, Profitmaximierung), denen die Produktion des massenmedialen Angebots bzw. die Unterhaltungsindustrie unterworfen ist. Die Herstellung dieser "Waren" richtet sich, genau wie andere materielle Güter, nach ihrer Verwertbarkeit und ihrem Gebrauchswert, also ihren Absatzmöglichkeiten auf dem Markt. Die Monopolisierungstendenzen in den Medien und die Pressekonzentration (zahlenmäßiger Rückgang der selbständigen publizistischen Einheiten)[7] sind ein Ausdruck dieser Marktgebundenheit der Medien als Wirtschaftsunternehmen in einer kapitalistisch organisierten Gesellschaft.[8]

---

6   Vgl. zu HOLZER auch GAUNT (1990).
7   Dazu genauer z.B. NOELLE-NEUMANN / SCHULZ / WILKE (1989), S. 266-276.
8   SCHNEIDER (1984) weist allerdings darauf hin, daß in Krisensituationen eine strenge Orientierung am Kommerz eigentlich nicht notwendig ist, da dann der Informationsbedarf der politischen Entscheidungsträger als auch der breiten Bevölkerung drastisch gesteigert ist, was sich an erhöhten Zeitungsauflagen und Hörer- bzw. Zuschauerzahlen zeigt (S. 313f).

Um konkurrenzfähig zu bleiben, übernehmen viele kleinere Tageszeitungen oft ungeprüft und meist wortwörtlich die Meldungen der Nachrichtenagenturen, ohne selbständige Recherche zu leisten, da sie sich den dafür notwendigen Stamm an Journalisten und Redakteuren nicht leisten können.

Da zum anderen die Angebote der Massenmedien als Waren zu verstehen sind, die verkauft werden müssen, orientieren sich die Printmedien (wie Rundfunk und Fernsehen auch) nach HOLZERs Befunden stark an den Bedürfnissen, Problemen und Wünschen des (kaufenden) Publikums. Und das verlangt zunehmend nach Entspannung und oberflächlicher Realitätsflucht (escapism) in Sendungen mit "leichter Unterhaltung" anstelle gehobener, intellektueller, aber anstrengender Unterhaltung. "(...) die unterhaltenden Elemente schleppen genau die Stereotypen, Irrationalitäten und Ideologien, Ängste und Unsicherheiten, Frustrationen und Aggressionen wieder ein, die abzubauen die informierenden, kommentierenden, kritisierenden und kontrollierenden Beiträge gerade zur Aufgabe haben sollten" (HOLZER 1969, S. 49).

In einer industriell hoch entwickelten und verwaltungstechnisch durchrationalisierten Gesellschaft ist der einzelne nach HOLZERs Worten (1969) den ihn regierenden Institutionen entfremdet. Mit sogenannten "human-interest-stories", deren hauptsächliches Merkmal die Personalisierung sozialer und politischer Tatbestände ist, versuchen die Massenmedien, diese Entfremdung zu überspielen. HOLZER (1969) konstatiert aufgrund dessen eine "Entpolitisiertheit der Massenpresse" (S. 39) und eine "Verfilzung von journalistischem und profitorientiertem Interesse" (S. 81). Gleichzeitig reduziert die Kommerzialisierung der Medien die Möglichkeiten, individuelle, persönliche Erfahrungen und Wissen zu sammeln. Während Formen der direkten Kommunikation (Gespräch, Diskussion) noch an den privaten Bedürfnissen und Belangen des einzelnen orientiert sind, tritt in der "Ware Nachricht" die individuelle hinter eine generalisierte Erfahrung zurück. Folge ist letztlich zumindest in der Tendenz[9] die Vereinheitlichung (Standardisierung) des Wissens und der von Ästheten und Kulturphilosophen kritisierte "Massengeschmack".

Die ausführliche Darstellung der Ergebnisse von ÖSTGAARD, GALTUNG / RUGE und HOLZER sollte zeigen, wie vielfältig die Faktoren sind, die darüber bestimmen, ob ein Ereignis zur Nachricht wird oder nicht. Zu diesen Studien muß jedoch kritisch angemerkt werden, daß nicht alle Nachrich-

---

9 Untersuchungen unter dem Stichwort "Knowledge Gap" modifizieren diese Position im Bereich von Bildung allerdings. Die "Knowledge Gap"-Hypothese revidiert die Annahme, daß die allgemeine Zugänglichkeit zu Kommunikationsmitteln zu einer zunehmend egalitären Verteilung der Wissensbestände zwischen den Gesellschaftsschichten führt; statt dessen vergrößere sich die Wissenskluft zwischen den sozialen Schichten durch das wachsende Informationsangebot, da diejenigen, die schon etwas wissen, neues Wissen leichter aufnehmen; vgl. statt anderer TICHENOR / DONOHUE / OLIEN (1980).

tenfaktoren mit dem gleichen Gewicht in den Selektionsprozeß eingehen. Die Vermutung liegt nahe, daß die genannten Faktoren in einer eher relativen Bedeutung zueinander stehen.

Unterscheidungen müssen sicherlich auch im Hinblick auf die Art des jeweiligen Mediums gemacht werden. Die (technischen) Produktionsbedingungen von Presse, Hörfunk und Fernsehen sind nicht zu vernächlässigende Momente im Selektionsprozeß der Berichterstattung. Grundsätzlich stellt sich außerdem die Frage, ob man davon ausgehen kann, daß Nachrichtenfaktoren Ereignissen charakteristisch inhärent und damit in der Berichterstattung der Medien als ursächlich zu betrachten, und ob journalistische Selektionsentscheidungen lediglich Wirkungen sind. Anderseits ist auch zu fragen, ob der politisch aktiv handelnde Journalist als Informationsvermittler und -gestalter mit Hilfe von Nachrichtenfaktoren Aufmerksamkeit auf bestimmte Ereignisse lenken kann.

Im ersten Fall spricht man von einem "Kausalmodell" der Nachrichtenauswahl, im letzteren von dem "Finalmodell" (STAAB 1990, S. 97ff.). Das Kausalmodell versteht den Journalisten als passiven Informationsvermittler, der nicht zweckorientiert sondern nach objektiven Kriterien (den Merkmalen der Ereignisse) berichtet, nachdem er die Nachrichtenfaktoren als Selektionskriterien internalisiert hat. Dies impliziert die Existenz eines internationalen Konsensus' unter den Journalisten und Auslandskorrespondenten, welches Ereignis "nachrichtens-wert" ist und welches nicht. Abweichungen und Unterschiede bestehen nur da, wo Journalisten über unterschiedliche kulturelle Hintergründe verfügen.

Im Vergleich dazu handeln die Journalisten, folgt man dem Finalmodell, intentional. Ereignisse treten nicht isoliert, sondern in sozialpolitischen Sachzusammenhängen bzw. Themenkomplexen auf, deren Entwicklung sie maßgeblich beeinflussen. Journalisten wählen in ihrer Berichterstattung über diese Themenkomplexe deshalb Ereignisse oder Aspekte aus, von denen sie bestimmte Folgen für den Sachzusammenhang antizipieren, d.h. Nachrichtenfaktoren als "Blickfang" sind Folgen von Publikationsentscheidungen.

Während STAAB (1990) dem Finalmodell folgt und den Journalisten eine eher aktive Rolle und mehr Handlungsspielraum zugesteht, setzt er gleichzeitig die Gültigkeit des Kausalmodells axiomatisch voraus. Dieser Position möchte sich diese Arbeit anschließen.

5.2 Auslandsberichterstattung: Berichte aus der Fremde

> "Gezeigt wird immer nur, daß es irgendwo brennt, nach den Ursachen wird kaum gefragt, und auf potentielle Brandherde wird überhaupt nicht hingewiesen."
> (Frank J. Heinemann)[10]

In dem vorangegangenen Abschnitt wurden verschiedene Einflußfaktoren im Nachrichtenprozeß und eine Reihe von Nachrichtenwerten aufgeführt. Da im Rahmen dieser Arbeit vornehmlich die Berichterstattung zu einem außenpolitischen Thema, das auch für die Bundesrepublik Deutschland starke innenpolitische Relevanz besaß, kann ein Blick auf die Eigenarten und spezifischen Merkmale der Auslandsberichterstattung bei der Analyse von Feindbild-Produktionen in solchen Krisen- und Kriegszeiten wie dem Golfkonflikt 1990/91 ganz hilfreich sein. Ihre Strukturen können eine Folie sein, auf deren Hintergrund die Entstehung von Feindbildern erklärbar wird.

Auslandsberichterstattung soll für den Prozeß der Meinungsbildung über weltweites Geschehen wichtige Ziele und Aufgaben verfolgen: Sie soll Leser, Hörer und Zuschauer an außernationalen Ereignissen teilhaben lassen, durch umfassende Unterrichtung und qualifizierte Analyse aktuellen Geschehens die Überschaubarkeit und Transparenz internationalen Geschehens garantieren, den Blick des Publikums für Position und Einfluß des eigenen Staates im internationalen Umfeld schärfen, dadurch gleichzeitig zum Abbau nationaler Selbstbezogenheit beitragen und das Entstehen realistischer Weltvorstellungen fördern. "Eindringlicher denn je richtet sich an sie [die Medien, d.Verf.] jetzt der Appell, Erscheinungen der Ignoranz, Kenntnisdefiziten, Vorurteilen, Stereotypen, Ressentiments, überhaupt Verfälschungen der Auslands- und Nationenimages entgegenzutreten." (KOSCHWITZ 1979, S. 466).[11] Dies umso mehr, als daß das Medienpublikum niemals eigentlich dumm ist, sondern allenfalls unwissend, d.h. (noch) nicht richtig oder ausreichend informiert.

Hinter diesen "Statuten" steht die (kontrovers diskutierte) Ansicht, daß die Massenmedien in der Lage und deshalb verpflichtet sind, einen Beitrag zur Friedensförderung in internationalen Beziehungen zu leisten, indem sie das Kennenlernen, den Gedanken- und Erfahrungsaustausch zwischen den Völkern fördern. In der "Erklärung über die Grundprinzipien für den Beitrag der

---

10 Hier zitiert nach Wilke (1983), S. 5.
11 Die vorangegangene Auflistung lehnt sich an selbige Quelle an.

Massenmedien zur Stärkung des Friedens und der internationalen Verständigung, zur Förderung der Menschenrechte und zur Bekämpfung von Rassismus, Apartheid und Kriegshetze"[12] heißt es in Artikel III.2.:

"Bei der Bekämpfung von Angriffskriegen, Rassismus, Apartheid und anderen Menschenrechtsverletzungen, die unter anderem durch Vorurteile und Unwissenheit erzeugt werden, tragen die Massenmedien durch die Verbreitung von Informationen über die Ziele, Bestrebungen, Kultur und Bedürfnisse aller Völker dazu bei, Unwissenheit und Mißverständnisse zwischen den Völkern zu beseitigen, Angehörige eines Staates aufgeschlossen für die Bedürfnisse und Wünsche anderer zu machen, die Achtung der Rechte und der Würde aller Nationen, aller Völker und aller Menschen ohne Unterschied der Rasse, des Geschlechts, der Sprache, der Religion oder der Staatsangehörigkeit zu gewährleisten und die Aufmerksamkeit auf die großen Plagen der Menschheit wie Armut, Unterernährung und Krankheiten zu lenken, und helfen dadurch mit, daß die Staaten ihre Politik in einer Weise gestalten, die geeignet ist, die internationale Entspannung und die friedliche und gerechte Beilegung internationaler Streitigkeiten zu fördern (...)" (SCHNEIDER 1984, S. 306).

Ein Blick auf die Realität der Auslandsberichterstattung zeigt jedoch, daß die Massenmedien diesen Ansprüchen oft nicht gerecht werden (können).[13]

Generell stellt sich die Frage, ob der einzelne Auslandskorrespondent diesen Forderungen überhaupt nachkommen kann. Sein Verständnis von der ihn umgebenden fremden Gesellschaft und Kultur entscheidet über Form, Inhalte und Qualität seiner Berichterstattung. D.h. er muß sich in einem fremden System zurechtfinden, dieses "angemessen" interpretieren und eine persönliche Betroffenheit entwickeln können, um für das System, aus dem er ursprünglich stammt, nachvollziehbare, informative Aussagen über das Fremde formulieren zu können. Dies stellt gerade auf der sprachlichen Ebene nicht selten Probleme dar. Wenn vollständiges, umfassendes <u>Verstehen</u> des fremden (Zeichen- und Kommunikations-)Systems nicht möglich ist, wie also soll dann durch den Auslandskorrespondenten <u>Wissen</u> über dieses Fremde an das Medienpublikum gebracht werden?

Jeglicher Genauigkeit und Gründlichkeit der Berichterstattung steht der Zwang zur Vereinfachung und Straffung komplexer Sachverhalte entgegen. "Signalökonomie" ist dabei ein Stichwort, das bereits im Zusammenhang mit der Diskussion um die Sprache der Medien gefallen ist. Auslandsberichterstattung

---

12   Erklärung der UNESCO in Paris vom 28.11.1978.
13   SCHNEIDER (1984) betrachtet die Erfüllung dieser Ansprüche als ein "Stück Utopie" (S. 307).

ist ein "Drahtseilakt" zwischen leichter Verständlichkeit und ausführlicher Informationsvermittlung über Hintergründe und Zusammenhänge.

Allein die Aufmerksamkeit, die die einzelnen Kontinente und Staaten der Welt in den Medien (und nicht nur der westlichen!) erfahren, zeugt von strukturellem Ungleichgewicht: Ereignisse in Westeuropa und Nordamerika nehmen eine dominierende Stellung ein, der Nahe Osten liegt (aufgrund der Protektion Israels durch die Vereinigten Staaten) auf Platz 2 und genießt damit unter den Ländern der Dritten Welt in den westlichen Medien eine Vorzugsstellung; Lateinamerika dagegen rangiert am untersten Ende der Aufmerksamkeitsskala (MEIER 1984, S. 128). Diese defizitäre Berichterstattung ist u.a. darin begründet, daß die Medien i.d.R. nur über solcherlei Ereignisse berichten, die für ihr Land politisch oder wirtschaftlich wichtig sind.

Es ist nicht von der Hand zu weisen, daß sich die allgemeine Berichterstattung westlicher Medien auf Ereignisse und Phänomene in der nördlichen Erdhalbkugel konzentriert. Das bekannte politische und wirtschaftliche Nord-Süd-Gefälle betrifft nicht zuletzt auch den internationalen Nachrichtenfluß. Die Gründe dafür sind u.a. darin zu suchen, daß alle vier großen Nachrichtenagenturen, die den Löwenanteil der Auslandsnachrichten für die Medien liefern, ihre Zentralen in westlichen Industriestaaten haben: Associated Press (AP) und United Press International (UPI) in den USA, Reuters in Großbritannien und Agence France Press (AFP) in Frankreich.[14] Da der überwiegende und finanzkräftigste Teil der Agenturkunden ebenfalls in den westlichen Industrieländern zu finden ist, haben auch die Agenturjournalisten "a Western outlook on world affairs", sowohl was den Umfang ihrer Berichterstattung als auch die Bewertung der Ereignisse betrifft, wie ÖSTGAARD (1965, S. 42) feststellt.

Die wenigsten Tages- und Wochenzeitungen können sich einen oder gar mehrere Auslandskorrespondenten in allen Erdteilen leisten. Am besten kommen da noch die Industrienationen weg: Die WELT z.B. beschäftigt Korrespondenten und große Mitarbeiterstäbe in Belgien, Großbritannien, der UdSSR, Frankreich, Italien, Spanien, den USA, Polen; aber nur je ein Korrespondent arbeitet in Lateinamerika und Südamerika - immerhin ein ganzer Kontinent mit einer Vielzahl einzelner Staaten.

"Das Auslandskorrespondentennetz ist also deutlich 'unausgewogen'. Priorität haben die wirtschaftlichen und militärischen 'Partner' im Westen - auf Kosten der Berichterstattung aus den übrigen Gebieten (...) Genau diese Lücken

---

14 Die deutsche presse agentur (dpa) und die russische Agentur TASS können mit einigen Abstrichen ebenfalls zu den führenden Agenturen auf dem internationalen Nachrichtenmarkt gerechnet werden. - Eine aktuelle, komprimierte Darstellung aller bedeutenden Nachrichtenagenturen ist nachzulesen bei: NOELLE-NEUMANN / SCHULZ / WILKE (1989), S. 223-232.

des Korrespondentennetzes spiegeln sich auch in der Berichterstattung wieder." (WILKE 1983, S. 5). Diese Situation der meisten Presseorgane (nur wenige Auslandskorrespondenten und dadurch Abhängigkeit von den vier großen, westlich dominierten Nachrichtenagenturen) führen, laut SKRIVER (1973, S. 702), zu einem westlichen "Meinungsmonopol", in dem die Länder der Dritten Welt keine Chance haben. Und GLOTZ / LANGENBUCHER (1969) ziehen das (auch heute noch gültige) pessimistische Fazit: "Ein paar Dutzend Auslandskorrespondenten haben es letztlich in der Hand, ob wir richtig oder falsch informiert werden." (S. 49).

Was die Forderung an den Auslandskorrespondenten betrifft, einen Beitrag zur Völkerverständigung zu leisten, hat gerade der Golfkonflikt 1990/91 gezeigt: Die westlichen Medien sahen (und sehen) ihre Aufgabe eher darin, die Position ihres Landes in diesem Krieg zu stärken und gleichzeitig den politischen und militärischen Gegner zu diffamieren, anstatt zu einer friedlichen Lösung des Konfliktes beizutragen. Generell kann man davon ausgehen, "daß die Nachrichtenmedien gerade auch in Krisen- und Kriegszeiten das Bewußtsein und die Einstellung der Eliten reproduzieren" (RUHRMANN 1991, S. 23). Diese Art der einseitigen Parteinahme macht es insbesondere kritischen Stimmen schwer, sich zu artikulieren, da sie mit einer distanzierteren Haltung der Gruppenkonformität offensichtlich entgegenstehen.

"Daß Journalisten nur einen eng begrenzten Gruppenstandpunkt vertreten und damit nicht die gesamte Breite der politischen Vorstellungen unterschiedlicher und zum Teil konkurrierender Teileliten in der Bundesrepublik Deutschland repräsentieren, ist in politischen Krisen verhängnisvoll. Gerade dann, wenn es um Vielfalt, um Alternativen, um Interessenkonflikte, aber auch um Vermittlung geht, engen Journalisten ein, polarisieren und missionieren." (SCHNEIDER 1984, S. 319). D.h. Journalisten versuchen, mit Nachrichten Politik zu machen.[15] Sie lancieren Nachrichten in der (bewußten) Absicht, Einfluß auf das politische Geschehen zu nehmen. Presse und Rundfunk mischen sich dort in die Außenpolitik ein, wo sie das Fehlverhalten der eigenen Regierung im internationalen Zusammenspiel der Staaten in ihrer Berichterstattung unterschlagen, dafür über die Entgleisungen der politischen Gegenseite umso ausführlicher berichten.

In der Auslandsberichterstattung stellen die Medien sich damit (freiwillig oder unfreiwillig) in den Dienst staatlicher Propaganda. Zumindest leisten sie der psychologischen Kriegsführung militärischer Eliten Vorschub, nämlich den Waffengang zu rechtfertigen und in der Gesellschaft Akzeptanz für den Gebrauch militärischer Gewalt gegen ein (feindliches) Drittland zu schaffen. Wie hoch dieser psychologische Einfluß der Massenmedien eingeschätzt wird, zeigt

---

15 Vgl. dazu das Finalmodell in Kapitel 5.1.3 dieser Arbeit.

allein schon die Zensur, die die Alliierten während des Golfkrieges 1991 über internationale Berichterstatterteams verhängten. Davon überzeugt, der Vietnam-Krieg sei letztlich im eigenen Land, an der "Heimatfront", durch zu freimütige Kriegsberichterstattung verloren worden, zensierte die militärstrategische Führung der Alliierten jedes Bild und jede Meldung, die aus dem Kriegsgebiet weltweit in die Medien ging, und schufen durch offensive Informationspolitik selber einen Großteil der Nachrichten, die von den Journalisten verbreitet wurden. Ziel: Beruhigung der eigenen Bevölkerung.[16]

In dieser Situation mit durchaus realen Bedrohungsgefühlen[17] fehlten (medienvermittelte) Informationen über sozialpolitische Bedingungen des Krieges und der Kriegsgegner, die zur Relativierung von Vorurteilen, Feindbildern und zum Abbau von Bedrohungsängsten beigetragen hätten. Im Gegenteil: Vielfach (v.a. im Falle der Boulevard-Presse) hat die Berichterstattung während des Golfkrieges Ängste erst noch geschürt.

Diese Form der Auslandsberichterstattung verschleiert den Blick für strukturelle Zusammenhänge in den betroffenen Ländern und lenkt von deren eigentlichen Problemen ab.

Die Auslandsberichterstattung der westlichen Medien weist damit Tendenzen und Strukturen auf, die ohne Zweifel die Produktion von Feindbildern allgemein unterstützen oder zumindest begünstigen, weil sie Ereignisse in Ländern der Dritten Welt vereinfachend (stereotypisierend) und unvollständig darstellen. Der strukturell bedingte Mangel an Hintergrundinformationen in den Auslandsnachrichten tut ein übriges, denn gerade dort ist ein ausreichendes Verständnis für bestimmte Ereignisse nur durch vertiefende Hintergrundinformationen zu erreichen. Tritt in den internationalen Beziehungen ein tatsächlicher Konflikt ein, wie im August 1990 die Golfkrise,[18] dann ist durch mangelhafte und (wenn auch nicht in allen Fällen beabsichtigt) tendenziöse Berichterstattung bereits ein verzerrtes, oberflächliches Bild über die Krisenregion entstanden, in das dann durch die aktuellen Ereignisse bedingte Darstellungen und Wertungen perfekt hineinzupassen scheinen. Hier bedingen sich vorurteilsbehaftete Präsuppositionen und dadurch verzerrter Wahrnehmung gegenseitig.

---

16 Zur Militärzensur während des Golfkrieges ausführlicher SCHLAGA (1991).
17 Inwieweit diese berechtigt waren, ist eine andere Frage.
18 In einer kritischen Retrospektive stellt NUSSBAUM (1991, S. 34) dazu fest, daß die Chancen zu einer entkrampfenden Aufklärung während und nach der Golfkrise verpaßt wurden.

5.2.1 Katastrophen-Journalismus: Negativismus als Nachrichtenfaktor

Only bad news are good news.

Gegen die westlichen Medien wird häufig der Vorwurf erhoben, die Berichterstattung insbesondere über Länder der Dritten Welt bestünde nur aus Meldungen über Krisen, Konflikte, Kriege, Katastrophen, Gewalt und Brutalität. So ist Auslandsberichterstattung nicht selten Kriegsberichterstattung. Diese Art der Berichterstattung entspricht der Bevorzugung von Ereignissen mit dem Merkmal "reference to something negative", wie GALTUNG / RUGE (1965) es beschreiben. Die Welt wird konflikthaltiger dargestellt, als sie (wahrscheinlich) ist. Der Einsatz von Gewalt findet mehr Berücksichtigung als die friedlichen Mittel zur Lösung von Konflikten. Inwieweit diese Art der Medienberichterstattung auf das Verhalten politischer Führungskräfte in solchen Krisensituationen zurückstrahlt, ist schwer abzuschätzen. COHEN, B. warnte bereits 1967, daß die Orientierung an Konflikten, Krisen etc. die Gefahr berge, "[that journalists] create more trouble in the world than already exists" (S. 57). Positive Berichte erscheinen dagegen oft nur als touristische Reiseinformationen.[19]

Als Rechtfertigung für solch journalistisches Gebaren führt MENZEL (1991) an, daß schlechte Nachrichten durchaus positive Wirkungen haben können, da Katastrophen-Journalismus "ein Stück Lebenshilfe" sei: "Eine Hilfe dazu, nicht einfach die Augen zu schließen und den Kopf in den Sand zu stecken." (S. 40). Im übrigen stellt MENZEL (1991) die Behauptung auf, daß Journalisten die (unerfreulichen) Ereignisse nicht machen, "sondern nur wiedergeben, [und] daß sie Sklaven der Wirklichkeit sind" (S. 39). Mit dem Verweis der Systemtheorie auf die Funktion der Journalisten, wenige Ereignisse und Nachrichten aus einer unendlichen Menge zu selektieren, läßt sich eine derartige Argumentationsweise schnell außer Kraft setzen.

Journalisten selber rechtfertigen ihre "negative" Berichterstattung meist damit, daß nur dasjenige eigentlich berichtenswert ist, was die Welt und die "normalen" Abläufe in ihr verändert. Dabei lande man automatisch bei den negativen Dingen, denn nur das Negative störe den Verlauf des Gewöhnlichen. Es wird aber auch zugegeben, daß die Nachrichtenmedien nicht (oder nur sehr selten) zeigen, wie es in Staaten und Gesellschaften üblicherweise zugeht.[20] Daß

---

19 Aber auch diese Reiseberichte sind kritisch zu betrachten, da sie nicht selten den Public Relation-Interessen westlicher Reiseunternehmen dienen; vgl. SKRIVER (1973), S. 696.
20 Vgl. dazu die Fernsehsendung "Das schnelle Wort oder Wie Nachrichten zu Nachrichten werden" bei 1Plus vom 26.02.1993, 16.45 - 17.45 Uhr.

positive Ereignisse den normalen Lauf der Welt beeinflussen können, bleibt bei dieser Beweisführung leider außer acht.

Während sensationelle und atypische Geschehnisse allgemein hervorgehoben werden, bleiben unspektakuläre Ereignisse unterbelichtet. Hier findet sich ÖSTGAARDs Nachrichtenfaktor "sensationalism" wieder. Folge dieser zudem diskontinuierlichen, sich von krisenhaften Ereignishöhepunkt zu Ereignishöhepunkt "hangelnden" Berichterstattung über Länder, die nicht im direkten politischen oder wirtschaftlichen Interessenbereich der Industrienationen stehen, ist ihre Simplifizierung und Stereotypisierung hin auf "Krisen geschüttelte Regionen". So entsteht bei den Rezipienten westlicher Medien das (Vor-)Urteil, gewisse Klassen von Ereignissen kämen nur in bestimmten Regionen dieser Welt vor, nämlich in den unterentwickelten (unzivilisierten?) Ländern. Insbesondere im Zusammenhang mit dem Nahen Osten wird häufig von "Krisenherd" und von einem "Pulverfaß" gesprochen. Differenziert zu betrachtende, schwierige geo- und sozialpolitische Zusammenhänge werden damit auf einen vereinfachten (und vereinfachenden) Nenner gebracht, so daß sich der Eindruck erhärtet, im Nahen Osten sei eine friedliche Koexistenz der Völker und Staaten unmöglich.

Dazu noch einmal COHEN, B. (1967): "But it can also be argued that if the reporting of developments in terms of conflict exacerbates conflict, then, mutatis mutandis, the simplification of foreign affairs reporting exacerbates the danger of simplification in the approach of complex issues." (S. 69).

5.2.2 Ethnozentrismus, Elitenzentrierung und Ereignisorientierung

LÖFFELHOLZ (1991) weist darauf hin, daß viele Berichte über Länder der Dritten Welt "aus einer Position der Überlegenheit verfasst [sic]" und "die Menschen in der 'Dritten Welt' mit bestimmten Schlüsselwörtern stigmatisiert (...) und als chaotisch, irrational, hilflos, unfähig oder angsteinflößend dargestellt werden" (S. 6). Auf diese Weise werden Normen und Werte der eigenen Kultur und Gesellschaft verabsolutiert und fremde Wertvorstellungen gleichzeitig abqualifiziert. Die eigene Position wird zum Maßstab aller Betrachtungen und Beurteilungen.[21] Diese Form des Ethnozentrismus ist häufig gepaart mit

---

21 Eine besonders interessante Form dieses Ethnozentrismus zeigte sich auch im Sprachgebrauch des Westens während des Golfkonfliktes 1990/91: Allein die Bezeichnung "Golfkrieg" war so eigentlich unzutreffend, da es den Golfkrieg bereits gegeben hatte, nämlich zwischen dem Irak und dem Iran (1980-1988); dieser Krieg war aber, da keine westlichen Staaten (direkt) daran beteiligt gewesen waren, offenbar nicht in das Bewußtsein gedrungen.

dem Gefallen am Kuriosen, Exotischen oder "Sexotischen" (z.B. Reportagen über "Liebesbräuche fremder Naturvölker").[22]

In der Auslandsberichterstattung wesentlich bevorzugt werden Staaten mit hohem internationalen Gewicht (nach GALTUNG / RUGE (1965): "reference to elite nations"), die für den eigenen Staat von besonderem politischen und/oder wirtschaftlichen Interesse sind und ausgeprägte Nähe zur eigenen Kultur besitzen (nach GALTUNG / RUGE (1965): "meaningfulness, cultural proximity, relevance"). Wären also die USA (als Supermacht) bzw. andere westliche Staaten[23] nicht Hauptakteure im Golfkonflikt und -krieg gewesen, dann wäre die Quantität der Berichterstattung über diese Krise mit Sicherheit um einiges geringer ausgefallen; die kulturelle Distanz der Journalisten und Rezipienten zum Geschehen wäre zu groß gewesen, um auf Interesse zu stoßen. So aber konnte sich insbesondere der Krieg im Januar und Februar 1991 weltweiter Aufmerksamkeit erfreuen.

Elitenorientierung äußert sich im übrigen auch darin, daß, wenn über ein Land der Dritten Welt berichtet wird, i.d.R. die soziale, politische oder wirtschaftliche Elite dieses Landes im Zentrum medialer Aufmerksamkeit steht (nach GALTUNG / RUGE (1965): "reference to elite people"). Untere Bevölkerungsschichten werden für die Medien erst dann interessant, wenn z.B. ihre Armut (insbesondere um die Weihnachtszeit herum) telegen wird.

Ereignisorientierung anstelle von Interesse an Hintergrundinformationen dominiert die Zeitungsseiten der Auslandsnachrichten, solange das Credo der Journalisten "Aktualität" lautet.[24] Da Aktualität in starkem Maße vom Zeitraum bestimmt ist, in dem ein Ereignis sich entwickelt, kann hier auf den Nachrichtenwert "frequency" von GALTUNG / RUGE (1965) verwiesen werden.

Einzelereignisse meist politischer Natur bestimmen also das Bild. Das gesellschaftliche oder kulturelle Leben fremder Länder rückt dagegen eher selten in den Mittelpunkt journalistischen Interesses, denn was ist unaktueller als derartige (Hintergrund-)Information? Erst dann, wenn ein aktuelles, konfliktreiches Ereignis für längere Zeit die Berichterstattung dominiert, kann man zumindest in der sogenannten Qualitäts-Presse mit dem einen oder anderen analytischen Hin-

---

22   Vgl. WILKE (1983, S. 9); nach ihrer Ansicht werden soziale und politische Zusammenhänge "ästhetisiert", und Elend wird zum "exotischen Erlebnis".
23   Inwieweit z.B. die arabischen Verbündeten in der Berichterstattung eine Rolle spielten, muß die Analyse der Handlungsträger zeigen.
24   Ereignisorientierung ist zwar mit Sicherheit ein generelles Merkmal tagesaktueller Nachrichtenherstellung; zur Produktion von Stereotypen und Feindbildern trägt sie jedoch entscheidend bei (s.u.).

tergrundbericht rechnen.[25] "Da 'Dritte Welt'-Themen insgesamt nur in geringem Umfang angeboten werden, gleichen die sehr seltenen Hintergrundsendungen und Dokumentationsseiten die ereignisorientierte tagesaktuelle Berichterstattung kaum angemessen aus." (LÖFFELHOLZ 1991, S. 7). Diesen Mißstand versucht der geschäftsführende Direktor der Nachrichtenagentur Reuters in London mit der "<u>Natur</u> des Journalismus in den Industrieländern" zu rechtfertigen (oder zu entschuldigen?), "die es schwierig macht, dieses volle, abgerundete Bild [der Welt, d.Verf.] zu geben" (NUSSBAUM 1979, S. 9; Hervorhebung durch d.Verf.). Ehrlicher wäre der Hinweis auf den kommerziellen Aspekt der Berichterstattung gewesen, denn angeblich verkauft sich Aktualität gut, Hintergrundinformationen jedoch schlecht.[26] Verwirrt durch die (zwar tagesaktuelle) Flut an Informationen und außerstande, die Bedeutung und Zusammenhänge der jeweiligen Einzelmeldungen abschätzen zu können, bleibt der Nachrichtenrezipient eher desinformiert denn informiert zurück. Betrachtet man Journalismus unter systemtheoretischen Gesichtspunkten, dann erhalten Hintergrundinformationen in diesem Zusammenhang einen besonderen Stellenwert. Ohne sie verliert eine Meldung für den um Wissen und Orientierung bemühten Rezipienten jeglichen Wert (QUANDT / RATZKE 1989, S. 117).

Bedingt durch die Orientierung am Einzelereignis berichten die Medien nur sporadisch und diskontinuierlich über ein fremdes Land. Die Vorstellungen und das Wissen der Rezipienten über die Länder der Dritten Welt bleiben aufgrund dessen lückenhaft, oberflächlich und ungenau. Weil sie bei ihren Rezipienten also nur auf ein eingeschränktes Hintergrundwissen über wichtige Zusammenhänge vertrauen können und durch Platz- bzw. Sendezeitmangel eingeschränkt sind, greifen Journalisten in ihrer Nachrichtengebung über Ereignisse und Entwicklungen in der Dritten Welt überdurchschnittlich häufig auf inhaltliche und formale Stereotype zurück, die die Darstellung der Ereignisse und die Rezeption (Verstehen) der betreffenden Berichte (scheinbar) erleichtern. So schließt sich der Kreis von stereotyper Berichterstattung der Medien, daher stereotypen Wissens beim Rezipienten und deshalb wiederum stereotyper Berichterstattung.

Ergänzend zu diesen <u>inhaltlichen</u> Stereotypisierungsprozessen bleibt zu untersuchen, welche Folgen die <u>formale</u> Struktur der Berichterstattung, d.h. das Layout einer Zeitungsseite und die Plazierung der Themen innerhalb einer Tageszeitung, zeitigt. Die heute in weiten Teilen ritualisierte Massenkommuni-

---

25   QUANDT / RATZKE (1989) betrachten Hintergrundinformationen sogar als "Ausweis für Qualitätsjournalismus" (S. 117).
26   QUANDT / RATZKE (1989, S. 120f.) präzisieren diese Position unter bezug auf eine Studie von RENCKSTORF (1984) dahingehend, daß sie feststellen, die Berichterstattung über vordergründige Aktualitäten sei einem großen Teil des Publikums wichtiger als die vertiefende Darstellung, während Hintergrundinformationen sich an Nutzer mit hohem Informationsanspruch wendeten.

kation, d.h. die Wiederholung des immer gleichen an immer gleicher Stelle, erleichtert zwar dem (langjährigen) Leser die Lektüre der Zeitung (er weiß, wo er Artikel zu welchem Ressort finden kann), ist aber wohl primär Folge technischer und redaktioneller Produktions- und Hierarchieprozesse. Ein solcher formal-ritualisierter Aufbau einer Tageszeitung dürfte sowohl die inhaltliche Gestaltung der Artikel als auch die Rezeption in ihren Stereotypisierungen begleitend unterstützen.

Ausbrüche aus diesem formalen Korsett sind eher selten und bedürfen zur Orientierung des Lesers besonderer graphischer Hinweismittel, wie z.b. Vignetten, Einrahmungen, symbolisierte Zeichnungen o.ä. In jedem Fall sind sie Indikator aktuell-außergewöhnlicher Ereignisse bzw. Ausdruck davon, daß die Zeitungsredaktion den jeweiligen Nachrichten ein besonderes Gewicht verleihen will. So veränderte z.b. mit Beginn der Kriegshandlungen am Golf im Januar 1991 jede der untersuchten überregionalen Tageszeitungen, wenn auch nicht in jedem Fall auf der Titelseite, so doch im Innenteil ihren formalen Aufbau.

5.3 Konstruktionen von Wirklichkeit

5.3.1 Basiselemente von Wirklichkeitsentwürfen

5.3.1.1 Zum Begriff der Information

> "Information ist nicht alles, aber ohne Information ist alles nichts."
> (Heribert Kohl)[27]

Der Informationsbegriff ist bislang scheinbar allgemeinsprachlich verwendet worden. An dieser Stelle wird deshalb präzisiert, was "Information" bedeutet.

Im Zusammenhang mit Wahrnehmung und Wissen[28] wurden auf physiologischer Ebene Information, sensorische Reize und Zeichen aus der Umwelt als äquivalent angesehen. Mit systemtheoretischen Termini kann diese Betrachtungsweise zumindest um den Funktionsbegriff erweitert werden: Information wird danach zur Funktion eines Zeichens. Der Informationsbegriff spielt in der Systemtheorie insbesondere dort eine Rolle, wo das System in Kontakt (Austausch) mit seiner außersystemischen Umwelt tritt. Unter der Prämisse, daß

---

27 Hier zitiert nach KÖPPING (1979), S. 126.
28 Vgl. dazu Kapitel 2.1 dieser Arbeit.

der Mensch Umweltreizen (Informationen) gegenüber nicht neutral ist, sondern dazu neigt, solcher Information den Vorzug zu geben, die seinen Bedürfnissen, Einstellungen und Interessen entspricht, kann man manifeste und latente Funktionen von Zeichen unterscheiden. Ist die Funktion eines Zeichens manifest, dann genügt die Information der Befriedigung bewußter (Informations-) Bedürfnisse; handelt es sich um ein Zeichen mit latenter Funktion, dann ist das Bedürfnis nach Information unbewußt (FLEISCHER 1990, S. 135ff.).

Alltagssprachlich wird unter Information[29] häufig "Auskunft", "Nachricht", "Botschaft" oder auch "Mitteilung", "Aussage" verstanden. Information erscheint als Merkmal von Mitteilungen und Nachrichten. Informativ ist eine Mitteilung dann, wenn sie neues, unbekanntes enthält, wenn ihr Neuigkeitswert ("Überraschungswert") also besonders hoch ist. Eine Mitteilung aber nicht per se informationshaltig; ihr Neuigkeitswert kann nur im Kommunikationsprozeß festgestellt werden, wobei der Kommunikator gegenüber dem Rezipienten über einen Kenntnisvorsprung verfügt. Daraus folgt: Informationen sind an einen Zeitpunkt gebunden, d.h. nur der erstmalige Empfang einer Nachricht ist informativ; alle nachfolgenden Rezeptionen des gleichen Zeichens, der gleichen Mitteilung sind redundant.[30] "Information kann man demnach definieren als Verminderung des Kenntnis- oder Aktualitätsgefälles zwischen Kommunikator und Rezipient oder auch als Beseitigung von Ungewißheit." (NOELLE-NEUMANN / SCHULZ / WILKE 1989, S. 105).

Dieses Verständnis von Information entspricht dem, was WERSIG (1973) als Wirkungs-bezogenen Ansatz bezeichnet. WERSIG (1973, S. 36-42) unterscheidet:

a) den Materie-bezogenen Ansatz, wobei Information eine Eigenschaft aller materiellen Dinge ist,
b) den Sender-bezogenen Ansatz, wobei Wissen und Information gleichbedeutend sind und zweckgebundenes, kommunizierbares Wissen vom Individuum angeeignet werden kann,
c) den Nachricht-bezogenen Ansatz, wobei Information und Sendung (Aussage, Nachricht) gleichgesetzt werden,
d) den Bedeutungs-bezogenen Ansatz, wobei unter Information die Bedeutung einer Aussage verstanden wird und diese Bedeutung konventionalisiert ist,
e) den Prozeß-bezogenen Ansatz, wobei Information eine Tätigkeit, also den Kommunikationsprozeß selber bezeichnet, und

---

29 Information kommt von lat. informatio: Vorstellung, Begriff (entweder im Geist a priori vorhanden oder a posteriori gewonnen); Erläuterung, Deutung; Unterweisung, Belehrung.
30 Aber nicht bedeutungslos, da sie die Gewißheit einer Erfahrung steigern. - Gleichzeitig ist die (mehrmalige) Wiederholung einer Aussage auf einer außersprachlichen Ebene kommunikativ; sie läßt Rückschlüsse auf den Sprecher zu.

f) den Wirkungs-bezogenen Ansatz, den WERSIG favorisiert; hierbei ist Information das Ergebnis eines Bearbeitungsprozesses von Daten, der zu Veränderung von Wissen und Verringerung von Ungewißheit führt. Information dient der Bewältigung von (problematischen) Situationen, indem sie Verhaltensunsicherheit verringert. "Diese Verringerung von Ungewißheit, soweit sie aufgrund eines Kommunikationsprozesses bewirkt wurde, soll 'Information' genannt werden." (WERSIG 1973, S. 44). Bedingung ist, daß das Kommunikat für den Rezipienten von Interesse, von Relevanz ist und v.a. daß er sich des gleichen Zeichensystems (Sprache) wie der Kommunikator bedienen kann.

Diesem Wirkungs- bzw. Empfänger-bezogenen Ansatz schließt sich auch die Informationstheorie an. Diese im wesentlichen mathematische Theorie entstand ursprünglich aus dem Bedürfnis von Nachrichtentechnikern, Probleme wie die maximale Anzahl von Nachrichteneinheiten, die ein Kommunikationsmittel unter gegebenen Umständen in einer Zeiteinheit übertragen kann, exakt zu behandeln. Deshalb ist für die Informationstheorie der Gehalt einer Nachricht zunächst irrelevant; sie interessiert sich nicht für ihren Inhalt oder ihre Funktion, sondern nur für Erwartungswahrscheinlichkeiten. Information ist die "Maßgröße für die Ungewißheit des Eintretens von Ereignissen im Sinne der Wahrscheinlichkeit" (FLEISCHER 1990, S. 142). Auf der Rezipientenseite geht es um die durch eine Nachricht verursachte Zustandsveränderung, also z.B. um das Erkennen von Bedeutung oder das Beseitigen von Unkenntnis bzw. Ungewißheit.

Letztlich bleiben die bis hierher aufgeführten Definitionsansätze v.a. aus konstruktivistischer Sicht ungenügend oder zumindest jedoch unbefriedigend. Man ist sich zwar weitgehend einig, daß Information außerhalb von Kommunikationsprozessen undenkbar, d.h. keine extra-kommunikative Einheit ist; es wird aber nicht ausreichend deutlich, daß Information aus einer Mitteilung erst erschlossen werden muß. Diese Interpretations- oder Phantasieleistungen sind notwendig, um einen Text o.ä. mit Inhalt, mit "Leben", mit Sinn zu füllen. "Information ist nicht das Prädikat oder Prädikatenprädikat von etwas anderem (...), sondern das Produkt des Verarbeitungsprozesses von Daten in Hinsicht auf zielgerichtetes Handeln." (KRALLMANN / SOEFFNER 1973, S. 50). D.h. Information wird nach bestimmten Interpretationsregeln "produziert". Kritisch zu hinterfragen ist dabei die Art des Zustandekommens und der Festschreibung dieser Regeln. Konventionalisierung dürfte eine nicht unwichtige Rolle spielen.

Geht man mit der pragmatischen Linguistik von der These aus, daß jedes Sprechen immer auch Handeln, d.h. jede verbale Kommunikation sprachliches Handeln ist,[31] dann ist auch Information auf Handlungen und Handlungsstrategien bezogen. Information ist handlungsstrukturierend und -initiierend. Erst

---

31 Eine Erweiterung dieses Ansatzes auf non-verbale Kommunikation ist durchaus denkbar.

vermittels Information wird das Individuum also urteils- und handlungsfähig; Informiertheit ist notwendige Voraussetzung für funktionsadäquate Mitwirkung und Mitbestimmung in (nicht nur sozialen oder politischen) Entscheidungsprozessen.[32] Das Maximum der individuellen Erkenntnis-, Entscheidungs- und Handlungsmöglichkeiten ist abhängig vom überhaupt erreichbaren Informationspotential. Damit wird kommunizierte Information (und ihre Kommunikationskanäle) zum Herrschaftsmittel: Systematische Steuerung von Kommunikationsprozessen z.B. in der Propaganda ist in letzter Konsequenz "Volksverdummung".[33] Blockierung von Kommunikation (z.b. Sprechverbot, Zugangsverweigerung zu Informationsquellen jedweder Art) bedeutet Entmachtung und Entmündigung.

Im Bereich medial vermittelter Kommunikation ist das, was bisher als "Hintergrundinformation" bezeichnet wurde, im Rahmen der oben ausgeführten Minimierung von Ungewißheit bzw. Unkenntnis zu begreifen. Idealiter soll Information den Rezipienten zu einem sachgerechten Urteil über das vermittelte Ereignis führen. Gleichzeitig ist Information jedoch immer (nur) Konstruktion durch den Rezipienten, deren jeweils konkrete Form sozial festgeschrieben oder vom Sender (über eindeutige Signale?) nahegelegt ist. Die Gefahren der Manipulation dabei wurden bereits aufgezeigt.

Angefügt sei an dieser Stelle noch ein kurzer Nachtrag zum Stichwort Desinformation: In Zeiten des Kalten Krieges zwischen den Supermächten USA und UdSSR bezog sich der Begriff "Desinformation" vornehmlich auf das Zuspielen falscher und irreführender Informationen durch die gegnerischen Nachrichtendienste. Aus diesem Definitionsrahmen hat sich die Desinformation inzwischen herausgelöst und findet nun auch im gesellschaftlichen Prozeß der Meinungsbildung Verwendung. Dabei geht es weniger um ausdrücklich falsche als vielmehr um geschönte Nachrichten. SAGER (1981) versteht Desinformation als die "bewußt oder unbewußt einseitige, ungleichgewichtige oder gar verzerrte Vermittlung von Nachrichten oder Kommentaren in Monopolmedien in der Absicht oder mit der Wirkung einer gegen die offene Gesellschaft verlaufenden Meinungsbildung".[34] LIMINSKI (1988) spezifiziert diese Position,

---

32 Information wird hier hptsl. in ihrer pragmatischen Dimension gesehen; wichtig ist der Nutzwert und die Zuverlässigkeit von Information.
33 Dummheit bezeichnet das Unvermögen, Information wahrzunehmen und zu verarbeiten: "Dummheit [ist] die mangelhafte Fähigkeit, aus Wahrnehmungen richtige Schlüsse zu ziehen. Dieser Mangel beruht teils auf Unkenntnis von Tatsachen, die zur Bildung eines Urteils erforderlich sind, teils auf mangelhafter Schulung des Geistes oder auch auf einer gewissen Trägheit und Schwerfälligkeit des Auffassungsvermögens. (...) Die erfolgreichste und unwürdigste Form der Volksverdummung ist die bewußt-agitatorische, demagogische Art der Volksbeherrschung, durch politisches Schlagwort (...) und die Knebelung der Gedankenfreiheit durch Presse, Rundfunk und Polizei (...)" (GEYER 1954, hier zitiert nach STEINBUCH 1989, S. 41).
34 Hier zitiert nach LIMINSKI (1988), S. 34.

indem er auf die Möglichkeiten der "Autodesinformation" hinweist (S. 36f.). Gemeint ist eine meistenteils habitualisierte Selbst-Zensur ("Schere in unseren Köpfen"), die nach ideologischen Kriterien eine bewußte Auslese von Ereignissen oder Nachrichten auslöst. Die Nähe der Desinformation zu psychologischen Mechanismen in der Stereotypen-, Vorurteils- und Feindbild-Entwicklung liegt auf der Hand. Desinformation führt letztlich zu falschen Entscheidungen und situationsinadäquatem Verhalten.

5.3.1.2 Ereignisse in der Rekonstruktion

Bis hierher war wiederholt die Rede von Ereignissen, die als Nachrichten in die Medien gelangen. An dieser Stelle wird nachträglich eine nähere Bestimmung versucht von dem, was ein Ereignis ist.

Im konstruktivistischen Sinne kann ein Ereignis immer nur in bezug auf das erkennende, wahrnehmende Individuum definiert werden. Ein Ereignis "entsteht" erst durch Wahrnehmung. Da Wahrnehmung in jedem Fall subjektiv und durch persönliches Interesse etc. geprägt ist,[35] wird ein Ereignis immer durch das wahrnehmende Subjekt "konstruiert". Dabei wird das Ereignis nicht "als Ganzes" wahrgenommen, sondern nur selektierte Teilaspekte daraus. Dies gilt in besonderem Maße für medial vermittelte "Ereignisse": Das, was der Journalist als Ereignis erkennt und worüber er berichtet, nachdem er entsprechend bestimmter Kriterien selektiert hat, "ist im eigentlichen Sinne ein Ereignis" (STAAB 1990, S. 103). Da ein Einzelereignis ein Ausschnitt aus "der" Wirklichkeit ist, gilt der Vorgang der Konstruktion auch für "die" Realität: Nicht die Realität an sich wird wahrgenommen und in den Medien präsentiert, sondern immer nur Teile daraus. Vertreter des radikalen Konstruktivismus bezeichnen diese Zusammensetzung der Realität aus Einzelereignissen als "Konstruktion von Realität".

---

35   Vgl. dazu Kapitel 2.1 dieser Arbeit.

5.3.2 Medienrealität

> Was nicht geschehen soll,
> das gibt es nicht.

Da Realität nicht <u>Gegenstand</u> der Kommunikation, also auch nicht der Medienberichterstattung, sondern deren <u>Ergebnis</u> ist (SCHULZ 1989, S. 141ff.), übernehmen die Massenmedien bei der gesellschaftlichen Konstruktion von Wirklichkeit eine wichtige Rolle. Presse, Hörfunk und Fernsehen sind diejenigen Instanzen ("Medien" im wörtlichen Sinn), über die ein Großteil gesellschaftlicher Kommunikation und somit die Versuche, Wirklichkeit zu konstruieren, vermittelt und den Mitgliedern der Gesellschaft zugänglich gemacht werden.

Vertreter des Konstruktivismus gehen davon aus, daß den Medien über die rein passive Vermittlerfunktion in diesem Prozeß eine aktive Rolle zugesprochen werden muß, deren Ergebnis die sogenannte "Medienrealität" ist. LANGs (1953) zeigen in einer Pionierstudie, wie sehr die Darstellung eines Ereignisses durch die Medien von der Wahrnehmung der teilnehmenden Beobachter abweichen kann. BOVENTER (1984a) schreibt dazu: "Auf apparativem Wege wird das traditionelle Verhältnis von Wirklichkeit und Wirklichkeitsdarstellung dadurch umgekehrt, daß die mediale Präsentation zum Spektakel wird, nicht das geschilderte Ereignis, über das berichtet werden soll." (S. 202). Die Massenmedien erschaffen also kein objektives Abbild der Realität, sondern zeigen lediglich einen winzigen <u>Ausschnitt</u> dieser Wirklichkeit, ihre durch Faktoren wie persönliche Einstellungen oder interne Strukturbedinungen beeinflußten <u>Vorstellungen</u> von der Realität. "Die in den Medien dargebotene Wirklichkeit repräsentiert in erster Linie die Stereotype und Vorurteile der Journalisten, ihre professionellen Regeln und politischen Einstellungen, die Zwänge der Nachrichtenproduktion und die Erfordernisse medialer Darstellung." (SCHULZ 1989, S. 139).

Mangel an objektiver und vollständiger Information tut ein übriges. "Die berichtete Tatsache stimmt daher für den Rezipienten nie mit der Originaltatsache überein. Das für seine Daseinsorientierung von der Information abhängige Individuum kann also nur ein bildhaft und perspektivisch verzerrtes Ereignis aufnehmen." (DRÖGE 1967, S. 170f.).

Da der Konstruktivismus die objektive Erkennbarkeit einer Realität als denkunabhängige Wirklichkeit negiert, können die Medien entsprechend dieser Prämisse die Wirklichkeit nicht objektiv widerspiegeln, sondern bestimmen durch die von ihnen selektierten, präsentierten und interpretierten Darstellungen der Welt die Realitätssicht der Rezipienten. Das Weltbild, das aus den Medien bezogen wird, kann weder ganzheitlich noch vollständig oder gar ausgewogen sein.

Es wäre ein Fehler davon auszugehen, daß das Ergebnis der medialen Konstruktion ein einheitliches Weltbild wäre. Im Gegenteil: Die Welt besteht aus einer Vielfalt und Vielzahl von Wirklichkeiten bzw. aus einer Vielfalt von Definitionen derselben, die die Individuen entsprechend ihrer Prädispositionen (Vorwissen, Einstellungen etc.) und mittels neuer Informationen genauso unterschiedlich entwerfen wie die verschiedenen Presse- und Rundfunkorgane. In einem fortwährend dynamischen Prozeß sozialer Interaktion "verhandeln" die Kommunikationspartner über ihre jeweilig subjektiven Wirklichkeitsentwürfe. Bewertungskriterium dieser Entwürfe ist letztlich (unter utilitaristischen Gesichtspunkten) ihre Tauglichkeit als Handlungsbasis für die Mitglieder der Gesellschaft (SCHULZ 1980, S. 40 und 1989, S. 143).[36]

---

36 Vgl. dazu Kapitel 2.2 dieser Arbeit.

6. Exkurs: Journalistische Ethik und journalistisches Selbstverständnis

Lehnt man die bewußte und unbewußte Dominanz von Vorurteilen und Feindbildern in den Einstellungsstrukturen der Mitglieder einer Gesellschaft ab, betrachtet den Abbau von Vorurteilen und Feindbildern als (pädagogisches) Ziel und richtet die Aufmerksamkeit auf die gesellschaftliche Verantwortung des Journalismus bzw. der Journalisten, dann kommt man nicht umhin, über die Untersuchung journalistischer Arbeitsweisen und interner Medienstrukturen hinaus nach den ethischen Codices dieses Berufsstandes und dem damit verbundenen journalistischen Selbstverständnis zu fragen.

6.1 Journalistische Ethik

BOVENTER (1984a, S. 260, S. 410f.), GOTTSCHLICH (1980, S. 138ff.) u.a. konstatieren ein starkes Defizit sowohl an ethischer Reflexion im allgemeinen als auch an Selbstreflexion der Journalisten im alltäglichen Umgang mit den Aufgaben und Inhalten ihres Berufes. In der deutschsprachigen Publizistik- und Kommunikationswissenschaft ist diesbezüglich keine Hilfe zu finden. Über positivistischer Theorienbildung und empirischer Sozialforschung ist journalistische Ethik aus dem Blickfeld der Wissenschaft geraten. Diese Tatsache kann aber nicht über die Wichtigkeit und Notwendigkeit ethischer Selbstreflexion hinwegtäuschen. Legt man die, wie auch immer stark ausgeprägte, "Macht" der Massenmedien zugrunde, soziale und individuelle Denkmuster sowie Wirklichkeitsvorstellungen beeinflussen zu können, dann wird die Notwendigkeit von Verhaltensgeboten, die journalistischen Arbeitsalltag regeln, deutlich. "Der Journalismus produziert 'nur' geistige oder moralische Schadstoffe; die Folgewirkungen sind eher von schleichender Art, aber langfristig können sie verheerend sein. Das Auseinanderdriften von Technik und Humanität bedroht den Journalismus in seiner Vernünftigkeit, wenn Ethikfähigkeit und die Kriterien eines guten Journalismus über dem Herstellen von Massenkommunikation mit ihren technologischen Zwängen aus dem Blick geraten." (BOVENTER 1984b, S. 47). Ethische Steuerung ist also schon allein deshalb geboten, um die Möglichkeiten der Manipulation durch die Medien auf ein Mindestmaß zu reduzieren. Berücksichtigt werden müssen dabei, angefangen bei den Kommunikatoren über die Medien bis zu den Rezipienten, alle Beteiligten des (massen-)medialen Kommunikationssystems. Ohne ihre Aussage inhaltlich konkreter zu füllen, weisen RÜHL / SAXER (1981, S. 491) darauf hin, daß unterschiedliche Ziel-

bzw. Publikumsgruppen[1] gegenüber Manipulationsversuchen unterschiedlich schutzbedürftig sind.

Ethische Codices müssen also so formuliert und so tragfähig sein, daß sie angesichts gesetzlich garantierter Pressefreiheit (Artikel 5, GG) den Mißbrauch dieser Freiheit ausschließen. So ist moralische Kompetenz bzw. die Selbstverpflichtung der Journalisten zu moralischem Handeln nicht zuletzt deshalb gefordert, weil den Medien im politischen System der Status einer "Vierten Gewalt" zuerkannt wird.

Ethisch verbindliche und hinreichend konkrete Handlungsanweisungen lassen sich trotz einer Vielzahl von Redaktionsstatuten und rechtlich gesicherter Presseautonomie jedoch nicht finden. Auch der Pressecodex, wie ihn der Deutsche Presserat formuliert, leistet da nur wenig Hilfestellung.

Der Deutsche Presserat, dessen formale und institutionelle Funktionsfähigkeit RÜHL / SAXER (1981, S. 496f.) an sich schon in Frage stellen, proklamiert Lauterkeit der Recherche, Faktentreue, Quellen- und Informatorenschutz, Schutz der Jugend und der Intimsphäre Betroffener, Gleichheit sowie Mut und Offenherzigkeit, um neue Lebenserfahrungen wahrheitsgemäß darzustellen, Fähigkeit und Willen, die Wertvorstellungen anderer vorurteilslos zu prüfen und formal einwandfrei zu vermitteln, als die Grundsätze und Verhaltensregeln journalistischer Ethik (BOVENTER 1984a, S. 264). Im Pressecodex sind Achtung vor der Wahrheit und die wahrhaftige Unterrichtung der Öffentlichkeit die Grundpfeiler journalistischer Sorgfaltspflicht.

RÜHL[2] kritisiert diese Forderung nach wahrheitsgetreuer Berichterstattung als "wirkungsschwache Leerformel", "institutionalisierten Mythos" des Journalismus und "diffuse Moral", die im journalistischen Alltag nicht anwendbar sei, nicht zuletzt deshalb, weil Wahrheit bzw. Wahrhaftigkeit aufgrund "virulenter Binärschemata" (z.B. politisch: rechts - links) und den verschiedenen Betrachtungsmöglichkeiten von "Realität" nicht zu leisten sei. An die Stelle von Wahrheit setzen RÜHL (1981, S. 214ff.) und RÜHL / SAXER (1981, S. 492) Objektivität.

Vor allem die gestiegene Abhängigkeit der Medien von den Nachrichtenagenturen, die von Anfang an unter einem besonderen Neutralitäts-(Objektivitäts-)gebot standen, machen einen Ethos der Sachlichkeit und Authentizität zum Sicherheitsmechanismus journalistischer Objektivität. Objektivität wird deshalb definiert als Wahrung der Pluralität und Berücksichtigung

---

1   Gemeint sind z.B. die unterschiedlichen Leserschaften von Boulevard-Blättern und Qualitäts-Zeitungen.
2   RÜHL hier zitiert nach BOVENTER (1984a), S. 131f. - Vgl. dazu auch RÜHL / SAXER (1981), S. 500f.

möglichst vieler Subjektivitäten. BOVENTER (1984a) verbindet damit die Forderung nach einem "verantwortlichen Umgang mit Subjektivität" (S. 265).

Die Systemtheoretiker RÜHL und SAXER betrachten Journalismus nicht bestehend aus einer Vielzahl von Individuen sondern als ein "System" und wollen ethische Verantwortlichkeiten von der einzelnen Person des Redakteurs oder Korrespondenten lösen, um das "System Journalismus" zum Verantwortungsträger zu machen.[3] So untersuchen sie journalistische Ethik hinsichtlich ihrer Leistungsfähigkeit als Steuerungsmechanismus für das Gesamtsystem gesellschaftlicher Kommunikationsbeziehungen (RÜHL / SAXER 1981, S. 477).

RÜHL / SAXER (1981, S. 487ff.) erheben mitmenschliche Achtung zur zentralen Kategorie journalistischer Ethik. BOVENTER (1984b, S. 40f.) greift dieses Achtungsphänomen auf, möchte es aber aus seiner Funktionalität im System menschlicher Kommunikation herausnehmen und wieder an die Würde und Freiheit des Menschen anbinden. Darüber hinaus vertritt er die Ansicht, "daß im modernen Journalismus trotz hoher Organisiertheit immer wieder die Qualitäten des einzelnen Journalisten hervortreten" (S. 46). D.h. fachliches Können und persönliche Einstellung, Moral und Anerkennung der Menschenwürde (angeeignet in Aus- und Fortbildung) sind für jeden einzelnen Journalisten gefragt. Journalistisches Ethos muß es sein, Verständigung (Verstehen und Verstandenwerden) zu erreichen. Journalismus wird so begriffen als Verstehenshilfe für die Rezipienten in der täglichen Fülle von Ereignissen und Informationen.

Bezüglich sozialer und politischer "schwarz-weiß" Malerei bemerkt SKLORZ (1988) in diesem Zusammenhang: "Journalisten, die vor allem vom Polarisieren 'leben', lassen diese Solidarität [mit den Rezipienten, d.Verf.] vermissen. Sie verweigern den Menschen die Lebenshilfe, die sie zum Verstehen der Welt brauchen, auf die sie angewiesen sind, um nicht orientierungslos zu werden." (S. 146f.).

Angesichts dieser Aufgaben und Verantwortlichkeiten der Journalisten gegenüber "den Menschen", ihrem Publikum, zeigt sich die Dringlichkeit einer Ethik für das öffentlich-kommunikative Verhalten, die Formulierung von Werten und Verhaltensnormen, die die Realisierung dieser Werte ermöglichen. Das konstatierte Defizit einer solchen Ethik zeigt sich z.B. in der Unsicherheit vieler Journalisten in alltäglichen Entscheidungssituationen; es schlägt sich außerdem nieder in "Entgleisungen" journalistischer Arbeit, wie sie nicht zuletzt in der Berichterstattung einiger Boulevard-Zeitungen während des Golfkonfliktes 1990/91 zu finden waren.

---

3   Was die Negation des normativ-individualethischen Ansatzes bedeutet.

6.2 Journalistisches Selbstverständnis

Die Betrachtung journalistischen Selbst- und Aufgabenverständnisses beruht hptsl. auf der Annahme, daß die Einstellungen der Journalisten zu ihrem Beruf Rückwirkungen auf ihr Arbeitsverhalten, insbesondere auf die Selektion von Medieninhalten haben.

DONSBACH (1981, 1982) hat sich in einer Synopse verschiedener empirischer Studien (Befragungen von Journalisten) intensiv mit dem journalistischen Selbstverständnis beschäftigt. Auf seine Ergebnisse beziehen sich die folgenden Ausführungen.

DONSBACH (1982, S. 55-65) nennt vier Grundtypen normativer Erwartungen an den Journalisten:
1. der Journalist als Pfadfinder, dessen Aufgabe in der Suche neuer Themen und Ideen zu finden ist, also eine gewisse Avantgardefunktion oder auch Vermittlerfunktion, durch welche die Medienkonsumenten in die Lage versetzt werden, mittels Information eine eigene Meinung zu neuen Themen zu bilden;
2. der Journalist als Pädagoge: Dahinter steht die Annahme, daß Journalisten über einen Bildungsvorsprung in sozialen und politischen Bereichen gegenüber der Mehrheit der Bevölkerung verfügen. Die Aufgabe des Journalisten ist es, "erzieherisch an der Gestaltung der öffentlichen Meinung mitzuwirken" (DONSBACH 1982, S. 58);
3. der Journalist als Interessenvertreter: Dies entspricht einer Auffassung von den Massenmedien als "Dienstleistungsunternehmen" für den Rezipienten als "mündigen Bürger", der den Anforderungen der demokratischen Gesellschaft gerecht werden muß. Daran lehnt sich das Konzept des anwaltschaftlichen Journalismus, der sich als Interessenvertretung hptsl. gesellschaftlich unterprivilegierter Gruppen versteht; zur Aufgabe wird damit "eine Veränderung der sozialen Realität durch die Macht der Massenmedien" (DONSBACH 1982, S. 61);
4. der Journalist als Vermittler bzw. als kompetenter Mediator und Moderator, der jedem Bürger die Partizipation an öffentlicher Kommunikation entsprechend der Informations-, Meinungs- und Pressefreiheit ermöglicht.

Inwieweit sich diese Grundtypen überlappen, führt DONSBACH allerdings nicht aus. Seinen Angaben zufolge haben empirische Befunde gezeigt, daß Journalisten ihre vorrangige Aufgabe darin sehen, quasi-politisch aktiv zu sein, d.h. "politische und gesellschaftliche Prozesse kritisch zu kommentieren und zu kontrollieren" (DONSBACH 1981, S. 173). Geringer bewertet wird die Aufgabe, als Interessenvertreter oder "Anwalt für unterprivilegierte Gruppen" sowie pädagogisch als "Moralwächter" tätig zu sein. Ein Berufsverständnis, das mehr auf die, soweit möglich, neutrale Versorgung der Bevölkerung mit Informationen abzielt, wie es z.B. BOVENTER (1984b, S. 42) fordert, kommt dabei relativ zu kurz. Journalisten betrachten ihren Beruf nur ungern als einen Dienstleistungsberuf. "Autonomiestreben und hohe Selbstbewertung der eigenen Funktion für die Demokratie im ersten, die 'Anmaßung', stellvertretend für andere Partei ergreifen zu wollen, im zweiten und schließlich die 'Moralwächter-Position' im letztgenannten Aufgabenverständnis veranlassen (...) zu dem Urteil, daß für die bundesdeutschen Journalisten eine 'aktive' und 'elitäre' Grundtendenz in der Berufsauffassung typisch" ist (DONSBACH 1981, S. 173f.).

Dies äußert sich nicht zuletzt in der Diskrepanz zwischen dem Selbstbild und den Vorstellungen der Journalisten von ihrem Publikum, dem sie Mündigkeit und die Fähigkeit eigene Meinungen zu entwickeln weitgehend absprechen. Dieses in weiten Zügen negative, geringschätzige und vage Publikumsbild, das durch fehlende Beachtung vorliegender Daten entsteht, und die Tatsache, daß Kenntnis über das eigene Publikum selten als Berufsqualifikation gilt, hat ein weit verbreitetes Desinteresse an Kommunikationsbedürfnissen und Einstellungen des Publikums in der alltäglichen journalistischen (Entscheidungs-)Arbeit zufolge. Die Selektionsentscheidungen der Journalisten in der Auswahl von Themen, Informationen und Meinungen fallen nahezu ausschließlich entsprechend den eigenen Einstellungen zu sozialen und politischen Sachverhalten aus. Insofern ist die Nachrichtenauswahl in ihrer Zusammensetzung bereits ein Spiegelbild der Stereotypen und Vorurteile des Kommunikators (DRÖGE 1967, S. 177).

Die "Kehrseite" des Bildes, das Journalisten sich von ihrem Publikum machen, ist, wie DONSBACH (1981, S. 181ff.) ausführt, die starke Orientierung an Berufskollegen. Kollegen werden zur eigentlichen Zielgruppe, zum "Ersatzpublikum", das als Kontroll- und Bewertungsinstanz indirekten Einfluß auf die Gestaltung von Medieninhalten nimmt. Nicht zuletzt in der Ausbildung des Nachwuchses werden Werte und Einstellungen innerhalb der Berufsgruppe reproduziert. Das "Gegenlesen" als "kollegiale Entscheidungshilfe" zur Reduktion von Unsicherheit beim Verfassen von Zeitungsartikeln oder Rundfunkbeiträgen, die starke Beachtung von Themenauswahl und Kommentarrichtung der sogenannten Meinungsführer-Medien (z.B. SPIEGEL, DIE ZEIT etc.) und die oftmals unveränderte Übernahme (ohne eigene Recherche) von Meldungen der Korrespondenten internationaler Nachrichtenagenturen oder auch der überproportional hohe private Kontakt der Journalisten sind Kennzeichen dieser Kollegenorientierung (NOELLE-NEUMANN / SCHULZ / WILKE 1989, S. 62f.).

Die Folgen solchen Verhaltens sieht DONSBACH (1982, S. 253-259) in Homogenität der Einstellungen unter Journalisten und die Konsonanz von Medieninhalten über verschiedene Organe und Medientypen hinweg. Der

Beweis einer derartigen These läßt sich mit einer ausschnitthaften Untersuchung wie der vorliegenden nicht erbringen. Sie ist aber unter Berücksichtigung der großen Übereinstimmung und allgemeinen Anerkennung der bereits besprochenen Nachrichtenwerte, die die Grundlage vieler Selektionsentscheidungen bilden, durchaus nachvollziehbar.

Vernachlässigte ethische Reflexionen über Beruf und Arbeit sowie die Eigendynamik von Selektionsentscheidungen, abgehoben von Einstellungen und Ansichten eines kaum wahrgenommenen Publikums, legen den Schluß nahe, daß in weiten Teilen der bundesdeutschen Medienlandschaft gerade bezüglich der in dieser Arbeit untersuchten Vorurteile und Feindbilder Vorstellungen (re-)produziert werden, die weder allgemein menschlichen und sozialethischen Maximen noch den Kommunikationsbedürfnissen einer in der Herstellung und Erhaltung seines Weltbildes vielfältig von den Medien abhängigen Rezipientenmasse entspricht. Demzufolge ist eine Rückfolgerung von Medieninhalten auf Einstellungen, also auch auf Vorurteile und Feindbilder, der jeweiligen Konsumentengruppe nur unter großen Einschränkungen möglich. Dieses Faktum kann jedoch nicht davon ablenken, daß Journalisten genauso wie das Medienpublikum Mitglieder einer sozialen Gemeinschaft sind, deren historisch gewachsene Vorstellungen von Fremdgruppen sie in ihrer täglichen Arbeit reproduzieren.

II. **Feindbilder in der Presse:**
Eine Inhaltsanalyse zur Berichterstattung in
deutschen Tageszeitungen während der Golfkrise 1990/91

7. Untersuchungsdesign

7.1 Auswahl des Untersuchungsmaterials

7.1.1 Die untersuchten Presseorgane

Die Vorgabe, überregionale Tageszeitungen (mit bundesdeutschem Verbreitungsgebiet) zu untersuchen, schränkte die Breite des Untersuchungsmaterials ein auf die "BILD-Zeitung" (BILD), "Die Welt" (WELT), die "Frankfurter Allgemeine Zeitung" (FAZ), die "Süddeutsche Zeitung" (SZ), "Frankfurter Rundschau" (FR) und "die tageszeitung" (taz). WELT, FAZ, SZ und FR werden im allgemeinen als Qualitäts-Zeitungen bezeichnet; die taz ist zwar auch überregional, hat sich aber als Organ der links-alternativen Szene auf eine Marktnische beschränkt und ist daher als Außenseiter unter den überregionalen Tageszeitungen zu betrachten. Die BILD fällt als rechtes Boulevard-Blatt des Springer-Verlags ganz aus dieser Liste heraus.

Um die erhobenen Daten möglichst sinnvoll vergleichen zu können, d.h. auftretende Unterschiede zwischen den analysierten Zeitungen auf einen Faktor, nämlich die politische Orientierung der Blätter zurückzuführen, kamen für die Untersuchung nur die Tageszeitungen aus dem Bereich der Qualitäts-Presse in Frage. Die andere Vertriebsform der BILD, nämlich der Straßenverkauf im Gegensatz zum Verkauf von mindestens 50% der Auflage im Abonnement, hätte der Untersuchung eine völlig andere Erklärungsdimension verliehen; die BILD wurde deshalb aus der Untersuchung ausgeklammert.

WELT, FAZ, SZ, FR und taz decken das politische Spektrum von ganz rechts-konservativ über liberal und links-liberal bis extrem links ab. So schreibt FISCHER, H.D. über die WELT schon 1966: "Wenn es um ihre politische Haltung geht, könnte 'Die Welt' als im Mark konservativ bezeichnet werden, allerdings mit einem stark sozial-progressiv ausgebildeten Zug." (S. 210). Das hat sich bis 1980 nicht geändert, wie HARENBERG (1980) feststellt: "In den Positionen der Springer-Presse drückt sich ein Staatsverständnis aus, das ein eminent konservatives ist (...)" (S. 119).

Auch die FAZ wendet sich an das konservative Leserpublikum vornehmlich aus der Geschäftswelt und Industrie. Die grundsätzliche Bindung an CDU/CSU ist dabei nicht zu übersehen. In ihrer internationalen Bedeutung wird die FAZ meist mit "Le Monde" (Paris) und "The Times" (London) verglichen. Während KORDA (1980, S. 91) die Korrektheit und Vielfalt der Nachrichten- und Berichterstattung der FAZ lobt, wirft FISCHER, H.D. (1966, S. 247) den FAZ-Redakteuren vor, keine reine, nicht von Kommentarelementen durchsetzte

Nachrichtengebung formulieren zu können. Inwieweit dieser Vorwurf berechtigt ist, muß die Untersuchung zeigen.

Die SZ läßt sich keiner politischen Richtung eindeutig zuordnen. Sie macht vielmehr mit ihrer liberalen Position Werbung ("Liberal ist eine Zeitung dann, wenn sie ständig gefragt wird, ob sie nun 'rechts' oder 'links' ist."). Dem Anspruch der Liberalität genügt die SZ damit, daß sie verschiedene politische Meinungen (unter Ausklammerung der Extrempositionen) zu Wort kommen läßt. "Eine liberale Grundhaltung zu haben, heißt für die 'SZ' allerdings auch, in manchen Kommentaren die einzelnen politischen Ereignisse nach dem Prinzip 'einerseits - andererseits' zu analysieren und sich häufig einer eindeutigen Meinungsäußerung zu enthalten." (DÜRR 1980, S. 64).

Die FR beschreibt ihre Grundhaltung selber als sozial-liberal (links-liberal). Ihre Hauptaufgabe sieht die FR in der öffentlichen Kritik und Kontrolle staatlicher und privater Interessens-(Macht-)Instanzen; ihre Kommentare und Analysen sollen den Leser zu eigener Meinungsbildung anregen. Darüber hinaus lehnt die FR "Gewalt als Instrument zwischenstaatlicher Beziehungen" ab (FLOTTAU 1980, S. 98).[1]

Die taz entspricht zwar nicht vollständig dem Bild der typischen Qualitäts-Zeitung, ist aber in der bundesdeutschen überregionalen Presselandschaft mit einer investigativ-kritischen Berichterstattung die einzige Vertreterin extrem linker Positionen. Die taz, als Projekt der "Gegenöffentlichkeit" gegründet, hat keinen Verleger oder ein Herausgebergremium wie bei der etablierten Presse ansonsten üblich; statt dessen sind Entscheidungskompetenzen nach dem Grundprinzip der Selbstverwaltung unter allen Mitarbeitern verteilt. Seit Ende 1991 ist die taz v.a. durch die deutsche Einheit wirtschaftlich so stark in die Krise geraten, daß bereits die Einstellung der Zeitung zur Diskussion stand.

Im Hinblick auf Hypothesen und Ergebnisse der vorliegenden Untersuchung ist zu vermuten, daß sich Intensität und Eindeutigkeit der Berichterstattung und Kommentierung der Ereignisse am Golf 1990/91 in den ausgesuchten Tageszeitungen entlang des politischen Spektrums verstärken. WELT und FAZ mit rechter, konservativer Position dürften dazu tendieren, die Seite der Alliierten, insbesondere der USA positiv, die des Irak und Saddam Husseins negativ zu bewerten. Vorurteile und Feindbilder treten vermutlich klarer hervor. In FR und taz (politisch überwiegend links) herrschen dagegen wahrscheinlich Stimmen vor, die den Konflikt und den Krieg am Golf 1990/91 und die Rolle bzw. die Verantwortung der USA darin eher kritisch betrachten. Inwieweit SZ (aber auch FR) ihrem liberalen Credo in der Berichterstattung über die Golfkrise treu bleiben konnte(n), bleibt festzustellen.

---

1   FLOTTAU war 1990/91 im übrigen Nahost-Korrespondent der SZ.

7.1.2 Untersuchungszeitraum

Bei der vorliegenden Inhaltsanalyse handelt es sich um eine exemplarische Untersuchung, die aus Zeit- und Kapazitätsgründen keinen Anspruch auf Vollständigkeit oder Repräsentativität erhebt. Ein gesicherter Rückschluß von der Stichprobe auf die Grundgesamtheit aller Ausgaben der untersuchten Zeitungen ist für den Untersuchungszeitraum (oder auch darüber hinaus), d.h. die Verallgemeinerbarkeit der Ergebnisse, nicht möglich. Deshalb wurde eine Zufallsstichprobe von Zeitungsausgaben (etwa die Bildung einer "künstlichen Woche") zurückgestellt zugunsten der bewußten Auswahl punktueller Ereignisse im Verlauf des Golfkonfliktes und Golfkrieges (FRIEDRICHS 1985, S. 130-135).

Insgesamt stellt sich bei dieser Auswahlmethode die Frage, nach welchen Kriterien welche punktuellen Ereignisse gewählt werden sollen. Da diese Auswahl nicht zufallsgesteuert ist, sondern im Ermessen der Verfasserin liegt, läßt sich leicht der Vorwurf erheben, daß die Ergebnisse vorab tendenziös beeinflußt sind.[2] Dieser Vorwurf läßt sich nicht entkräften, die bewußte Auswahl der Zeitungsausgaben wurde jedoch einer Zufallsauswahl aus folgenden Gründen vorgezogen:

1. Die Ereignisse waren im Untersuchungszeitraum zeitlich nicht gleichmäßig verteilt, und die Golfkrise erfreute sich in den Medien keiner konstanten Aufmerksamkeit. Die Gefahr, daß insbesondere in einer "künstlichen Woche" zu viele Ausgaben ohne Berichterstattung über Ereignisse überhaupt bzw. über "wichtige" Ereignisse betreffend des Golfkonflikts erscheinen könnten, ist also vergleichsweise hoch.

2. Heute ist ein relativ hektischer Fluß von Ereignissen und Nachrichten aus den verschiedensten Themenbereichen zu beobachten, die in den Medien um die Aufmerksamkeit des Publikums "ringen", und kontinuierlich fortlaufende Angelegenheiten verlieren schnell an Aufmerksamkeit; Einzelereignisse werden (auch sprachlich) hervorgehoben und besonders für den Transport von Wertungen, Ansichten (u.U. auch Weltbilder) der Journalisten gebraucht.

3. Es ist zu vermuten, daß gerade an exponierten Ereignissen des Golfkonfliktes die Haupt-Handlungsträger maßgeblich beteiligt waren bzw. sie diese inszenierten. Da die Tragweite von Ereignissen auch die Härte von Bewertungen bestimmt, war zu erwarten, daß die Bewertungen und die Darstellung Saddam

---

[2] Dies muß kein bewußter Manipulationsakt sein, sondern kann bereits durch die selektive Wahrnehmung der Ereignisse und das subjektive Empfinden ihrer jeweiligen Wichtigkeit im Verlauf des gesamten Untersuchungszeitraums hervorgerufen werden.

Husseins bzw. des Iraks als <u>der</u> Feind besonders scharfe Züge annehmen oder zumindest in verstärkter Form auftreten würden.

4. In der Regel wird gerade anhand von Einzelereignissen auf das generelle Verhalten der beteiligten Personen geschlossen oder der Charakter des Gegners bzw. der eigenen/befreundeten Partei verallgemeinert, d.h. Journalisten sind geneigt, bei Einzelereignissen die Gelegenheit zu nutzen, um die besondere Schlechtigkeit des Feindes bzw. das positive Verhalten der eigenen/befreundeten Seite hervorzuheben.

Aus dem Verlauf der Ereignisse zwischen Anfang August 1990 und Ende Februar 1991 scheinen folgende Eckdaten besonders wichtig und interessant für die Untersuchung:

02.08.1990	Einmarsch irakischer Truppen in Kuwait und Verurteilung der Invasion durch die UNO
03.08. - 06.08.	Unterschiedliche Reaktionen weltweit und Überlegungen hinsichtlich Sanktionen
07.08. - 09.08.	Saddam Hussein rechtfertigt die Besetzung Kuwaits als "Antwort auf ausländische Drohungen" und "Beendigung der kolonialen Teilung"; der Irak verkündet die Annexion Kuwaits; die UNO erläßt ein Handels-, Finanz- und Militärembargo gegen den Irak; die USA stationieren Truppen, Panzer und Kampfflugzeuge in Saudi-Arabien
25.08.	Billigung eines Militäreinsatzes zur Durchsetzung des Handelsembargos durch die UNO
08.11.	Willy Brandt reist nach Bagdad, um deutsche Geiseln zu befreien; US-Präsident George Bush ordnet die Verdoppelung der amerikanischen Streitkräfte am Golf an
28.11. - 30.11.	Vorbereitung und Durchsetzung der "Gewaltresolution" Nr. 678 durch die USA: Ultimative Aufforderung der UNO an den Irak, bis zum 15.01.1991 Kuwait zu räumen

06./07.01. 1991	Saddam Hussein bekräftigt seine unnachgiebige Haltung, droht mit weltweiten Terroranschlägen und ruft zur Befreiung Palästinas auf
09.01. - 13.01.	Gespräche zwischen US-Außenminister Baker und Iraks Außenminister Aziz als auch Vermittlungsversuche Perez de Cuellars in Bagdad scheitern; der amerikanische Kongreß stellt sich hinter George Bush
14.01.	Iraks Parlament ruft zum "Heiligen Krieg" auf; die Kriegsvorbereitungen laufen auf Hochtouren
17.01.	Beginn der Kriegshandlungen
18./19.01.	Irak bombardiert erstmals Israel und Saudi-Arabien
21./22.01.	Irak verschleppt Kriegsgefangene an strategisch wichtige Orte und setzt kuwaitische Ölanlagen in Brand
25./26.01.	Erdöl aus bombardierten Quellen fließt erstmals in den Persischen Golf
13.02.	Bombardierung eines Luftschutzbunkers in Bagdad durch alliierte Kampfflugzeuge
22.02.	Erneutes Ultimatum an den Irak, Kuwait zu räumen
24.02.	Eröffnung der Bodenoffensive durch die alliierten Truppen
25.02. - 27.02.	Irak kündigt zunächst seinen Rückzug aus Kuwait an, erklärt sich dann zur Annahme der UNO-Resolutionen bereit und kapituliert schließlich
03.03.	Unterzeichnung des Waffenstillstandes

Um den Arbeitsaufwand in einem erträglichen Rahmen zu halten, wurden aus diesem Zeitraum die Ereignisse folgender Stichtage ausgewählt:[3]

02.08.1990
Dieser Tag kann akzeptiert werden als der Beginn der internationalen Krise, die im Rahmen dieser Arbeit untersucht wird, auch wenn der Konflikt um die Ölquellen und der Verstoß gegen die festgelegten Fördermengen seitens Kuwaits bereits seit etwa Juli 1990 zwischen Kuwait und dem Irak schwelten. Da offensichtlich weltweit ökonomische Interessen durch die Besetzung kuwaitischer Ölreservoirs betroffen waren, dürfte in den Ausgaben der Printmedien vom Folgetag eine erste internationale Resonanz und Bewertung der Ereignisse und seiner Akteure zu finden sein.

03.08. - 09.08.1990
Mit Saddam Husseins Rechtfertigungsversuch und den UNO-Resolutionen bzw. dem Handelsembargo als Antwort auf die Annexion Kuwaits sowie Saddam Husseins Reaktion auf diese UNO-Resolutionen begann die weltweit geführte Auseinandersetzung; gleichzeitig fanden diplomatische Vermittlungsversuche zwischen den involvierten bzw. sich engagierenden Parteien statt.

28.11. - 30.11.1990
Nach massiven diplomatischen Vorbereitungen wurde mit dem Datum des 29.11. im UNO-Sicherheitsrat eine der wichtigsten Resolutionen in diesem Konflikt überhaupt verabschiedet, nämlich die internationale Legitimierung des Einsatzes militärischer Gewalt gegen den Irak.

06.01. - 14.01.1991
Diese zweite Januarwoche kurz vor Ende des UNO-Ultimatums zum Abzug irakischer Truppen aus Kuwait rückte die diplomatisch-politischen Vertreter der Hauptbeteiligten des Golfkonfliktes, nämlich Saddam Hussein und den UNO-Generalsekretär Perez de Cuellar, Iraks Außenminister Tarik Aziz und US-Außenminister James Baker, in ihrem Bemühen um eine friedliche Lösung des Konfliktes noch einmal gemeinsam in den Mittelpunkt internationalen und damit massenmedialen Interesses. Mit Schlagworten wie "Countdown am Golf" u.ä. versuchten verschiedene Printmedien, den Ereignissen eine gewisse Dramatik zu verleihen.

---

3   Bedingt durch den Erscheinungszyklus der Tageszeitungen dürfte sich bei der konkreten Auswahl der Ausgaben jeweils eine Verschiebung um einen Tag ergeben.

17.01. - 22.01.1991

Der Krieg kam, obwohl lange angekündigt, für viele (auch für Journalisten) wie ein Schock. Die Erfolgsmeldungen über Angriffe alliierter Truppen beherrschten die Schlagzeilen. Voreilige Siegessicherheit und die Faszination über einen scheinbar ohne wesentliche Verluste mit "chirurgischer Präzision" geführten Krieg bestimmten die Bewertung dieser ersten Kriegstage. Die Begeisterung über die eigene Seite wurde kontrastiert mit dem erneut inhumanen und gegen internationale Regeln verstoßenden Verhalten Saddam Husseins, der ausländische Geiseln an strategisch wichtige Orte verschleppen ließ.

22.02. - 27.02.1991

Am 22.02. trat der Golfkrieg mit Eröffnung der Bodenoffensive und damit einer erneut verstärkten Zuwendung von seiten der Medien in seine letzte Phase. Mit dem Einmarsch alliierter Truppen in Kuwait-City und der bedingungslosen Kapitulation des Iraks am 27.02. war der Feind (zumindest militärisch) besiegt. Unter Umständen lassen sich zu diesem Zeitpunkt auch bereits vorläufig endgültige und rückblickende Beurteilungen über den ganzen Krieg finden.

7.2 Zähleinheit

Berücksichtigung fanden innerhalb der einzelnen Untersuchungszeiträume nur solche Artikel, die sich ausdrücklich und eindeutig erkennbar mit der Golfkrise bzw. dem Golfkrieg befaßten. Davon ausgehend, daß sich diese Ereignisse einer gewissen Aufmerksamkeit ob ihrer politischen, militärischen und wirtschaftlichen Wichtigkeit erfreuten und entsprechende Beiträge von daher an exponierten Stellen der einzelnen Zeitungsausgaben plaziert waren, wurden jeweils die erste Seite (incl. die Fortsetzung dort begonnener Artikel im Innenteil), die Seite mit den Auslandsnachrichten und die Kommentar- bzw. Meinungsseite in die Analyse einbezogen.

Da viele Tageszeitungen ihr Layout mit Beginn der Kampfhandlungen änderten und je nach Fülle der Meldungen die ersten vier bis fünf Seiten jeder Ausgabe ausschließlich der Berichterstattung über den Krieg reservierten, mußte die Auswahl der Seiten für diesen Untersuchungszeitraum variabler gehandhabt werden.

7.3 Inhaltliche Kategorien: Arbeitshypothesen

Im qualitativen Teil der Inhaltsanalyse ging es darum, Feindbilder an sprachlichen und inhaltlichen Merkmalen der untersuchten Artikel festzumachen. Die nachfolgenden Hypothesen wurden getrennt für die fünf Tageszeitungen WELT, FAZ, SZ, FR und taz geprüft; in ihren Ergebnissen wurden alle Tageszeitungen miteinander verglichen.

Wie in Kapitel 3.3 dieser Arbeit bereits erläutert, werden Feindbilder u.a. dadurch geschaffen und aufrechterhalten, indem man die Berichterstattung über einen politischen und/oder militärischen Konflikt auf wenige beteiligte Personen fixiert und auf diese Weise den Konflikt "personalisiert". Ziel ist es dabei, die Konfliktparteien so extrem zu polarisieren, daß die Wahrnehmung von "Zwischentönen", d.h. das Verhalten und die Äußerungen anderer, mittelbar am Geschehen beteiligter Personen o.ä., nicht mehr möglich ist. Hypothetisch läßt sich formulieren:

Hypothese No. 1
Die Konzentration der Konflikt-Berichterstattung auf einige wenige gegnerische Personen bzw. Organisationen dient über die dadurch erzielte Personalisierung des Geschehens der Konstruktion und Festigung bestimmter Feind- und Freund-Vorstellungen.

Zur Überprüfung dieser Annahme wurden zum einen die Häufigkeit der Nennungen für die in den Golfkonflikt involvierten Handlungsträger ermittelt und zum anderen festgehalten, wie häufig die Journalisten aller analysierten Tageszeitungen von den Wendungen "wir/die Welt" und "die anderen" Gebrauch machten.

Feindbilder (Vorurteile und Stereotype) äußern sich i.d.R. in zusammenhängenden Aussagen über den Bewertungsgegenstand. Sie sind aber, wie EHRLICH (1979) feststellt, durchaus auch in einzelnen Wörtern, z.B. Namen, Bezeichnungen etc., zu finden. Berücksichtigt wurden deshalb sowohl (soweit geeignet) Bezeichnungen, Benennungen, Titulierungen etc. als auch ganze Argumente, da auch der Kontext für die Analyse von Bedeutung war.

Wie in den Kapiteln 3.1.4 und 3.3.1 dieser Arbeit dargestellt ist es außerordentlich schwierig, an sprachlichen Äußerungen und Formulierungen eindeutig und für alle Mitglieder einer Sprachgemeinschaft verbindlich das/die Feindbild(er) eines Kommunikators festzumachen. Selbst der Eindruck des Rezipienten, welcher Art die geäußerten Bewertung (negativ oder positiv) ist, bleibt letztendlich immer subjektiv. BESSLER (1972) betont, "daß eine wirklich valide und reliable Messung von Einstellungsäußerungen in den Aussagen der Massenmedien illusorisch ist" (S. 18). Angesichts dieser Einsicht können die Codiervorschriften, die sich auf die Bewertung der Handlungsträger in den untersuchten Zeitungsausgaben beziehen, nur auf der subjektiven Meinung der Verfasserin beruhen. Durch Vorlage der Äußerungen, die nach Ansicht der Verfasserin Bewertungen transportieren, bei Personen, die nicht mit dem Thema dieser Arbeit vertraut waren, wurde jedoch versucht, die subjektiven Ansichten auf eine interpersonal nachvollziehbare Ebene zu ziehen.

In jedem Fall kann die vorliegende Untersuchung jedoch lediglich explorativen Charakter tragen. Die hier formulierten Hypothesen sind deshalb nur als "Leitfaden" der Analyse gedacht.

Arbeitsdefinition
Unter der Gefahr, den Vorwurf zu riskieren, ein zu "weiches" Kategoriensystem gewählt zu haben, wurde folgende Arbeitsdefinition für die Inhaltsanalyse festgelegt:

Alle Äußerungen und Bezeichnungen, die negative Bewertungen über den Charakter, das Verhalten und die Handlungen des Iraks, Saddam Husseins, der irakischen Truppen (die Republikanischen Garden eingeschlossen) und andere irakische Politiker (z.B. Tarik Aziz) enthalten, werden als Indikatoren für ein Feindbild betrachtet. Entsprechend sollen alle Aussagen und Attribute, die positive Beurteilungen über den Charakter, das Verhalten und die Handlungen der USA bzw. verbündeter Staaten, George Bushs bzw. anderer Staatsoberhäupter oder führender Politiker, der alliierten Truppen und ihrer Oberkommandanten beinhalten, als Anzeichen für ein Freundbild gelten. Besondere Beachtung sollen dabei Ausdrücke finden, die einen relationalen Charakter haben, d.h. die Beziehung zwischen den Parteien beschreiben.

Es muß jedoch ausdrücklich darauf hingewiesen werden, daß von Einzelbewertungen ein direkter Rückschluß auf vorurteils- oder feindbildbehaftete Einstellungen der Journalisten bzw. der Tageszeitungen pauschaliert nicht möglich ist.

Feindbild- und vorurteilsbehaftetes Denken stempelt den Gegner i.d.R. zu einem bestimmten "Typen" (KEEN, 1987). Die ihn beschreibenden sprachlichen Ausdrücke kreisen meist um nur einige wenige Vorstellungsinhalte und rekrutieren sich, immer wieder leicht verändert, aus einer geringen Anzahl eigenständiger Wortfelder. Auch für die untersuchten Presse-Organe läßt sich also behaupten:

Hypothese No. 2
Nationale Stereotype und Feindbilder drücken sich durch ein schmales Band immer wiederkehrender Vorstellungen, Eigenschaftszuschreibungen und Symbole aus.[4] In der Presse-Berichterstattung läßt sich eine Konzentration auf einige wenige Merkmalsbereiche bzw. Charaktereigenschaften feststellen.

Ausgehend von dieser Annahme wurden die Vielfältigkeit der bewertenden Ausdrücke (in der Hauptsache Attribute) und die Häufigkeit ihrer Wiederholungen berücksichtigt. Die vorhandene bzw. nicht vorhandene Vielfältigkeit läßt sich in der qualitativen Auswertung allerdings erst nach einem Zwischenschritt, nämlich der Gruppierung der Äußerungen nach semantischen bzw. thematischen Ähnlichkeiten (z.b. Wortfelder), konstatieren. Berücksichtigt wurde in diesem Zusammenhang außerdem, auf welchen Aktionssektor der Handlungsträger sich die einzelnen Bewertungen bezogen. Unterschieden wurde zwischen den Sektoren "politisches System/Verhalten", "Militär", "Wirtschaft/Technologie/Wissenschaft", "Kultur/Ideologie/Wertesystem" und "allgemeiner nationaler/persönlicher Charakter". "Politisches System" meint dabei die Staats- und Regierungsform des jeweiligen Landes, "politisches Verhalten" die Art und Weise der Ausübung von Staatsgewalt und Herrschaft durch die politischen Führer bzw. Regierungsangestellten. Bewertung des "Militärs" bezieht sich auf das allgemeine Verhalten der Soldaten und ihrer Oberkommandierenden bzw. Befehlshaber sowie auf die Quantität und die Qualität der zur Verfügung stehenden Waffensysteme. "Wirtschaft/Technologie/Wissenschaft" hebt auf Bewertungsbereiche wie die konjunkturelle Lage und die Zusammensetzung der Ökonomie (z.B. Anteil von agrarischem und industriellem Sektor) eines Landes ab; weiterhin sind die Fortschritte gemeint, die ein Land in der Forschung und bei technischen Produktionsverfahren gemacht hat. "Kultur/Ideologie/Wertesystem" soll das Gebiet der Weltanschauungen, Religionen und Gesellschaftsordnungen eines Volkes abdecken. "Nationaler Charakter" nimmt Bezug auf die Mentalität eines ganzen Volkes, "persönlicher Charakter" auf das Verhalten bzw. die Wesensart einer einzelnen Person.

Es ist a priori nicht davon auszugehen, daß die Bewertungen für die Alliierten unter Führung der USA ausschließlich positiv und diejenigen für Saddam Hussein bzw. den Irak vollständig negativ ausfallen. In jedem Fall war es demnach wichtig, negative, neutrale und positive Bezeichnungen und Aussagen für beide gegnerischen Gruppen zu erfassen.

---

4   DRÖGE (1968) nennt dies auch "eine ziemlich konstant kovariierende Merkmalsvergesellschaftung um eine Person oder einen Begriff" (S. 343).

Für jeden Artikel wurden die entsprechenden Äußerungen im Anschluß an die Vercodung der geschlossenen Variablen dokumentiert. Folgende Eckpunkte dienten der Einordnung der (bewertenden) Äußerungen und der Codierung der Artikel insgesamt (z.b. Variablen V9, V10 und V11):

1. Wie wird die Legalität des Verhaltens eines Handlungsträgers bewertet? (Legalität bezieht sich auf das Völkerrecht, auf Gesetze/Resolutionen der UNO, allgemeine Menschenrechte oder Grundrechte u.ä.)

2. Wie steht es um die Legitimität des Verhaltens? (Diesbezüglich problematisch ist die Tatsache, daß es keine allgemeingültigen und objektiv faßbaren Normen für legitimes oder illegitimes Verhalten gibt.)

Diese beiden ersten Punkte beziehen sich auf die These von einem "gerechten Krieg", die in der öffentlichen Diskussion häufig herangezogen wurde, um das Eingreifen der Alliierten bzw. der UNO in die Golfkrise zu rechtfertigen.[5]

3. Wie effektiv wird das tatsächliche Verhalten und inwieweit realisierbar das beabsichtigte Verhalten eines Handlungsträgers bewertet?

4. Wie zielbewußt ist das Verhalten eines Handlungsträgers: zielstrebig, unbeirrt, flexibel und anpassend oder ziellos, konfus, sprunghaft, starr und unflexibel?

Hinter den Fragen 3 und 4 steht die Annahme, daß einem (politischen) Gegner u.a häufig irrationales, unrealistisches Verhalten angelastet wird (BRINKMANN 1980, S. 280-283). Darüber hinaus entspricht insbesondere der Vorwurf der Irrationalität dem europäischen stereotypen Nationalbild von "dem" Araber.

5. Hat das Verhalten eines Handlungsträgers Gewaltcharakter, und welche Auswirkungen hat es auf das internationale Gewaltpotential? Ist es gewaltmindernd oder entspannungsfeindlich?[6]

6. Wird das Verhalten eines Handlungsträgers als moralisch/unmoralisch oder human/inhuman beschrieben bzw. bewertet? Läßt der Journalist erkennen, daß er die Verletzung westlicher Wertvorstellungen durch einen der Handlungsträger wahrgenommen hat?

5　Vgl. z.B. SPIEKER (1991). - Auf diese Problematik wurde auch im Hinblick auf die Schuldzuweisungen für den Ausbruch des Konfliktes bzw. Krieges eingegangen (s.u.).
6　Dieses Kriterium dürfte insbesondere in der Zuspitzung der politischen Situation gegen Ende des UNO-Ultimatums wichtig sein.

Die Fragen 5 und 6 beziehen sich auf die Tatsache, daß es bei der Produktion von Feindbildern eine große Rolle spielt, ob an dem Gegner Humanität oder Inhumanität perzipiert wird und der Eindruck vorherrscht, der Gegner bedrohe durch die Verletzung elementarer Werte die eigene Gruppe.

Um ein Bewertungsprofil der untersuchten Zeitungen für die beiden wichtigsten Handlungsträgergruppen (Irak, Saddam Hussein et.al. sowie USA, Alliierte, UNO, George Bush et.al.) erstellen zu können, wurden ähnlich dem "semantischen Differential" nach OSGOOD (1975) Richtung und Intensität der Bewertungen erfaßt. Auf einer siebenstufigen bipolaren (Ordinal-)Skala von negativ -3 über neutral 0 bis positiv +3 erfolgte die Einordnung der bewertenden Attribute (hptsl. Substantive und Adverbien) und Aussagen (meist nur Satzfragmente). Die Werte +1/-1, +2/-2 und +3/-3 entsprechen in umgangssprachlichen Termini ungefähr den Intensitäten schwach - mittel - extrem. Die Festlegung der einzelnen Äußerungen auf einen bestimmten Skalenwert war auf ontologischem Niveau allerdings problematisch und konnte letztendlich nur auf subjektivem Empfinden beruhen. Dennoch soll folgende Annahme gelten:

Hypothese No. 3
Da Freund- und Feindbilder (Autostereotype und Heterostereotype) sich gegenseitig konstituieren, besteht ein Zusammenhang zwischen der Häufigkeit resp. Intensität der Bewertungsprofile der gegnerischen Handlungsträger.

Deshalb wurde der Zusammenhang zwischen den negativen Äußerungen über Saddam Hussein, den Irak etc. und den positiven Äußerungen über die Alliierten für jede Zeitung ermittelt.

Die aktuelle Tagesberichterstattung der Presse beinhaltet oft Äußerungen und Erklärungen wichtiger (prominenter) Personen zu einem Geschehen oder über ihre politischen Gegner. Als z.T. direkt von einem Ereignis betroffene äußern sie sich anders dazu als Journalisten, sofern diese sich in ihrer mediaten Rolle zwischen Rezipient und Ereignis sehen. Im Zusammenhang der vorliegenden Untersuchung soll gelten:

Hypothese No. 4
Die Bewertungen der direkten Kontrahenten über den jeweiligen Gegner fallen schärfer aus als die Bewertungen außenstehender Beobachter (z.B. Journalisten).

Es war daher unerläßlich festzuhalten, wer die jeweilige Bewertung eines Handlungsträgers vornahm. Hier mußte zum einen unterschieden werden, ob die Bewertung in dem eigenen Bericht eines Korrespondenten oder durch eine

Nachrichtenagentur vorgenommen wurde;[7] zum anderen konnte es sich bei der Bewertung auch um Zitate eines Handlungsträgers über den anderen handeln. Die Quelle der Bewertung konnte also ein erklärender Faktor für die Interpretation der Daten sein.[8] Ob es sich bei dem jeweiligen Zeitungsartikel um einen Agentur- oder um einen Korrespondentenbericht handelte, wurde in einer geschlossenen Kategorie kodiert; bei Bewertungen in Zitaten wurde in der offenen Kategorie "Bewertungen" der jeweilige Sprecher festgehalten.

Man kann davon ausgehen, daß die journalistische Darstellungsform eines Zeitungsartikels seine sprachliche Form bestimmt, z.b. die Expressivität einer Ereignisdarstellung.

Hypothese No. 5
Im Hinblick auf die Produktion von Feindbildern sind Häufigkeit und Intensität der Bewertungen je nach journalistischer Gattung unterschiedlich.

So sind z.B. in einem Leitartikel oder Kommentar wesentlich häufiger bewertende Ausdrücke zu finden als in einer Nachricht oder einem Korrespondentenbericht, die per definitionem eigentlich gar keine Bewertungen enthalten dürften.[9] Um deshalb die verschiedenen sprachlichen Ausdrücke und Aussagen relativierend einordnen zu können, wurden für jeden analysierten Artikel die journalistische Textgattung kodiert.

Folgende Gattungen wurden unterschieden:[10]

Nachricht
Sachliche, weder affektgeladene noch durch den Journalisten irgendwie kommentierte Kurz-Meldung (Mitteilung) über ein aktuelles Ereignis (Tatsache); harte Nachrichten werden knapp und prägnant formuliert und informieren in unpersönlichem Stil über den Vorgang (Was, Wie), die beteiligten Personen (Wer), den Ort (Wo) und den Zeitpunkt (Wann) des Ereignisses. Als Nachricht soll jeder sachliche und (relativ) kurze Beitrag über ein Ereignis gelten, der entweder keine Quellenangabe hat oder mit dem Kürzel einer (bzw. mehrerer) Nachrichtenagentur(en) gekennzeichnet ist.

---
7   Vgl. dazu Hypothese No. 7.
8   So sind vermutlich zumindest in der WELT und evtl. in der FAZ negative Äußerungen über die USA und die alliierten Truppen vornehmlich als Zitate Saddam Husseins zu finden.
9   Ähnlichen Einfluß üben im übrigen auch das behandelte Thema bzw. Ressort (Politik, Wirtschaft, Kultur etc.) und selbstverständlich der Pressetyp, also Boulevard-, Regional- oder Qualitäts-Presse, aus.
10 Die folgenden Kurzdefinitionen orientieren sich an:
DOVIFAT (1976[6]), S. 76-90, S. 158-181; NOELLE-NEUMANN / SCHULZ / WILKE (1989), S. 69-83; und STEINER (1971), S. 121f.

Bericht
   Erweiterte Form der Nachricht, die sich einerseits an den Charakter der Nachricht anlehnt, andererseits bereits erklärende Züge trägt (Wodurch, Warum). Formaler Indikator für einen Bericht ist die Kennzeichnung des Beitrages mit Agenturkürzel und dem Namen des Korrespondenten.

Reportage
   Tatsachenbetonter, aber persönlich gefärbter Erlebnisbericht, wobei der Reporter aus eigener Augenzeugenschaft berichtet; insgesamt eine Form der Berichterstattung, die sich von der reinen Nachrichtengebung durch den persönlicheren Stil und meist auch durch größeren Umfang abhebt, häufig auch die Nachrichtengebung mit einschließt und Hintergrundinformationen bringt. Als Reportage wurde jeder längere Beitrag kodiert, der eindeutig erzählerisch aufbereitet war und über die bloße Wiedergabe der Geschehnisse hinaus Hintergrundinformationen lieferte. Solche Beiträge sind i.d.R. als Korrespondentenbeiträge mit Namen gekennzeichnet.

Kommentar
   Meinungsbildende, aber sachliche Stellungnahme zu gesellschaftlichen oder politischen Ereignissen und individuellen Problemen; der Kommentator erläutert, interpretiert und bewertet aktuelle Ereignisse und beweist oder widerlegt Meinungsäußerungen. Kommentare sind i.d.r. besonders plaziert und ausgewiesen sowie namentlich gekennzeichnet. Ihre Identifizierung für die Untersuchung sollte keine Schwierigkeiten bereiten.

   Beiträge, die nicht in die oben genannten Kategorien eingeordnet werden konnten, wurden unter Sonstige Beiträge subsumiert.[11]

   Da in dieser Arbeit zur eingehenden Analyse Tageszeitungen mit überregionalem Verbreitungsgebiet herangezogen wurden, die zum einen über einen eigenen Korrespondentenstab im Ausland verfügen und gleichzeitig Nachrichten und Berichte von den verschiedenen internationalen Nachrichtenagenturen beziehen, erfolgte für jeden Artikel eine Differenzierung nach Eigenbericht und Agenturbericht.[12] Dieser Unterscheidung liegt die Annahme zugrunde, daß in Eigenberichten häufiger und explizitere, verbal expressiver formulierte Bewertungen und damit stärkere Tendenzen eines Freund-Feind Klischees zu finden sein werden als in Agenturberichten, die "selbst ein wichtiges Ereignis mit nicht mehr als 400 Worten (ca. 40 Zeilen) behandeln dürfen (...) und Zusatzinformationen erst in weniger belebten Zeiten herausschicken können" (BASSEWITZ 1990, S. 5).

---

11   Photos oder Karikaturen wurden nicht berücksichtigt, da die Analyse non-verbaler Kommunikation auch bei einer quantitativ-statistischen Vorgehensweise problematisch ist.
12   Vgl. auch Quelle einer Bewertung unter Hypothese No. 3.

Die Hypothese No. 6 lautet daher wie folgt:

Hypothese No. 6
In Eigenberichten sind ab- oder aufwertende Äußerungen zu den einzelnen Handlungsträgern häufiger zu finden als in Agenturberichten.

Und weiter sollte überprüft werden:

Hypothese No. 7
Massenmediale Feindbild-Erzeugung beruht z.T. auf einer selektiv verzerrten und unausgewogenen Berichterstattung, d.h. auf einem Mangel an Hintergrundberichten. Der geringe Anteil an Reportagen und Berichten, die Hintergrundinformationen enthalten könnten, sowie der Mangel an darstellenden Analysen zu den Gründen der Golfkrise und den Absichten der Beteiligten sind Hinweise auf ein Feindbild-Potential in der jeweiligen Tageszeitung.

Die Unterscheidung der Beitragsformen kann demgemäß, wenn auch in begrenztem Umfang,[13] zu der Erklärung einer Feindbild-Produktion beitragen. Dies beruht auf der Tatsache, daß Feindbilder i.d.R. dadurch getragen und verstärkt werden, daß man jedes wirkliche Wissen um den anderen, den Gegner, reduziert und eine echte Auseinandersetzung mit seiner Geschichte, Kultur u.ä. nicht stattfindet. Dieses Faktum sollte nicht nur formal, sondern auch inhaltlich überprüft werden. Deshalb wurde untersucht, inwieweit sich die untersuchten Zeitungen mit den Zielen der einzelnen Handlungsträger bzw. gegnerischen Parteien beschäftigten. In Frage kamen hierbei nur die explizit genannten Ziele. Die Ziele sind im einzelnen in der Code-Anleitung in Band 2 dieser Arbeit nachzulesen.[14]

Daran schloß sich die folgende Hypothese an:

Hypothese No. 8
Saddam Hussein bzw. dem Irak wird in der Berichterstattung der untersuchten Tageszeitungen die Gesamtverantwortung für den Ausbruch des Konfliktes bzw. des späteren Krieges zugewiesen und die Schuld an verschiedenen anderen Ereignissen während dieser Zeit angelastet.

---

13 Dies v.a. deshalb, weil die "Hintergrundinformationen" in Berichten, Reportagen und (eingeschränkt) in Kommentaren nicht zwangsläufig frei von Stereotypen und Vorurteilen sind.
14 Der Auswahl der Kriegsziele lagen die Ausführungen in KRELL / KUBBIG (1991) sowie u.a. verschiedene Beiträge in: Das Parlament. 41. Jahrgang, 06./13.09.1991 zugrunde.

Insbesondere in einer Krisensituation wie die des Golfkonfliktes ist es typisch, daß dem politischen (und militärischen) Gegner die Schuld an der bestehenden Situation zugewiesen wird. Diese argumentative Taktik ist ein Mittel zur Aufrechterhaltung von Feindbildern.

Die Analyse der Zeitungsartikel ermittelte daher, welchen Handlungsträger die Journalisten für die Situation und verschiedene Ereignisse verantwortlich machten. Diese Beurteilungen wurden auch dann erfaßt, wenn sie der Argumentation eines Artikels nur implizit zu entnehmen waren.

Mit Hilfe dieser Hypothesen wurde untersucht, inwieweit die Redaktionen von WELT, FAZ, SZ, FR und taz in den ausgewählten Artikeln die Vorstellungen von Saddam Hussein und dem Irak zu einem Feindbild stilisierten und welche Rolle dabei die Darstellung der Alliierten unter Führung der Vereinigten Staaten spielten.

7.4 Sonstige Formalia

Auf die Erhebung rein "physikalischer" Größen, wie BESSLER (1972, S. 65f.) sie nennt, wurde verzichtet. Sicherlich haben Plazierung und Fläche, die ein Artikel auf einer Seite beansprucht, ihre Wirkung auf die Einschätzung der Bedeutung oder Wichtigkeit ihrer Inhalte (Ausdruck der Gewichtung einer Aussage); ihr Aussagewert für die vorliegende Untersuchung war jedoch begrenzt, da eine reliable Interpretation der Daten schwierig ist und alles andere Spekulationen darstellen würde. Andere formale Merkmale wie z.B. die graphische Gestaltung (Umrahmung etc.), die Größe der Drucktypen oder die Anzahl der Photos lassen sich erst dann sinnvoll auswerten, wenn vergleichende Messungen für die "reguläre" Berichterstattung der jeweiligen Tageszeitung vorliegen und so evtl. für die Berichterstattung über die Golfkrise 1990/91 Abweichungen festgestellt werden können.

7.5 Code-Anleitung

Aus den vorangegangenen Überlegungen ergab sich folgende Code-Anleitung:

Variable	Name	Nr.
V1	Name der Zeitung:	
	"die tageszeitung"	(1)
	"Frankfurter Rundschau"	(2)
	"Süddeutsche Zeitung"	(3)
	"Frankfurter Allgemeine Ztg."	(4)
	"Die Welt"	(5)
V2	Datum:	
	Tag	
	Monat	
	Jahr	
V3	Seite	
V4	laufende Nummer des Artikels (von der ersten Seite einer Ausgabe fortnummerieren)	
V5	Journalistische Gattung:	
	Nachricht	(1)
	Bericht	(2)
	Reportage	(3)
	Kommentar	(4)
	Sonstige Beiträge	(5)
V6	Quelle der Meldung:	
	eigener Bericht	(1)
	Nachrichtenagentur	(2)
	Kombination	(3)
V7	Thema des Artikels: (Summencode möglich)	
	politisch	(1)
	militärisch	(2)
	wirtschaftlich	(4)
	ökologisch	(8)
	"human touch"	(16)
	anderes	(32)

V8	Handlungsträger (siehe Liste I) max. 6 Handlungsträger geordnet nach Wichtigkeit (im Zweifelsfall Reihenfolge der Nennung) HT 1 HT 2 HT 3 HT 4 HT 5 HT 6
V9	Ziele/Absichten des Irak: explizit ja (1) explizit nein (2) wird nicht erwähnt (3)
V9A	Durchsetzung historischer Ansprüche auf Kuwait
V9B	Befreiung Palästinas bzw. Beseitigung Israels
V9C	Eroberung aus wirtschaftlichen Gründen (z.B. Schuldenlast aus dem Iran-Irak-Krieg abbauen können, Zugang zum Persischen Golf)
V9D	Ablenkung von innenpolitischen Problemen
V9E	Machtposition des Irak im Nahen Osten stärken und Machtbereich erweitern
V9F	Verwirklichung der panarabischen Idee unter der Führung des Irak bzw. Saddam Husseins
V9G	Kampf des Islam gegen die westliche Welt in einem Heiligen Krieg (religiöse Motive)
V9H	Friedensbemühungen
V9I	Anderes (bitte näher ausführen)
V10	Ziele/Absichten der Alliierten/der UNO: explizit ja (1) explizit nein (2) wird nicht erwähnt (3)
V10A	De-Eskalation des Konflikts (Friedensbemühungen)
V10B	Durchsetzung der UNO-Resolutionen (v.a. Befreiung Kuwaits, Rückzug des Irak aus Kuwait)

V10C	Lösung des Palästina-Problems
V10D	Schaffung einer "neuen Weltordnung"
V10E	Suche der USA nach einer neuen Legitimation als Weltmacht
V10F	Machtgleichgewicht (Sicherheit und Stabilität) in der Region sichern
V10G	Schutz bzw. Befreiung der in Kuwait und Irak ansässigen ausländischen Staatsbürger
V10H	Beseitigung Saddam Husseins
V10I	Zerschlagung der irakischen Militärmacht (auch Nuklear- und Chemiewaffenpotential)
V10K	Sicherung wirtschaftlicher (insbesondere energiepolitischer) Interessen
V10L	wirtschaftliche Schwächung des Irak durch Wirtschaftsembargo bzw. Sanktionen allgemein
V10M	Anderes (bitte näher ausführen)
V11	Verantwortung/Schuldzuweisung:
	Irak (1)
	USA/Alliierte (2)
	beide (3)
	Keine Angaben (4)
V11A	Eskalation des Konfliktes (z.B. durch Scheitern von Verhandlungen); Verschärfung militärischer Aktionen
V11B	politisches Chaos/Unruhen
V11C	wirtschaftliche Folgen des Konfliktes (z.B. Explosion des Erdölpreises)
V11D	ökologische Folgen des Krieges (z.B. brennende Ölquellen, Ölteppich auf dem Persischen Golf)
V11E	infrastrukturelle Folgen (z.B. zerstörte Städte, Versorgung mit Wasser, Strom, Lebensmitteln)
V11F	militärische Opfer
V11G	zivile Opfer (auch Geiselnahme)
V11H	Ausbruch des Krieges
V11I	Anderes (bitte näher ausführen)

V12	Verwendung von:	
	"wir", "die Welt"	(1)
	"die anderen"	(2)
	beides	(3)
	keines	(4)

V13   Bewertung der UNO, der Alliierten, der USA, führende Politiker aus der Koalition gegen Irak, der multinationalen Truppen (siehe Liste I)

V14   Bewertung des Irak, Saddam Husseins, andere irakische Politiker, irakische Truppen (siehe Liste I)

V15   Bezug der Bewertungen: (Summencode möglich)

V15A   Bewertungen für die Alliierten/USA/UNO:

V15B   Bewertungen für den Irak/Saddam Hussein:

keine Bewertung (X)	(0)
politisches System/Verhalten (A)	(1)
Wirtschaft/Technologie/Wissenschaft (B)	(2)
Militär (C)	(4)
Kultur/Ideologie/Wertesystem (D)	(8)
nationaler/persönlicher Charakter (E)	(16)
Anderes (F)	(32)

Liste I: <u>Handlungsträger</u>

Kuwaitische Zivilbevölkerung	06
Kuwaitische Regierung	07
Irak	10
Saddam Hussein	11
Tarik Aziz	12
andere irakische Politiker	13
Revolutionsrat	14
irakische Truppen/Republikanische Garden (incl. militär. Oberkommando)	15
irakische Zivilbevölkerung	16
Alliierte	20
George Bush	21
US-Außenminister James Baker	22
andere amerikanische Politiker	23
alliierte Truppen (incl. militär. Oberkommando)	25
alliierte Zivilbevölkerung	26
US-Regierung/Bush-Administration	27

UNO-Sicherheitsrat	30
Perez de Cuellar	31
führende britische Politiker	33
führende französische Politiker	43
führende deutsche Politiker	53
führende sowjetische Politiker	63
führende israelische Politiker	73
führende Politiker der anti-irakischen Allianz im Nahen Osten (Saudi-Arabien, Ägypten, Syrien, Golfemirate, Türkei)	83
führende Politiker der pro-irakischen Staaten im Nahen Osten (Sudan, Jemen, PLO, Jordanien) (hptsl. gemeint sind jeweils die Regierungsvertreter)	93
israelische Zivilbevölkerung	76
Zivilbevölkerung der anti-irakischen Allianz im Nahen Osten	86
Zivilbevölkerung der pro-irakischen Staaten im Nahen Osten	96
Andere	97
keine weiteren Handlungsträger	99

8. Datenauswertung

8.1 Datenbasis

Untersucht wurden insgesamt 721 Zeitungsartikel; davon entfallen 129 auf die WELT, 130 auf die FAZ, 153 auf die SZ, 171 auf die FR und 138 auf die taz. Folgende Tabelle gibt die journalistische Gattung und die Herkunft der Artikel an:

Tabelle 1: Gattung und Quelle der untersuchten Artikel

	WELT	FAZ	SZ	FR	taz
Gattung					
Nachricht	35	19	31	61	43
Bericht	43	77	73	60	69
Reportage	16	10	18	23	7
Kommentar	31	23	27	24	17
Sonstiges	4	1	4	3	2
Summe	129	130	153	171	138
Quelle					
Eigenbericht	128	121	90	88	86
Agenturmeldung	1	3	62	59	28
Kombination	-	6	1	24	24
Summe	129	130	153	171	138

In der WELT ist die überwiegende Anzahl der eigenen Berichte mit dem Kürzel "DW", in der FAZ mit dem Kürzel "F.A.Z."versehen. Da man aber nicht davon ausgehen kann, daß WELT und FAZ in ihrer Nachrichtengebung von Nachrichtenagenturen völlig unabhängig sind, bestehen diese Artikel vermutlich aus einer redaktionell aufgearbeiteten "Mischung" der verschiedenen Agenturmeldungen. "Sonstiges" sind Beiträge wie Essays oder längere Bildunterschriften.

Die Themen der Artikel in der WELT (80,6%), der FAZ (80,8%), der SZ (76,5%) und der taz (79,0%) konzentrieren sich auf den Bereich Politisches und Militärisches bzw. in einigen Artikeln sind Kombinationen dieser beiden Schwerpunkte zu finden. Die FR fällt mit vergleichsweise nur 65,5% für diesen Themenkomplex etwas aus dem Rahmen der anderen Tageszeitungen heraus; "andere Themen" stellen mit 12,3% einen relativ hohen Anteil dar. Auffällig ist für die FAZ das im Verhältnis deutliche Übergewicht militärischer Themen sowie für die taz die Überrepräsentation politisch thematisierter Artikel. Weit weniger Beachtung finden in allen Zeitungen wirtschaftliche oder ökologische Probleme sowie (zumindest für die WELT wider Erwarten) sogenannte "human touch" Berichte. Unter den analysierte FAZ-Artikeln sind gar keine rein wirtschaftlichen Artikel, was sich aber damit begründen läßt, daß die Stärke der FAZ in ihrer ausführlichen Wirtschaftsberichterstattung liegt, deren gesonderter Wirtschaftsteil in der vorliegenden Analyse nicht berücksichtigt wurde. Aber auch in den anderen Tageszeitungen sind wirtschaftliche Themen überwiegend nur in Verbindung mit politischen oder militärischen Problemen nachzulesen. Ökologische Themen werden insbesondere von den konservativen Tageszeitungen WELT, FAZ und auch der SZ kaum beachtet. Gut 4% der Artikel in FR und taz beschäftigen sich im untersuchten Zeitraum mit der ökologischen Problematik der Golfkrise.

Die wichtigsten Zahlen im Überblick:[1]

Tabelle 2: Themenverteilung in den untersuchten Artikeln

	WELT	FAZ	SZ	FR	taz
Thema					
politisch	42,6	36,2	43,1	35,7	50,7
militärisch	11,6	16,9	9,2	11,7	11,6
polit.-militär.	26,4	27,7	24,2	26,3	16,7
wirtschaftlich	3,9	-	0,7	2,3	4,3
polit.-wirtsch.	3,9	2,3	2,6	1,2	2,2
ökologisch (1)	-	-	1,3	1,2	2,9
ökologisch (2)	1,6	2,3	2,7	4,2	4,3
human touch (1)	0,8	-	-	0,6	0,7
human touch (2)	5,5	-	-	1,2	0,7
Anderes	4,5	14,6	16,2	15,6	5,9
Summe	*100,8	100,0	100,0	100,0	100,0

* Rundungsfehler

1 Alle Angaben sind Prozentwerte. "Ökologisch (1)" und "human touch (1)" meint den Anteil der Artikel mit rein ökologischen bzw. human touch Themen; "ökologisch (2)" und "human touch (2)" meint alle Artikel, in denen diese Themen auch in Kombination mit anderen Themenbereichen auftreten. "Anderes" beziffert alle Artikel mit anderen Themen und Artikel mit nicht weiter differenzierten Themenkombinationen.

Der Untersuchungszeitraum wurde in vier Einheiten eingeteilt:

Zeit1: 03.08. - 09.08.1990
Beginn des Golfkonfliktes mit dem Einmarsch irakischer Truppen in Kuwait und weltweite Reaktionen darauf sowie erste Sanktionsbeschlüsse der UNO. (WELT: 26 Artikel, FAZ: 18 Artikel, SZ: 33 Artikel, FR: 27 Artikel, taz: 26 Artikel).

Zeit2: 28.11. - 30.11.1990 und 06.01. - 14.01.1991
Verabschiedung der Resolution, die dem Irak ein Ultimatum zum Abzug seiner Truppen aus Kuwait setzte und danach den Einsatz militärischer Gewalt legitimierte; darauf folgten eine Reihe diplomatischer Verhandlungsversuche. (WELT: 38 Artikel, FAZ: 41 Artikel, SZ: 43 Artikel, FR: 40 Artikel, taz: 44 Artikel).

Zeit3: 18.01. - 22.01.1991
Beginn der Kriegshandlungen. (WELT: 29 Artikel, FAZ: 30 Artikel, SZ: 34 Artikel, FR: 52 Artikel, taz: 27 Artikel).

Zeit4: 22.02. - 28.02.1991
Eröffnung der Bodenoffensive und Kapitulation des Irak. (WELT: 37 Artikel, FAZ: 41 Artikel, SZ: 43 Artikel, FR: 52 Artikel, taz: 41 Artikel).

Diese Aufteilung sollte es ermöglichen, eventuelle Entwicklungstendenzen in der Berichterstattung zu entdecken und v.a. Veränderungen von der Phase der Golfkrise zum Golfkrieg feststellen zu können.

8.2 Überprüfung der Hypothese No. 1: Personalisierung und Personifizierung

In Hypothese No. 1 ging es darum herauszufinden, ob die fünf ausgewählten Tageszeitungen ihre Berichterstattung auf wenige Handlungsträger konzentrieren und durch die so entstehende Personalisierung und Personifizierung der Ereignisse Feind- und Freundbilder konstruieren.

8.2.1 Einzelanalyse der Tageszeitungen

Die WELT
Aus der Häufigkeitsverteilung der Handlungsträger insgesamt gewinnt man den Eindruck, daß während des Untersuchungszeitraumes Saddam Hussein die Hauptfigur des politischen und militärischen Geschehens und der Mittelpunkt der journalistischen Aufmerksamkeit in der WELT ist: Mit Nennungen in rd. 58% aller Artikel steht er mit weitem Abstand an der Spitze der Handlungsträgerliste. Über die vier Untersuchungszeiträume hinweg steigert sich die Aufmerksamkeit für den irakischen Staatspräsidenten von 52% auf knapp 65%. Saddam Husseins "Gegenspieler" sind zum einen die alliierten Truppen mit rd. 40%, wobei diese den Umständen entsprechend erst in der dritten und vierten Untersuchungsphase (also nach Beginn der Kampfhandlungen) eine größere Rolle spielen. Komplementär zu den alliierten Truppen erscheint George Bush in insgesamt 32,6% aller Artikel als zweiter Hauptgegner Saddam Husseins. Insbesondere im ersten untersuchten Zeitraum ist er mit 44% Nennungen prominentester Counterpart Saddam Husseins. Anteilig nehmen jedoch die Nennungen für George Bush im Gegensatz zu Saddam Hussein über die vier Untersuchungszeiträume ab; in der letzten Kriegswoche erscheint der amerikanische Präsident nur noch in knapp einem Viertel der Artikel. Da demgegenüber der UNO-Sicherheitsrat und die Alliierten mit 14% bzw. 18,6% Nennungen geringere Aufmerksamkeit erfahren, kann behauptet werden, daß sich die WELT zu Beginn der Golfkrise auf die Gegenspieler Saddam Hussein und George Bush konzentriert und eine polarisierende Gegenüberstellung der beiden Staatsoberhäupter versucht und daß diese Polarisierung mit Beginn des Golfkrieges Mitte Januar 1991 von der Person George Bushs auf die alliierten Truppen wechselt. Die irakischen Truppen werden zwar im letzten untersuchten Zeitraum Ende Februar 1991 am häufigsten genannt (in knapp der Hälfte der während dieses Zeitraums untersuchten Artikel), liegen da aber dennoch weit hinter Saddam Hussein zurück und erfahren mit insgesamt 24% v.a. im Vergleich zu den alliierten Truppen erstaunlich wenig Aufmerksamkeit in der WELT.

Auffällig hoch sind in diesem Zusammenhang die Nennungen für den Irak in der ersten Untersuchungsphase vom August 1990: Mit Nennungen in 40% aller WELT-Artikel bleibt der Irak in diesem Zeitraum nicht wesentlich hinter Saddam Hussein (52%) zurück. Dies könnte ein Hinweis darauf sein, daß sich die Journalisten der WELT zu Beginn des Golfkonfliktes einer eindeutigen Personifizierung und Personalisierung des Geschehens auf die Einzelperson Saddam Husseins nicht sicher sind und sich erst im Verlauf der Ereignisse auf Saddam Hussein konzentrieren. Diese Behauptung findet außerdem Unterstützung in den insgesamt geringen Nennungen für den irakischen Revolutionsrat (2,3%) und andere irakische Politiker (0,8%) im Vergleich zu den Nennungen für die US-Administration (14,7%) und andere amerikanische Politiker (2,3%).

Für den Untersuchungszeitraum der vorliegenden Analyse der WELT kann also gelten, daß spätestens ab Ende November 1990 eine nahezu vollständige Konzentrierung auf Saddam Hussein stattfindet, die alle anderen Handlungsträger der irakischen (oder pro-irakischen) Seite in den Hintergrund treten läßt, während auf der Seite der Alliierten sich die Berichterstattung auf mehrere Handlungsträger (George Bush, US-Administration, alliierte Truppen, Alliierte, UNO-Sicherheitsrat) verteilt. Die Chance, von der Seite der Alliierten ein differenzierteres Bild zu schaffen als von der irakischen Position in diesem Konflikt, ist demnach ungleich höher.

Wie zu erwarten war, treten James Baker und sein Amtskollege (und damit direkter politisch-diplomatischer Gegenpart) Tarik Aziz beinahe ausschließlich in der Zeit zwischen dem 28.11. - 30.11.1990 und 06.01. - 14.01.1991 in der Berichterstattung auf.

Im Unterschied zur irakischen Zivilbevölkerung (in 7,8% der Artikel) erreicht die Zivilbevölkerung der Alliierten (14,7%; hptsl. die amerikanische Bevölkerung) einen relativ hohen Aufmerksamkeitsgrad. Selbst das Bombardement der alliierten Truppen auf den Irak, von dem insbesondere die irakische Bevölkerung betroffen war, ist für die WELT nicht Anlaß genug, sie häufiger zum Gegenstand der Berichterstattung zu machen. Diese Haltung läßt sich auch daran ablesen, daß die irakische Zivilbevölkerung meist erst an dritter oder vierter Stelle in einem Artikel genannt wird. Ganz anders die Zuwendung zur alliierten Zivilbevölkerung, die weniger als Demonstranten gegen den Krieg (in diese Phase fallen elf der insgesamt 23 Nennungen) in Erscheinung tritt, sondern vielmehr als Angehörige der alliierten Soldaten und empörte Protestbewegung gegen den Einmarsch irakischer Truppen in Kuwait (allein sieben Nennungen fallen in den ersten Untersuchungszeitraum).

Die Daten im Überblick:

Tabelle 3: Handlungsträgernennungen in den untersuchten Artikeln der WELT

	ges.	%	Zeit1	Zeit2	Zeit3	Zeit4
Handlungsträger						
Irak	31	5,7	40,0	18,4	6,9	32,4
Hussein	75	13,9	52,0	57,9	55,2	64,9
Aziz	14	2,6	-	26,3	-	10,8
Truppen	31	5,7	20,0	7,9	17,2	48,6
Bevölk.	10	1,8	8,0	5,3	10,3	8,1
Alliierte	24	4,4	12,0	2,6	13,8	43,2
UNO	18	3,3	20,0	15,8	3,4	16,2
US-Reg.	19	3,5	20,0	15,8	20,7	5,4
Bush	42	7,8	44,0	34,2	31,0	24,3
Baker	18	3,3	4,0	42,1	-	2,7
Truppen	52	9,6	28,0	21,1	51,7	56,8
Bevölk.	23	4,2	28,0	13,2	27,8	8,1

ges. = absolute Häufigkeit für den gesamten Untersuchungszeitraum
% = Anteil an den Handlungsträgernennungen insgesamt
Zeit1, Zeit2, Zeit3, Zeit4 = siehe oben; die Werte sind Prozentangaben, die sich auf die Anzahl der pro Untersuchungszeitraum analysierten Artikel beziehen

Die Frankfurter Allgemeine Zeitung

Besonders auffällig ist in der FAZ die niedrige Anzahl der Handlungsträger insgesamt: Knapp 50% der untersuchten Artikel nennen nur drei oder weniger Handlungsträger. In der WELT z.B. sind dies lediglich knapp 30% aller Artikel. Die geringe Anzahl der Handlungsträger bringt eine noch stärkere Konzentration und Zuspitzung der Berichterstattung auf einige wenige Personen mit sich als in der WELT. Gleichzeitig stellt sich aber die Frage, ob die FAZ damit versucht, die Ereignisse soweit wie möglich zu entpersonalisieren und auf einer abstraktere Ebene zu heben. Für diese Annahme spricht auch die Tatsache, daß die FAZ sich so gut wie gar nicht mit der irakischen (als vom Kriegsgeschehen unmittelbar Betroffene), der alliierten (als Militärangehörige Betroffene) oder der anderen arabischen Zivilbevölkerung befaßt.

Zwar tritt Saddam Hussein "nur" in knapp 48% aller Artikel (WELT: 58%) auf; aber neben ihm spielen in der Berichterstattung der FAZ für die irakische Konfliktseite lediglich noch die irakischen Truppen (in 26,2% der Artikel) eine Rolle; alle anderen irakischen Handlungsträger, insbesondere der Revolutionsrat (3,1%), die Zivilbevölkerung (3,1%) und andere Politiker (0,8%), werden vernachlässigt. Auch der Irak als Staat oder abstraktes politisches Gebilde wird von den Journalisten der FAZ im Vergleich zu den anderen Tageszeitungen nur wenig berücksichtigt (12,3%).

Gleiches gilt für die Nennung von Handlungsträgern der alliierten Seite. Die FAZ konzentriert sich beinahe ausschließlich auf George Bush (in 30% aller Artikel) und die alliierten Truppen (40,8%), während die anderen Tageszeitungen ihre Berichterstattung daneben noch auf die Zivilbevölkerung der Alliierten, die UNO oder die US-Regierung erstrecken. Insbesondere die UNO (10,8%) ist in der FAZ im Zeitungsvergleich deutlich unterrepräsentiert. Weit größere Beachtung schenkt die FAZ dagegen anderen amerikanischen Politikern (10,8%); nur die FR erreicht hier ähnliche Werte (9,4%).

Die Konzentration in der FAZ auf je zwei Handlungsträger auf beiden Konfliktseiten, nämlich die Staatsoberhäupter und ihre militärischen Einheiten, trägt zur Polarisierung der in der Berichterstattung wiedergegebenen Ereignisse sehr stark bei. Die Verteilung der Werte auf die vier Untersuchungszeiträume läßt allerdings für Saddam Hussein und George Bush keine eindeutige Interpretation zu. Für Saddam Hussein sind die Nennungen besonders hoch zu Beginn der Golfkrise (in 66,7% der Artikel im August 1990) sowie in der letzten Phase des Krieges (58,5%). George Bush dagegen tritt in der Berichterstattung der FAZ im zweiten Zeitraum im November 1990 und Januar 1991 deutlich in den Vordergrund (41,5%). Die FAZ beschäftigt sich also zu zeitlich unterschiedlichen Schwerpunkten mit diesen Handlungsträgern der Golfkrise. Gleichwohl sind George Bush und Saddam Hussein während der beiden untersuchten Zeiträume vor Beginn des Krieges die jeweils meist genannten Handlungsträger. Im ersten Untersuchungsabschnitt scheinen sie einander direkt gegenüber zu stehen. Im zweiten Zeitabschnitt treten zahlenmäßig beinahe gleichwertig James Baker und Tarik Aziz dazu, die zu allen anderen Zeiten nur eine zu vernachlässigende Rolle spielen. Während Saddam Hussein auf irakischer Seite danach weiterhin die prominenteste Person bleibt, werden die alliierten Truppen im dritten und vierten Untersuchungszeitraum zum wichtigsten Handlungsträger auf seiten der Alliierten, und George Bush tritt in den Hintergrund.

Es liegt in der Natur der (Kriegs-)Ereignisse, daß die Truppen der Alliierten und die des Irak in den letzten beiden Untersuchungsphasen verstärkt in der Berichterstattung auftreten. Daß die alliierten Truppen in der ersten Kriegswoche Mitte/Ende Januar 1991 in der FAZ mehr als doppelt so oft genannt werden wie in den ersten beiden Untersuchungszeiträumen zusammen, liegt zum einen hptsl. an der Vielzahl überschwenglicher militärischer Erfolgsmeldungen, die via dem alliierten Oberkommando in Riad/Saudi-Arabien und den Reportern der Nachrichtenagenturen auch bei der FAZ-Redaktion eintrafen und meistens lediglich die Bombardierung kuwaitischer und irakischer Städte zum Inhalt hatten. Zum anderen erschwerte der Irak ausländischen Journalisten zunehmend ihre Arbeit und wies am zweiten Kriegstag auch die letzten Reporter des amerikanischen Fernsehsenders CNN aus Bagdad aus, so daß intensivere Berichterstattung über die Truppen des Irak kaum möglich war. Erst in der letzten Kriegswoche ziehen die alliierten und irakischen Truppen dann relativ gleich. Der vergleichsweise hohe Anteil an Nennungen für die beiden militärischen Einheiten korrespondiert im übrigen auch mit dem hohen Prozentsatz militärischer Themen in der Berichterstattung der FAZ.

Zusammenfassend läßt sich für die untersuchten Zeitungsartikel feststellen, daß die FAZ in der Zuspitzung ihrer politischen Berichterstattung auf die prominentesten Einzelpersonen der Golfkrise, v.a. was George Bush anbelangt, hinter den Extremwerten der WELT zurückbleibt. Dafür legen die Journalisten der FAZ ungewöhnlich starken Wert auf den militärischen Komplex der Ereignisse, was folgende Tabelle noch einmal verdeutlicht:

Tabelle 4: Handlungsträgernennungen in den untersuchten Artikeln der FAZ

	ges.	%	Zeit1	Zeit2	Zeit3	Zeit4
Handlungsträger						
Irak	16	3,4	33,3	9,8	10,0	7,3
Hussein	62	13,1	66,7	31,7	43,3	58,5
Aziz	16	3,4	-	26,8	-	12,2
Truppen	34	7,2	27,8	7,3	26,7	43,9
Bevölk.	4	0,8	-	-	6,7	4,9
Alliierte	13	2,7	-	4,9	13,3	17,1
UNO	14	2,9	22,2	12,2	3,3	9,8
US-Reg.	16	3,4	16,7	7,3	13,3	14,6
Bush	39	8,2	38,9	41,5	16,7	24,4
Baker	14	2,9	11,1	29,3	-	-
Truppen	53	11,2	16,7	22,0	63,3	53,7
Bevölk.	9	1,9	11,1	7,3	10,0	2,4

ges. = absolute Häufigkeit für den gesamten Untersuchungszeitraum
% = Anteil an den Handlungsträgernennungen insgesamt
Zeit1, Zeit2, Zeit3, Zeit4 = siehe oben; die Werte sind Prozentangaben, die sich auf die Anzahl der proUntersuchungszeitraum analysierten Artikel beziehen

Die Süddeutsche Zeitung

Ähnlich wie die WELT konzentriert die SZ ihre Berichterstattung auf die Person Saddam Husseins: Durchschnittlich mehr als die Hälfte aller in der SZ analysierten Artikel beschäftigt sich in irgendeiner Form mit dem irakischen Staatspräsidenten. Auf alliierter Seite stehen ihm deutlich schwächer die alliierten Truppen (39,5%) und US-Präsident George Bush (32,7%) gegenüber. Die Aufmerksamkeit für George Bush ist allerdings über alle Untersuchungszeiträume hinweg konstanter (geringe Schwankungen um ca. ein Drittel der Artikel) als für Saddam Hussein, der im August 1990 in knapp zwei Drittel der Artikel erwähnt wird und sich später auf rd. die Hälfte "einpendelt". Im zweiten Untersuchungszeitraum wird Saddam Husseins führende Position von Tarik Aziz (18,6%) als Außenminister und Verhandlungspartner von US-Außenminister James Baker (30,2%) ergänzt. Eine ähnlich ergänzende Rolle übernehmen in den zwei analysierten Kriegswochen die irakischen Truppen mit gut 20% bzw. knapp 35%.

Die ungleiche Berichterstattung der SZ über Ereignisse, die die irakischen und alliierten Truppen betreffen (die alliierten Truppen werden in doppelt so vielen Artikeln genannt wie die irakischen Truppen), spiegelt die trotz zeitweilig totaler Nachrichtensperre der Alliierten ungleiche Nachrichtenlage aus den Hauptquartieren der kämpfenden Parteien wider. Dieselben Umstände dürften auch für den geringen Umfang der Berichterstattung über die irakische Zivilbevölkerung (in 7,8% der SZ-Artikel) Verantwortung tragen. Deutlich höher liegen die Werte für die Bevölkerung in den Ländern der Alliierten (18,3%); insbesondere in der Vorkriegsphase und der ersten Kriegswoche geht die SZ auf die alliierte Zivilbevölkerung ein (in je gut einem Viertel der analysierten Artikel).

Der Irak als staatliches Gebilde wird in der Berichterstattung der SZ im Vergleich insbesondere zu taz, FR und sogar WELT, wo er immerhin in je rd. einem Viertel der Artikel erwähnt wird, weniger beachtet (17,6%). Der Schwerpunkt liegt dabei im ersten Untersuchungszeitraum, obwohl dort in den untersuchten Artikeln der SZ auch schon eine starke Fixierung auf Saddam Hussein stattgefunden hat. Die SZ scheint also Saddam Hussein erst später als <u>die</u> entscheidende Person auf irakischer Seite herauszugreifen.

Resümierend kann für die SZ in den untersuchten Zeiträumen festgestellt werden, daß Saddam Hussein als Einzelperson die Berichterstattung dominiert. Als Kontrahenten stehen ihm, betrachtet man allein die Häufigkeitsverteilung der Handlungsträgernennungen, auf seiten der Alliierten die multinationalen Truppen und der amerikanische Präsident George Bush gegenüber.

Die Werte der SZ im Überblick:

Tabelle 5: Handlungsträgernennungen in den untersuchten Artikeln der SZ

	ges.	%	Zeit1	Zeit2	Zeit3	Zeit4
Handlungsträger						
Irak	27	4,2	27,3	14,0	11,8	18,6
Hussein	83	13,0	63,6	51,2	52,9	51,2
Aziz	12	1,9	-	18,6	1,0	9,3
Truppen	32	5,0	21,2	7,0	20,6	34,9
Bevölk.	12	1,9	12,1	2,3	5,9	11,6
Alliierte	14	2,2	-	-	5,9	27,9
UNO	24	3,8	36,4	16,3	5,9	7,0
US-Reg.	19	3,0	21,2	14,0	5,9	9,3
Bush	50	7,9	30,3	32,6	29,4	37,2
Baker	16	2,5	6,1	30,2	-	2,3
Truppen	60	9,4	24,2	23,3	64,7	46,5
Bevölk.	28	4,4	15,2	25,6	26,5	7,0

ges. = absolute Häufigkeit für den gesamten Untersuchungszeitraum
% = Anteil an den Handlungsträgernennungen insgesamt
Zeit1, Zeit2, Zeit3, Zeit4 = siehe oben; die Werte sind Prozentangaben, die sich auf die Anzahl der pro Untersuchungszeitraum analysierten Artikel beziehen

Die Frankfurter Rundschau
Die FR wendet sich in ihrer Berichterstattung über die alliierte Seite ganz deutlich den alliierten Truppen zu: In gut 46% der untersuchten FR-Artikel werden die Truppen als Handlungsträger genannt; gut drei Viertel dieser Artikel stammen aus dem dritten und vierten Untersuchungszeitraum, also aus Ausgaben während der Kriegshandlungen. Die Truppen des Irak finden dagegen nur zum Ende des Krieges eine vergleichbare Aufmerksamkeit. Saddam Hussein wird in den untersuchten Artikeln der FR währenddessen eine relativ hohe und konstante Aufmerksamkeit geschenkt: Mit insgesamt rd. 41% liegt er auf irakischer Seite an der Spitze der Handlungsträgernennungen. Erstaunlich hoch sind, insbesondere im dritten Untersuchungszeitraum vor Ablauf des UNO-Ultimatums, auch die Nennungen für den Irak als solchen (27,5% aller FR-Artikel); ähnliche Werte lassen sich nur noch in der taz feststellen (26,8%). Im Vergleich der fünf Tageszeitungen ebenfalls deutlich mehr in die Berichterstattung eingebunden (ganz besonders während der Kriegsereignisse) ist bei der FR die irakische Zivilbevölkerung: Immerhin 13,5% der Artikel befassen sich mit der Bevölkerung des Irak; bei der FAZ sind es dagegen z.B. lediglich vier von 130 Artikeln. Die Journalisten der FR zeigen zudem wesentlich mehr Interesse an der Zivilbevölkerung der Alliierten (19,3% der Artikel) als taz (10,9%) und FAZ (6,9%); SZ (18,3%) und WELT (17,8%) haben ähnliche Werte wie die FR. Auf alliierter Seite weiterhin herauszuheben sind erwartungsgemäß George Bush, der allerdings mit rd. 25% deutlich hinter seiner politischen Gegenfigur Saddam Hussein und hinter dem Durchschnitt aller untersuchten Tageszeitungen zurückbleibt, sowie die US-Administration (16,4%). Weiterhin fallen bei der FR die vergleichsweise hohen Werte für führende sowjetische Politiker (18,1%) und für andere Handlungsträger (38,6%; z.B. NATO, EG-Außenministerrat, Palästinenser, Friedensinitiativen, Kirchen, Umweltexperten u.a.m.) auf.

Obwohl die Berichterstattung der FR sich im untersuchten Zeitraum also pointiert auf Saddam Hussein und die alliierten Truppen richtet, läßt sich jedoch ansatzweise das Bemühen um eine breiter gefächerte Berücksichtigung von Handlungsträgern erkennen, die bei den anderen Tageszeitungen z.T. mehr in den Hintergrund rücken.

Die Werte der FR noch einmal im Gesamtblick:

Tabelle 6: Handlungsträgernennungen in den untersuchten Artikeln der FR

	ges.	%	Zeit1	Zeit2	Zeit3	Zeit4
Handlungsträger						
Irak	47	6,8	37,0	25,0	34,6	17,3
Hussein	70	10,1	51,9	37,5	38,5	40,4
Aziz	16	2,3	-	30,0	1,9	5,8
Truppen	40	7,4	22,2	12,5	11,5	44,2
Bevölk.	23	5,8	7,4	7,5	17,3	17,3
Alliierte	22	3,2	7,4	5,0	13,5	21,2
UNO	24	3,5	33,3	12,5	3,8	15,4
US-Reg.	28	4,0	33,3	12,5	3,8	23,1
Bush	44	6,3	29,6	25,0	21,2	28,8
Baker	11	1,6	3,7	20,0	3,8	-
Truppen	79	11,4	22,2	27,5	65,4	53,8
Bevölk.	33	4,8	22,2	30,0	21,2	7,7

ges. = absolute Häufigkeit für den gesamten Untersuchungszeitraum
% = Anteil an den Handlungsträgernennungen insgesamt
Zeit1, Zeit2, Zeit3, Zeit4 = siehe oben; die Werte sind Prozentangaben, die sich auf die Anzahl der pro Untersuchungszeitraum analysierten Artikel beziehen

Die tageszeitung
 In der taz ist eine eindeutig zentrale Figur der Berichterstattung über die Häufigkeitsauszählung nicht auszumachen. Die Aufmerksamkeit verteilt sich in der taz relativ gleichmäßig auf den Irak (26,8% der Artikel), Saddam Hussein (31,9%), George Bush (29%), die alliierten Truppen (31,9%) und die US-Administration (26,9%). Für alle vier Handlungsträger gilt, daß sie ihren Aufmerksamkeitshöhepunkt erst in der letzten Untersuchungsphase erreichen; dies gilt insbesondere für Saddam Hussein, dessen Nennungen fast zur Hälfte in den Zeitraum 22.02. - 28.02.1991 fallen. Während die alliierten Truppen in knapp 60% bzw. 39% der Artikel hptsl. in den beiden letzten Untersuchungszeiträumen (Kriegsphase) erscheinen, ist die Aufmerksamkeit für die irakischen Truppen im ersten Untersuchungszeitraum anteilig an der Anzahl untersuchter Artikel am höchsten (42,3%). Die Erklärung dafür ist die Tatsache, daß zu Be-

ginn des Golfkonfliktes im August 1990 relativ viel über den Einmarsch irakischer Einheiten in Kuwait und das Vorgehen irakischer Soldaten dort berichtet wird.

Ebenfalls ungleich höher als bei den anderen Tageszeitungen, insbesondere im Vergleich zu FR, FAZ und WELT, ist die Aufmerksamkeit für die UNO (17,4%) und ihren Generalsekretär Perez de Cuellar (9,4%). Dies dürfte als Anzeichen gewertet werden, daß die taz es vermeiden will, ihre Berichterstattung über anti-irakische Positionen nicht allein auf die amerikanische Perspektive einzuengen.

Tarik Aziz und James Baker erscheinen erwartungsgemäß in 34,1% bzw. 38,6% der untersuchten Artikel nahezu ausschließlich während der Zeit zwischen dem 28.11. - 30.11.1990 und 06.01. - 14.01.1991, als es insbesondere zum Jahreswechsel noch einmal um Verhandlungen zwischen dem Irak und den Vereinigten Staaten als Führung der Alliierten und um die Verhinderung militärischer Gewalt geht.

Vergleichbar mit SZ und WELT ist die Aufmerksamkeit für die irakische Zivilbevölkerung in der taz mit insgesamt 13 Nennungen (9,4%), die ausschließlich in die Kriegsphase fallen, erstaunlich gering. Gerade in der taz wäre eine intensivere Beschäftigung mit der irakischen Zivilbevölkerung, die unter der militärischen Auseinandersetzung besonders zu leiden hatte, trotz erschwerter Direkt-Berichterstattung zu erwarten gewesen. Immerhin beschäftigen sich knapp 30% aller in der ersten Kriegswoche untersuchten Artikel mit der Bevölkerung des Irak - ein Wert, der von den anderen Tageszeitungen nicht annähernd erreicht wird.

Die Daten der taz auf einen Blick:

Tabelle 7:   Handlungsträgernennungen in den untersuchten
             Artikeln der taz

	ges.	%	Zeit1	Zeit2	Zeit3	Zeit4
Handlungsträger						
Irak	37	7,1	42,3	18,2	25,9	26,8
Hussein	44	8,4	34,6	18,2	25,9	48,8
Aziz	21	4,0	-	34,1	-	14,6
Truppen	27	5,2	42,3	2,3	18,5	24,4
Bevölk.	13	2,5	-	-	29,6	12,2
Alliierte	11	2,1	-	-	18,5	14,6
UNO	24	4,6	15,4	22,7	11,1	17,1
US-Reg.	37	7,1	42,3	22,7	7,4	34,1
Bush	40	9,6	42,3	25,0	22,2	29,3
Baker	18	3,4	-	38,6	-	2,4
Truppen	44	8,4	23,1	13,6	59,3	39,0
Bevölk.	15	2,9	26,3	6,3	11,1	4,9

ges. = absolute Häufigkeit für den gesamten Untersuchungszeitraum
%   = Anteil an den Handlungsträgernennungen insgesamt
Zeit1, Zeit2, Zeit3, Zeit4 = siehe oben; die Werte sind Prozentangaben, die sich auf die Anzahl der pro Untersuchungszeitraum analysierten Artikel beziehen

8.2.2   Zusammenfassende Gesamtanalyse

Zusammenfassend kann man also sagen, daß sich die Berichterstattung, je weiter links die jeweilige Tageszeitung auf dem politischen Spektrum eingeordnet werden kann, immer weiter von Saddam Hussein als der zentralsten Figur löst. D.h. von taz über FR, SZ und FAZ bis hin zur WELT wird die Polarisierung der an den Ereignissen am Golf 1990/91 beteiligten Personen immer intensiver.

FR und taz räumen den anderen irakischen Handlungsträgern mehr Platz ein als SZ, FAZ und WELT. Dies äußert sich bei der taz v.a. in der relativ stärkeren Beachtung anderer irakischer Politiker und in der FR in der ausführlicheren Berichterstattung über die irakische Zivilbevölkerung.

FR und taz sind bemüht, ein differenzierteres Bild der Ereignisse und der an ihnen beteiligten Parteien zu schaffen. Dies läßt sich auch daran ablesen, daß die Kategorie "Andere Handlungsträger" stärker belegt ist als in den von der politischen Mitte bis nach rechts orientierten Tageszeitungen. In dieser Kategorie werden z.b. für die taz EG-Diplomaten bzw. der EG-Außenministerrat, die arabische Liga und China oder Japan genannt. Sowohl Kongreß bzw. Senat der Vereinigten Staaten sowie die US-Administration wurden in der taz häufiger codiert, was darauf schließen läßt, daß die taz bemüht ist, die Vereinigten Staaten nicht als eine einheitliche und in politischen bzw. militärischen Angelegenheiten konform gehende Konfliktpartei darzustellen.

Die SZ scheint um einen ähnlichen Effekt bestrebt zu sein, da sie führenden sowjetischen Politikern (in 18,3% der Artikel) und den Regierenden der anti-irakischen Allianz im Nahen Osten (20,3%) deutlich mehr Raum gibt als z.B. FAZ (13,8% bzw. 11.5%) und WELT (14% bzw. 15,5%).

Zur besseren Übersicht noch einmal die wichtigsten Werte:[2]

Tabelle 8: Handlungsträgernennungen in allen untersuchten Tageszeitungen

	WELT	FAZ	SZ	FR	taz
Handlungsträger					
Irak	24,0	12,3	17,6	27,5	26,8
Hussein	58,1	47,7	54,2	40,9	31,9
Aziz	10,9	12,3	7,8	9,4	15,2
Truppen	24,0	26,2	20,9	23,4	19,6
Bevölkerung	7,8	3,1	7,8	13,5	9,4
Alliierte	18,6	10,0	9,2	12,9	8,0
UNO	14,0	10,8	15,7	14,0	17,4
US-Regierung	14,7	12,3	12,4	16,4	26,9
Bush	32,6	30,0	32,7	25,7	29,0
Baker	14,0	10,8	10,5	6,4	13,0
Truppen	40,3	40,8	39,2	46,2	31,9
Andere	24,3	20,8	25,5	38,6	41,3

---

2   Die Werte geben den prozentualen Anteil der Artikel an, in denen die Handlungsträger jeweils genannt werden.

Die Versuche zu einer schleichenden Identifizierung von Publikums- und Politikerinteressen durch die Verwendung von "wir/die Welt" und/oder "die anderen" fallen bei der taz, FR und FAZ kaum ins Gewicht; in nur durchschnittlich 5% aller in diesen drei Tageszeitungen untersuchten Artikeln sind diese Wendungen zu finden. In diesen drei Zeitungen schlägt sich nieder, daß keine deutschen Soldaten an den Kriegshandlungen am Golf beteiligt waren, was den Gebrauch von "wir" evtl. rechtfertigen würde. Dagegen wird die Formulierung "wir" und v.a. "die Welt" in immerhin 17,8% der gesichteten Artikel der WELT und in 19% der Artikel der SZ verwendet. Die vergleichsweise häufige Verwendung von "wir/die Welt" zeigt, daß die Journalisten der WELT und der SZ im untersuchten Zeitraum bemüht sind, bei ihren Lesern ein gewisses Zusammengehörigkeitsgefühl, also eine Integration nach innen bzw. mit der Seite der Alliierten zu erzeugen. Die Werte für "die anderen" sind aber insgesamt zu schwach, als daß man von dem Versuch sprechen könnte, mit Hilfe dieser Formulierungen die beiden Konfliktseiten zu polarisieren.

Überraschend sind diese Werte v.a. für die SZ; in dieser zur politisch liberalen Mitte zählenden Zeitung läßt sich eine Parteinahme in dieser (sprachlich subtileren) Form eigentlich nicht erwarten. Ebenfalls erstaunlich ist der geringe Wert in dieser Kategorie für die FAZ.

8.3 Überprüfung der Hypothese No. 2: Feindesdarstellung

Im Sinne der Hypothese No. 2 soll festgestellt werden, ob die untersuchten Zeitungen auf ein schmales Band immer wiederkehrender Eigenschaftszuschreibungen und Bewertungen zurückgreifen und damit die Produktion von nationalen Stereotypen und Feindbildern fördern.

8.3.1 Bewertungsbereiche

In der Bandbreite der zu bewertenden Bereiche weichen die fünf untersuchten Tageszeitungen bezüglich beider Konfliktgegner nicht wesentlich voneinander ab.[3] Die Schwerpunkte aller Zeitungen liegen auf den Bereichen "Politisches System/politisches Verhalten", "Militär" und

---

[3] Zugrunde liegen hier die Werte der Variablen V21A bis V21E und V22A bis V22E, in denen errechnet wurde, in wie vielen Artikeln je Zeitung insgesamt ein Bewertungsbereich überhaupt (nicht nur ausschließlich) genannt wurde.

"Nationaler/persönlicher Charakter". Die Verteilung der Bewertungen ist in den Tageszeitungen jedoch deutlich verschieden; die geringsten Unterschiede bestehen dabei, und zwar sowohl für die Alliierten wie für den Irak, erstaunlicherweise zwischen WELT und taz. Insbesondere in der SZ sind die Bewertungsbereiche anders gewichtet: Der nationale, irakische Charakter bzw. der persönliche Charakter Saddam Husseins ist für die SZ offenbar wesentlich wichtiger als das politische System des Irak und das politische Verhalten seiner Führung. Dies veranschaulicht die folgende Tabelle:[4]

Tabelle 9: Gewicht der Bewertungsbereiche in allen untersuchten Tageszeitungen

	WELT	FAZ	SZ	FR	taz
Bewertungsbereiche USA, Alliierte:					
A	50,8	51,0	50,0	47,9	49,5
B	7,6	2,0	-	4,2	6,1
C	25,5	37,2	21,7	31,5	23,5
D	1,7	-	3,3	-	3,5
E	14,4	9,7	25,0	16,0	17,4
Summe	100,0	*99,9	100,0	*99,6	100,0
Bewertungsbereiche Irak:					
A	45,3	45,0	29,4	40,5	41,4
B	2,1	-	1,1	1,8	2,9
C	28,0	21,3	23,2	22,5	31,7
D	4,4	-	2,1	2,8	6,8
E	20,1	33,8	44,2	32,5	17,2
Summe	*99,9	*100,1	100,0	*100,1	100,0

* Rundungsfehler

A = Politisches System/politisches Verhalten
B = Wirtschaft/Technologie/Wissenschaft
C = Militär
D = Kultur/Ideologie/Wertesystem
E = Nationaler/persönlicher Charakter

---

4   Die folgenden Prozentwerte beziehen sich auf die Anzahl aller Artikel, die überhaupt Bewertungen zu den einzelnen Variablenausprägungen enthielten, also auch Artikel mit Mehrfachnennungen. Die Artikel ohne jede Bewertung wurden aus dieser Berechnung ausgeklammert.

Sehr auffällig ist, daß in den untersuchten Artikel von FAZ, SZ und FR zwei- oder dreifach so viele Charakter-Bewertungen für den Irak bzw. Saddam Hussein zu finden waren wie für die Alliierten oder einer führenden Person auf deren Seite. In der WELT und der taz an den beiden Extremen der politischen Palette sind die Werte für diesen Bewertungsitem für den Irak und die Alliierten dagegen nahezu gleich.

Zudem bleibt anzumerken, daß in den untersuchten Artikeln der WELT (13,2%), der FAZ (10,8%) und der FR (9,4%) für die irakische Konfliktseite relativ oft die Bewertungskombination "Politisches System/politisches Verhalten" und "Nationaler/persönlicher Charakter" zu finden ist. Vermutlich wollen die Journalisten dieser Tageszeitungen beide Bereiche inhaltlich und assoziativ eng miteinander verknüpfen. Da sich die Charakter-Bewertungen hptsl. auf Saddam Hussein beziehen, liegt der Schluß nahe, daß auf diesem Wege eine Identifikation oder sogar Gleichsetzung des politischen Systems des Iraks mit dieser einen politischen Figur erzielt werden soll.

Überraschend ist darüber hinaus, daß FAZ, SZ und FR im Vergleich zu WELT und taz kaum Bemühen zeigen, auch andere Bereiche (insbesondere den kulturellen und ideologischen Bereich) in die Bewertungen mit einzubeziehen. Die relativ niedren Werte dort dürften ganz besonders in der FAZ direkte Folge davon sein, daß diese Zeitungen sich (zu) sehr auf politische, militärische und charakterliche Aspekte konzentrieren. Insgesamt bleiben die Werte für Wirtschaft und Kultur aber auch in der WELT und der taz hinter dem Wünschenswerten zurück. Bei keiner der fünf Zeitungen kann von einer großen Bewertungsbreite gesprochen werden. Damit ist in allen Tageszeitungen (wenn auch in der WELT und der taz etwas geringfügiger) die Tendenz angelegt, das Vorstellungsbild über die beiden gegnerischen Parteien in diesem Golfkrieg auf wenige Eigenschafts- und Symbolbereiche zu beschränken. Und gerade die Konzentration von FAZ, SZ und FR auf die Charaktereigenschaften Saddam Husseins macht es deren Berichterstattung und Kommentierung möglich, die Betrachtungsperspektive über das Geschehen am Golf derartig einzuengen, daß mit steter Wiederholung gleicher oder ähnlicher Urteile andere Bewertungsblickwinkel vollständig ausgeblendet werden. Dies führt zur Stereotypisierung der irakischen Seite, woraus sich letztendlich das Feindbild "Saddam Hussein" bzw. "Irak" entwickelt.

8.3.2 Feindbild-Typologien: Einzelanalyse der Tageszeitungen

Die bislang rein statistisch gestützten Überlegungen und Folgerungen sollen an dieser Stelle mit konkreten Textbeispielen aus den analysierten Artikeln aller Tageszeitungen illustriert werden.

Die WELT

Betrachtet man die Ausdrücke und Bezeichnungen, die in der WELT für Saddam Hussein verwendet werden, dann kristallisieren sich schnell drei Merkmale heraus, die dort das Vorstellungsbild von Saddam Hussein (dieser ist augenfällig häufiger Mittelpunkt der Bewertungen als andere irakische Handlungsträger oder der Irak insgesamt) bestimmen. Auf der politischen Ebene wird Saddam Hussein wiederholt als "Diktator"[5] (03.08., 25.02.), "Despot" (04.08.) oder "Alleinherrscher" (04.08.) bezeichnet; (neutralere) Ausdrücke wie "Machthaber" (23.02.) oder "Staatschef" (04.08.) werden zwar auch verwendet, kommen aber vergleichsweise selten vor. Seinen persönlichen Charakter umschreibt die WELT im untersuchten Zeitraum wiederholt mit "der Vernunft unzugänglich" oder "uneinsichtig" (18.01.) und damit auch "unberechenbar" (04.08., 22.01.). In das gleiche Wortfeld gehören Beschreibungen wie "paranoid" (06.08.) und "rasend gewordener Irrläufer" (07.01.). Hinzu kommen Eigenschaftszuschreibungen wie "emotionslos" (21.01.) und "skrupellos" (04.08.). Saddam Husseins politisches Verhalten gegenüber der internationalen Staatengemeinschaft kennzeichnet die WELT im wesentlichen mit den Bezeichnungen "Terrorist", "Geiselgangster" und "Kriegsverbrecher" (27.02.). Insgesamt entsteht damit in den untersuchten Artikeln der WELT das Bild eines politischen Despoten und irrationalen, menschenverachtenden Aggressors, der eine "Gefahr für die ganze Welt" darstellt (03.08., 08.08., 07.01.).

Der Feindbild-Typologie KEENs (1987) folgend,[6] lassen sich in der WELT für den Irak und Saddam Hussein die Typen "der Feind als Angreifer", "der Feind als Barbar" und "der Feind als Verbrecher" finden.[7]

---

5   Auffällig ist hier, daß von Saddam Hussein zwar als Diktator, vom Irak aber nie als Diktatur bzw. als diktatorisch regiertes Land gesprochen wird.
6   Vgl. dazu Kapitel 2.7 dieser Arbeit.
7   Der Typus "der Feind als Feind Gottes" spielt in den untersuchten Artikeln der WELT (erstaunlicherweise) trotz des religiösen Potentials durch die Zugehörigkeit des Irak zum Islam kaum eine Rolle. Es ist lediglich von einem "unberechenbaren Hexenkessel" (09.08.) und den "diabolischen Energien" Saddam Husseins (07.01.) die Rede. Das gleiche gilt im übrigen auch für die taz: Saddam Hussein wird als "böser Hexer" bezeichnet, der "in Bagdad (...) ein[en] teuflische[n] Brei vorbereitet, den man in Tel Aviv wird auslöffeln müssen" (10.01.). Und die FAZ spricht von einer "teuflischen Rechnung" des irakischen Staatspräsidenten (19.01.). - Obwohl Saddam Hussein in seinen Reden wiederholt auf den religiösen Aspekt des Konflikts zurückgriff, muß vermutet werden, daß in der Betrachtungsweise

Der Feind als Angreifer

Saddam Hussein ist nach den Worten der WELT ein "eroberungssüchtiger Abenteurer" (06.08.), der eine "militante Expansionspolitik" (06.08.) betreibt und "Kampf als Lebenselexier" (21.01.) betrachtet. Er sei der "größte Unheilstifter der Region" (26.02.), der "wahre Brandstifter in Bagdad" und "gefährlichster Ruhestörer" (09.08.). "Der Irak ist der Natur seines politischen Regimes nach ein Friedensstörer im Nahen Osten." (03.08.). Die Reporter und Kommentatoren der WELT vertreten in den analysierten Artikeln immer wieder die Ansicht, daß der Irak unter der Führung Saddam Husseins mit seinem aggressiven politischen und militärischen Verhalten der einzig Verantwortliche und Verursacher der Krise am Golf sei; er sei der Aktive, der "brutale Aggressor" (22.02.), "der im Grunde die ganze Welt bedroht" (08.08.), und "Urheber dieser Tragödie, in dessen Händen allein die Entscheidung über Krieg und Frieden liegt" (14.01.). Wiederholt wird betont, daß nicht die Alliierten sondern die irakische Führung die Wahl zwischen Krieg und Frieden habe. Damit überläßt die WELT bis zum Beginn der militärischen Auseinandersetzung den Alliierten den ausschließlich reaktiven Part, der gezwungen werde, so und nicht anders zu handeln.

Der Feind als Barbar

Mit dem Bild des Barbaren verbindet sich die Vorstellung von einem menschenverachtenden, unzivilisierten und ungebildeten wilden Wüstling bar jeder Vernunft und ohne Normen oder Werte. Diese Vorstellungen beschwört die WELT im untersuchten Zeitraum. Saddam Hussein sei ein "schnauzbärtiger, dunkelhaariger Despot" (04.08.), ein "Bastard" (21.01.), "Mißtrauen, ein für Bauern oft so typischer Charakterzug, prägt [seine] Persönlichkeit" (04.08.) und "seinem Wertesystem fehlt es an grundlegenden Normen" (21.01.). Er sei "ein Mann frei von jeglichen Skrupeln und beherrscht von einem Macht- und notfalls Vernichtungswillen, der keine moralischen Grenzen und keine menschliche Rücksichtnahme kennt" (25.02). Das irakische Regime sei seiner Natur nach "zivilisationsfeindlich" (08.08.), die irakischen Truppen seien eine "verlauste Verbrecherbande" (11.01.) und "[m]ehr als 300 frühgeborene Babies kamen qualvoll ums Leben, als Soldaten die Brutkästen aus Krankenhäusern stahlen" (09.01.). In der WELT wird außerdem wiederholt betont, daß die Alliierten an Saddam Husseins Vernunft appelliert hätten, dieser aber jeglichen Vernunftargumenten unzugänglich sei: "Die UN-Resolution ist das letzte Mittel, Denkprozesse der Vernunft bei ihm in Bewegung zu setzen." (28.11.); "Ungeachtet aller internationalen Appelle, doch noch Vernunft anzunehmen, will Saddam Hussein seinen Weg offenbar fortsetzen." (18.01.); "Saddam Hussein brauchte 6 Monate, bis er den Sachverhalt begriff." (23.02.).

---

einiger westlicher Gesellschaften den unterschiedlichen Religionen der Konfliktparteien nur eine geringe Bedeutung beigemessen wurde.

Der Feind als Verbrecher
Die irakische Führung als Verbrecher darzustellen, heißt in der WELT, sie des "fortgesetzten Völkerrechtsbruchs" (08.08.) anzuklagen. Nicht nur, daß "Ausländer nach dem Vorbild der orientalischen Terroristen als politische Geiseln genommen" werden (08.08.); die WELT konstatiert außerdem "Verstöße gegen das Genfer Abkommen über Kriegsgefangene", denn "Kriegsgefangene werden einer systematischen psychologischen Folter, kombiniert mit anhaltendem physischen Druck, unterworfen" (22.01.). Die WELT folgert daraus, daß Saddam Hussein ein "erprobter Kriegsverbrecher und Massenmörder" sei und "wegen Verbrechen gegen die Menschlichkeit (...) vor Gericht gestellt werden" müßte (27.02.).

Da in den letzten Jahren das Etikett "Terrorist" an Beliebtheit gewonnen hat, greift die WELT in ihrer Berichterstattung während des Golfkonfliktes auch darauf zurück: "[I]n Bagdad hausen Terroristenorganisationen" (28.02.), der "Irak unterstützt Terroristen" (14.01.) und richte "aus Rache für einen verlorenen Krieg" (19.01.) "Terrordrohungen" (08.08) gegen die internationale Staatengemeinschaft.

KEEN (1987) weist darauf hin, "[w]enn heute Nationen in den Krieg ziehen, unterscheidet ihre Propaganda gewöhnlich zwischen den Regierungen und Führern der gegnerischen Nationen sowie dem Volk dieser Staaten. (...) Das gemeine Volk ist ein unschuldiges Opfer, das den Krieg nicht will, aber seine Regierung ist korrupt, illegitim und gewalttätig." (S. 48/49). Diese Art der Darstellung des Irak praktiziert die WELT in den untersuchten Artikeln. Es ist die Rede von dem "gequälten irakischen Volk" (25.02.), das in einer "Republik der Angst" unter der Aufsicht einer "brutalen Polizeiorganisation mit primitiven Foltermethoden" lebe (28.02.). "[M]it drakonischen Strafen erzwingt Saddam Hussein die Disziplin des 16-Millionen-Volkes." (04.08.). Und "außer Saddam Hussein und seinen Parteigängern wollte niemand den Krieg" (23.02.), so die Auskunft der WELT.

Interessant ist in diesem Zusammenhang auch der wiederholte Rückgriff der WELT auf Vorstellungen von "dem" Orient. Generalisierte Urteile über den Orient sollen auch für den Irak Geltung besitzen. So ist mehrmals die Rede von einer "ungewöhnlich instabilen Region" (06.08.), der "Zerbrechlichkeit der politischen Strukturen" (08.08.) und der "Orient ist geplagt von politischer Gewalt" (06.08.). Nationale Stereotype dienen hier dazu, dem Bild vom Feind einen "Rahmen" zu geben.

Die Frankfurter Allgemeine Zeitung

Saddam Hussein macht in der Berichterstattung der FAZ eine eigentümliche Metamorphose durch: Ist er zu Beginn der Golfkrise noch ein "unberechenbarer Psychopath", der "dringend ärztlicher Behandlung bedarf" (03.08.) und gar ein "zweiter Hitler" (06.08.), so ist er kurz vor Ablauf des UNO-Ultimatums auf einmal "kein Verrückter [mehr], sondern weiß, was er macht" (14.01.), um dann schließlich wieder zu einem "Psychopathen der Macht" (23.02.) zu degenerieren. Diese Wortwahl kann entweder als Zeichen dafür gewertet werden, daß die Redakteure der FAZ sich zwischenzeitlich nicht sicher waren, wie sie Saddam Hussein nun tatsächlich einschätzen sollten. Andrerseits kann dies auch der Versuch sein, den irakischen Staatschef noch bedrohlicher erscheinen zu lassen.

Außerdem hebt die FAZ auf das Aggressionspotential Saddam Husseins und die Manier seiner Staatsführung ab. Er sei herrschaftshungrig, der verantwortliche Angreifer in diesem Golfkonflikt und ein Verbrecher gegen Völker- und Menschenrechte.

Der herrschaftshungrige Feind

Die Herrschaftssucht Saddam Husseins glaubt die FAZ sowohl in dessen außenpolitischem Verhalten wie in der Behandlung der irakischen Bevölkerung zu erkennen. Im außenpolitischen Bereich überschneidet sich die Wortwahl z.T. mit der Typologie des Feindes als Angreifer. Die FAZ beschreibt Saddam Hussein in den untersuchten Artikeln mit Ausdrücken wie "Usurpator" (03.08.) oder "Machiavellist in Bagdad" (07.08.); er betreibe "Expansions- und Okkupationspolitik" (06.08., 09.08., 11.01.) und habe "mit seiner unersättlichen Machtgier die [Golf-]Region in Brand gesetzt" (25.02.). Insgesamt "verstricke er sich jedoch in folgenschwere Fehlrechnungen" (14.01.), da er "die weltpolitische Entwicklung der letzten Jahre nur teilweise wahrgenommen" habe (18.01.). Auffallend oft beziehen sich die FAZ-Redakteure auf die Engstirnigkeit, den "Starrsinn" (09.01.) Saddam Husseins, sein "erhebliches Beharrungsvermögen" (21.01.) und die "fehlende Kompromißbereitschaft" (22.02.).

Saddam Husseins innenpolitische Machtausübung gleiche einer "organisierten Terrorherrschaft" (25.02.), sein Regime sei "abscheulich" (07.08.), und "seit 20 Jahren türmen sich Berge von Leichen unter Saddams Herrschaft" (23.02.).

Der Feind als Angreifer

Laut FAZ ertönt "aus Bagdad lautes Kriegsgeschrei" (07.01.). Saddam Hussein habe sich "mit der internationalen Weltgemeinschaft angelegt" (18.01.), nicht nur diesen sondern "auch den ersten Golfkrieg vom Zaun gebrochen" (22.02.). Pointiert gesprochen sei Saddam Hussein also ein "Kriegstreiber"

(08.08.), eine "Gefahr für die ganze Welt" (11.01.), d.h. der "Aggressor" (25.02.) und "Angreifer" (03.08., 09.01., 18.01., 21.01.) schlechthin.

Der Feind als Verbrecher
Dieser Feindtypus spielt in der Sprache der FAZ eine geringere Rolle als in der WELT. Zumindest sei Saddam Hussein "blutbefleckt" (03.08.), ein "Rechtsbrecher" (25.02.) und habe die "Menschenrechte in monströser Weise verletzt" (18.01.).

Im Verlauf der Golfkrise zeigt sich in der Wortwahl der FAZ[8] über diese drei Feind-Typologien hinaus eine ganz eigene sprachliche Manipulation. Zu Beginn der Berichterstattung wird das Wort "Irak" oder die adjektivische Form "irakisch" sehr häufig in extrem negativen Kontext oder Wortumfeld verwendet: "irakischer Tyrann" (03.08.), "irakischer Größenwahnsinn" (10.01.), "irakische Versicherungen besitzen keine Glaubwürdigkeit mehr" (03.08.) u.a.m. Damit geraten die Worte "Irak" bzw. "irakisch", die ursprünglich nur die Nationalität oder geopolitische Zugehörigkeit einer Sache oder Person anzeigen sollen, in eine Sphäre extrem negativer Assoziationen. Hat sich die Verwendung von "Irak", "irakisch" in diesem abwertenden Kontext erst einmal etabliert, dann genügt schließlich allein der Ausdruck "der Iraker",[9] um die gleichen negativen Assoziationen wachzurufen, wie sie "Tyrann" oder "größenwahnsinnig" bewirken.

Die Süddeutsche Zeitung
Die SZ ist in ihrer Wortwahl für Saddam Hussein nicht unbedingt zimperlich. Ein Blick auf die Bezeichnungen und Ausdrücke zeigt, daß die SZ-Journalisten die Gelegenheit nutzen (wollten?), um ihre sprachliche Gewandtheit und ihren verbalen Erfindungsreichtum zu demonstrieren. Saddam Hussein sei ein "Atombomben-Aspirant" (06.01.), "Giftgas-Verwalter" (06.01.), "Neuzeit-Saladin" (09.01.) und "skrupelloser Nihilist" (18.01.), der sich offenbar "entschieden hat, in einer Aureole aus Blut und Terror in seinem Bunker unterzugehen" (22.02.). Die sprachlichen Kapriolen der SZ gipfeln in Benennungen wie "Schlächter von Bagdad" (06.08., 23.02.) oder "Berserker von Bagdad" (09.08.), "Hitler Arabiens" (04.08.) und "Wurzel allen mittelöstlichen Übels" (25.02.). Diese und ähnliche Wortspiele muten beinahe schon zu drastisch an, als daß man dahinter tatsächlich eine derart verachtende Haltung gegenüber dem irakischen Präsidenten vermuten dürfte.[10]

---

8   Ähnlich schreibt auch die SZ.
9   In der FAZ z.B. so verwendet am 18.01., 27.02., 28.02.
10 LUNGMUS (1991) kommentiert solche Diktion lapidar: "Sprachakrobatik macht den Schreiber groß und die Sache klein." (S. 16) - womit sie in diesem Fall nicht ganz unrecht hat.

Der Feind als Angreifer

Wie schon die WELT und FAZ konzentriert auch die SZ ihre sprachlichen Bemühungen darauf, Saddam Hussein bzw. den Irak als den Verursacher des Golfkonflikts und des Krieges darzustellen. Saddam Hussein sei ein "gefährlicher Nachbar" (19.01.), gar ein "Staatenräuber" (18.01.) und "regionaler Störenfried" (06.08.), der als der "derzeit gefürchteste Mann im Nahen Osten" (09.08.) eine "Gefahr für die Völkergemeinschaft" darstelle (19.01.). Am Tag nach Eröffnung der kriegerischen Auseinandersetzungen durch die alliierten Truppen stellt die SZ fest, daß Saddam Hussein der "eigentliche Friedensbrecher" (18.01.) sei; und später im Verlauf des Krieges ist es wieder Saddam Hussein, der "den Landkrieg geboren [hat], den George Bush eigentlich hatte vermeiden wollen" (25.02.). Für die Journalisten der SZ scheint von Anfang an klar zu sein, wer in diesem Spiel der "Bösewicht" (04.08.) ist.

Auch die Gründe für Saddam Husseins Verhalten liegen, laut SZ, auf der Hand: Da ist zum einen die "Frustration gegenüber der überlegenen westlichen Zivilisation" (27.02.), zum anderen seine "eselshafte Hartnäckigkeit" (11.01) sowie seine "Selbstüberschätzung" (18.01.) und "Menschenverachtung" (27.02.).

Der Feind als Barbar

Die Redaktion der SZ entwirft von Saddam Hussein das Bild eines irrationalen, besessenen und deshalb gefährlichen Mannes. Er sei "für Vernunftgründe möglicherweise gar nicht erreichbar" (10.01.) und habe "den Sinn für alle Realitäten verloren" (18.01.). Er sei "martialisch" (18.01.), "verschlagen" (07.01.), "unberechenbar" (03.08.) und "blutrünstig" (09.08.), ein "Monster" (03.08.) eben. Als Barbaren bedrohen Saddam Hussein und seine Truppen Menschenrechte und die Zivilisation überhaupt: Die "entsetzlichen Verletzungen der Menschenrechte zeigen die Verachtung, die die [irakische] Besatzungsmacht [in Kuwait] allen zivilisierten Verhaltensgrundsätzen entgegen bringt" (30.11.). Dies sei laut SZ nichts anderes als der "Rückfall in die Barbarei" (10.01.).

Ähnlich wie die WELT gehen auch die Journalisten der SZ wiederholt auf das Verhältnis zwischen Volk und Führer im Irak ein. Prinzipiell könne man den Irak als einen "Überwachungsstaat" (23.02.) oder ein "totalitäres System" (18.01.) betrachten. Das Volk sei "unmündig" (18.01.); Saddam Hussein sei ein "rabiater Führer" (07.08.), ein "Gewaltherrscher" (23.02.), "Tyrann" (09.08.) und "grausiger Popanz" (09.08.), der "Blut für Öl vergießt" (19.01.).

Die Frankfurter Rundschau

Die Redaktion der FR hat offenbar ihr Hauptaugenmerk auf gerade diesen letzten Punkt, nämlich auf die innerirakischen Verhältnisse geworfen. Saddam Hussein sei der "selbsternannte Kalif von Bagdad" (08.08.), ein "Präsident mit diktatorischer Macht" (08.08.), ein "arabischer Hitler" (07.08.) und gar der

"Zwillingsbruder von Nicolae Ceausescu" (09.08.). "Saddam hat nie davor zurückgeschreckt, die eigene Bevölkerung auf bestialische Weise umzubringen." (12.01.). Und die "Brutalität des Regimes in Bagdad ist ausreichend bewiesen" (10.01.). Die Machtausübung des "Henkers von Bagdad" (04.08.) sei "mittelalterlich" (08.08.). Folglich müsse der Irak ein "Reich der Gewalt, der Unterdrückung, der Zensur und der Gedankenunfreiheit" sein (21.01.).

Der Feind als Verbrecher
Aber nicht nur innenpolitisch sind Saddam Hussein und sein Regime nach dem Dafürhalten der FR Verbrecher. Saddam Hussein sei vielmehr auch ein "international geächteter Gesetzesbrecher" (07.08.) und "Verbrecher auf Staatsniveau" (22.01.), der den "Abscheu der Welt erregt" (28.02.), weil er "den Tod von Millionen Menschen zu verantworten" hat (23.02.). Laut FR "hat es Saddam Hussein geschafft, dem libyschen Staatschef Ghaddafi den Rang als 'Weltbösewicht Nr. 1' abzulaufen" (21.01.).

Ohne Saddam Hussein direkt als einen Barbaren abzustempeln, wird Saddam Husseins (angebliche) Unberechenbarkeit in der Wortwahl der FR mit verschiedenen sprachlichen Varianten wiederholt umschrieben. Er sei ein "wildgewordener Bulle" (14.01.), der "wilde Vernichtungsdrohungen ausstößt" (25.02.). Von "rationaler Planung [sei] bei Saddam, der weltweite Terroranschläge und ein 'Schwimmen in Blut' angekündigt hat, (...) kaum auszugehen" (12.01.). Seine "radikalen Vernichtungsfantasien entarten zu politischen Programmen" (28.11.). Irakische Politik sei gekennzeichnet von "Fehlkalkulationen und Fehleinschätzungen der Lage" (28.02.). Überhaupt ist Saddam Hussein im Verständnis der FR "Opfer seiner Selbstüberschätzung" (19.01.).

Die tageszeitung
Eine Gruppierung der Bewertungen ist in den untersuchten Artikeln der taz nicht so leicht möglich wie in denen der WELT und der FAZ. Zwar klingen auch Vorstellungen von einem Angreifer und Barbaren an, sie sind jedoch nicht so ausgeprägt. Natürlich ist auch in der taz die Rede von "mesopotamischen Invasoren" (03.08.), "territorialen Begehrlichkeiten des irakischen Staatschefs" (09.08.), dem "Überfall eines Nachbarstaates" (27.02.), und Saddam Hussein wird als "militärischer Hasardeur" und "siegestrunkener General" (04.08.) bezeichnet; die Golfkrise sei ein "vom Irak angezettelter Konflikt um das Golföl" (09.08.). Und: "Der irakische Hai, der im trüben Gewässer des Golfes den kuwaitischen Goldfisch geschluckt hat, wird wohl wegen der empörten Gemüter im Abendland das Opfer nicht wieder ausspucken." (07.08.). Aber das extrem aggressive, angriffslustige Potential, das die anderen Zeitungen der irakischen Führung unterstellen, kommt in der taz nicht zum Ausdruck.

Ähnlich verhält es sich mit den Vorstellungen vom Feind als Barbaren. Hier bezeichnet die taz Saddam Hussein zwar auch als den "Schlächter von Bagdad" (09.08.), der "skrupellos Massenmorde an Kurden befehligt" (05.01.), konzentriert sich aber auf die "Halsstarrigkeit" und die "Sturheit" (26.02.) der irakischen Führung. Zugleich stellt die taz ausdrücklich fest, daß Saddam Hussein "nicht der 'Verrückte von Bagdad', sondern ein geschickter Taktiker" sei (23.02.); "Saddam Hussein ist nicht der Selbstmörder, für den ihn einige gerne halten möchten", sondern habe einen "ausgesprochenen Sinn für Rationalität und Realpolitik" (23.02.).

In der politischen Einordnung Saddam Husseins fällt im Untersuchungszeitraum für die taz die wiederholte Verknüpfung mit geographischen Bezeichnungen auf: "Despot am Golf" (03.08.), "Diktator des Zweistromlandes" (06.08.), "mesopotamischer Despot" (09.08.) u.a. Darüber hinaus sei Saddam Hussein ein "verbal-radikaler Potentat" und "machtbesessener Diktator" (03.08.), der einen "gigantischen Personenkult" betreibe (03.08.) und seinen "Willen zum politischen Überleben im Inneren mit Gewalt durchgesetzt" habe (27.02.). Die "politische Opposition wurde liquidiert" (03.08.), und die irakische "Gesellschaft basiert auf institutionalisierter Gewalt, Angst und Terror" (27.02.). Damit macht auch die taz Gebrauch von der Vorstellung einer brutalen, repressiven Regierung und des unterdrückten, tyrannisierten Volkes.

An dieses Bild anknüpfend, erheben die Journalisten der taz wiederholt den Vorwurf des Faschismus gegen die irakische Führung, die sie als "faschistoides Militärregime am Tigris" (03.08.) und Saddam Hussein als "faschistischen Tyrann, den zu stürzen dringend geboten ist" (05.01.) etikettieren. "Im Irak entwickelte sich ein mit islamischen Floskeln versehener Nationalismus der grausamsten Prägung." (05.01). Da Saddam Hussein außerdem "Hitler und Stalin in nichts nachsteht" (05.01.), gelangt die taz zu dem Schluß: "Beim Konflikt am Golf geht es nicht nur um die Sicherheit von Ölquellen und um die Verteidigung der pro-westlichen Golfstaaten; welthistorisch gesehen handelt es sich zugleich um den Kampf gegen den arabischen Faschismus und seine Führer." (05.01.).

8.3.3 Zusammenfassende Gesamtanalyse

Diese inhaltliche Durchsicht der Bewertungen von taz, FR, SZ, FAZ und WELT für Saddam Hussein und den Irak zeigt, daß alle fünf Tageszeitungen ein relativ festes Vorstellungsbild von der irakischen Konfliktseite entwickeln und dieses während des Untersuchungszeitraums aufrecht erhalten, indem nachfolgende Ereignisse in ihrer Bewertung in dieses Bild eingeordnet werden. Inwieweit die Bandbreite der dieses Bild konstituierenden Elemente eingeschränkt ist, läßt sich für die untersuchten Tageszeitungen nur schwer beurteilen. Die Ergebnisse der Variablen V15A und V15B zeigen zwar, daß wesentliche Aspekte, die nach Meinung der Verfasserin zur vollständigen Beschreibung eines Handlungsträgers (egal ob Einzelperson oder Nation) notwendig sind, in den untersuchten Zeitungen z.T. nur unzureichend berücksichtigt werden. Die Ergebnisse aus den offenen Variablen V13 und V14 lassen sich dagegen nicht so eindeutig interpretieren. Alle fünf untersuchten Tageszeitungen greifen mehr oder weniger intensiv auf die Feind-Typologien "Angreifer", "Barbar" und "Verbrecher" zurück. Ebenso thematisieren sie in irgendeiner Form die Beziehung zwischen Volk und Regierung im Irak. Die Unterschiede, die zwischen den fünf Zeitungen bestehen, lassen sich dahingehend verallgemeinern, daß WELT und FAZ ihre Darstellung der irakischen Konfliktseite am deutlichsten auf eine verkürzte Sichtweise reduzieren. Die SZ-Redaktion verhält sich ähnlich, auch wenn gerade die Intention ihres spezifischen Sprachstils nicht eindeutig interpretierbar ist. FR und v.a. taz versuchen zumindest, ihre Darstellung des Irak etwas umfangreicher zu gestalten, indem sie (insbesondere die taz) jenseits von KEENs Typologien auf andere Bewertungsbereiche zurückgreifen.

Auch wenn sich eine <u>gesicherte</u> Verifizierung der Hypothese No. 2 für die fünf untersuchten Tageszeitungen schwierig gestaltet, sind jedoch in der Berichterstattung von WELT, FAZ und SZ starke Tendenzen für eine verengte Perspektive, unter der die irakische Konfliktseite gesehen wird, erkennbar. Dies v.a. deshalb, weil Bewertungen in diesen drei Zeitungen außerhalb der angesprochenen Feind-Typologien mehr als selten sind. Die Berichterstattung von FR und taz trägt ebenfalls <u>Anzeichen</u> von wiederkehrenden Eigenschaftszuschreibungen, die sich aber nur schwer gruppieren lassen.

Damit kann Hypothese No. 2 für die untersuchten Artikel in WELT, FAZ und SZ <u>eindeutig</u>, für diejenigen in FR und taz aber nur <u>eingeschränkt</u> als erwiesen betrachtet werden.

8.3.4 Darstellung der Alliierten: Einzelanalyse der Tageszeitungen

Der Vollständigkeit halber soll an dieser Stelle auch noch kurz auf die Darstellung und Bewertung der Alliierten in den fünf untersuchten Zeitungen eingegangen werden.

Die WELT

Die WELT ist bemüht, zum einen die Anstrengungen der Alliierten, insbesondere der USA, auf eine friedliche, diplomatische Lösung des Golfkonfliktes und zum anderen ihre unnachgiebige Entschlossenheit, den bedingungslosen Rückzug irakischer Truppen aus Kuwait zu erwirken, darzustellen. Die Rede ist von "fieberhaften diplomatischen Tätigkeiten, um Herr der Lage zu werden" (04.08.), und von der "zornigen Entschlossenheit" (07.08.) eines George Bush, der "Krisenformat" (14.01.) beweise und "geschworen hat, alles in seiner Macht stehende zu tun, damit die Sanktionen mit allen Konsequenzen verwirklicht werden" (08.08.) und außerdem "versucht, die Krise und das Schicksal dieser Welt in den Griff zu bekommen" (08.08.). Die WELT betont immer wieder die "geschlossene Front" (10.01.), die "totale, vollständige Übereinstimmung" (09.01.) und die "internationale Krisen-Solidarität [der Alliierten, d.Verf.], die historische Dimensionen" habe (07.08.).

Die Frankfurter Allgemeine Zeitung

Die FAZ lobt ebenso mehrfach die geschlossene Front der Alliierten und der UNO gegen den Irak (08.08., 10.01.). Auch das Verhalten Israels nach den irakischen Raketenangriffen ist für die FAZ-Journalisten anerkennenswert: "Daß Israel sich angesichts dieser traumatischen Erfahrungen mit Vergeltungsschlägen zurückhält, ist bewundernswert." (21.01.). Aber obwohl "Bush amerikanische Soldaten nicht leichtfertig ins Gefecht schickt" (10.01.), hat die FAZ dennoch die Entsendung amerikanischer Soldaten an den Persischen Golf zu kritisieren: Die USA haben sich "durch Truppenverdopplung und Rotationsverbot selber unter Zugzwang gesetzt" (29.11.); die "Verbündeten sind zu 'Geiseln' militärischen Bedingungen geworden, die sie selber geschaffen haben" (10.01.). Die FAZ sieht also das Verhalten der Alliierten nicht ausschließlich positiv, sondern äußert auch ihre Bedenken und ihre Kritik.

Die Süddeutsche Zeitung

In den untersuchten Artikeln der SZ sind die Stimmen über die Vereinigten Staaten und deren Verbündete überwiegend eher negativ. Zwar seien die Alliierten "mit ihrer gedanklichen Beweglichkeit und Wendigkeit (...) der Bunkermentalität der Iraker zu jeder Zeit weit voraus" (28.02.), aber George Bush, ein "profilierungssüchtiger Präsident" (12.01.), habe sich "eine seltsame Truppe vor seinen Karren gespannt" (30.11.); der Krieg sei ein "Marsch ins Desaster" (12.01.), und da "im eigenen Land (...) die Stimmung zusehends Kriegs-abgeneigter zu werden" scheint (28.11.), würden die USA ein "falsches Bild von den irakischen Truppen produzieren als Teil der psychologischen Kriegsführung" (18.01.). Die Nachrichtensperre der Alliierten bezeichnen die Journalisten der SZ als "intelligente kriegsdienliche Manipulation" (25.02.) und als "KGB-Methoden der Presseoffiziere aus dem Land, das alle Freiheiten erfunden zu haben glaubt" (22.02.).

Die Frankfurter Rundschau
   Auch die FR lobt lediglich den Zusammenhalt der Alliierten und die Zusammenarbeit zwischen den Supermächten. Darüber hinaus hat sie für das Verhalten insbesondere der Vereinigten Staaten nur Kritik übrig. "Anmaßende Überlegenheitsgefühle bestimmen das Denken und Handeln." (22.02.). "Bush opferte Tausende von Menschenleben seinem politischen Prestige, um die nächsten Wahlen zu gewinnen." (26.02.). Er "unterscheidet sich [daher] nicht sehr von Saddam Hussein" (26.02.). Das "Kampfziel verschwimmt im Zwielicht von UN-Mandat und US-Vendetta gegen die Person Saddam Husseins und dessen Regime", so die FR (25.02.). US-Präsident George Bush habe "die Latte immer ein Stückchen höher gelegt, als sie der irakische Diktator willens und imstande war, zu überspringen" (25.02.). Aus diesem Grunde sei das "politisch-diplomatische Verhalten der USA gegenüber Irak (...) nicht geeignet, eine Lösung des Konflikts zu ermöglichen" (26.02.). Dies sind nur einige wenige Beispiele aus den Vorwürfen, die die FR den Alliierten und den USA macht; aber aus ihnen wird deutlich, für wie sehr moralisch bedenklich die FR das Verhalten der Allianz hält.

Die tageszeitung
   Die taz kritisiert, daß "Reaktionen sich auf Erklärungen des Protestes beschränken" (03.08.). Bush sei "in allen innenpolitischen Belangen ein völliger Versager" (09.08.), der "in Saudi-Arabien die Weichen für seine Wiederwahl stellen" wolle (09.08.). "Die Nation ist gespalten (...) und ins Denken des Kalten Krieges zurückgefallen." (12.01.); zudem würden "die Amerikaner den Krieg für das Football-Endspiel 'Superbowl' halten" (18.01.). Was die Journalisten der WELT für das Aufbrechen "alter verkrusteter diplomatischer Fronten"[11] halten, beschreibt die taz dagegen als Erpressung: "Bei der Lobbyarbeit für das Zustandekommen der Resolution war der US-Administration so ziemlich jedes diplomatische Mittel recht und kein politischer Preis zu hoch." (30.11.).

Diese wenigen Beispiele genügen, um zu zeigen, wie unterschiedlich die fünf Zeitungen in den untersuchten Artikeln die alliierte Seite im Golfkonflikt betrachten. Während in der WELT das (überdimensionierte) Bild eines friedliebenden, Schutz gewährenden Freundes entsteht und FAZ wie SZ verhaltene Kritik üben, halten die Journalisten der FR und der taz ihre z.T. scharfen Angriffe insbesondere gegen die politische Führung der USA kaum zurück.

---

11   Gemeint ist der Abbruch diplomatischer Kontakte mit der Volksrepublik China nach dem Massaker auf dem Platz des Himmlischen Friedens im Juni 1989. Dem chinesischen UNO-Botschafter wurde die Wiederaufnahme diplomatischer Beziehungen für den Fall angeboten, daß China im Sicherheitsrat der UNO bei der Resolutionsabstimmung im November 1990 zumindest kein Veto einlegen würde.

8.4 Überprüfung der Hypothese No. 3: Bewertungsprofile

Unter der Prämisse, daß Freund- und Feindbilder sich gegenseitig konstituieren, wurde untersucht, ob zwischen den Bewertungen für die Handlungsträgergruppen Alliierte und Irak in Häufigkeit und Intensität ein Zusammenhang besteht.

8.4.1 Einzelanalyse der Tageszeitungen

Die Welt
  In der WELT wurden für den Irak, Saddam Hussein et.al. insgesamt 563 Bewertungen und für die USA, Alliierten et.al. 379 Bewertungen gezählt. In nur 23,3% aller untersuchten Artikel der WELT finden sich keinerlei Bewertungen für den Irak; gleiches trifft für die USA und ihre Verbündeten in immerhin 32,6% der Artikel zu. Diese Verteilung ist ein Hinweis darauf, daß der Irak, Saddam Hussein et.al. häufiger Gegenstand der Betrachtung und Beurteilung sind als die USA, die Alliierten et.al., d.h. es scheint den Journalisten der WELT geboten, hptsl. das Verhalten und die Ereignisse um den Irak und die Person Saddam Husseins einer kritischen Beobachtung zu unterziehen. Die Position der Alliierten ist dagegen vom Beginn der Ereignisse am Golf eindeutiger, bekannter und bedarf in den Augen der WELT-Journalisten weniger einer definierenden Darstellung als die des Irak.

Bevor näher auf die einzelnen Bewertungsprofile eingegangen wird, folgt zunächst anhand einiger Beispiele die Skalierungsweise für Richtung und Intensität der Bewertungen.

-3   - "paranoider Gewalttäter" (WELT 06.08.)
     - "unter US-Führung hat das große Sterben begonnen" (FR 25.02.)
     - "Schlächter von Bagdad" (SZ 06.08.)
     - "Waffenexporteure sind Geschäftemacher mit dem Tod" (WELT 08.01.)
-2   - "Abkommen und Verträge haben für ihn [Saddam Hussein, d.Verf.] keine Bedeutung" (WELT 21.01.)
     - "militärischer Hasardeur" (taz 03.08.)
     - "militärische Drohpolitik" (FR 26.02.)
     - "von der Bush-Administration leichtfertig riskierter Krieg" (taz 10.01.)

-1	- "Absicht Saddams, einen komplizierten Wortteppich zu weben, zwischen dessen Motiven er die schlechte Nachricht des Tages verstecken konnte" (WELT 27.02.)
	- "Bushs arrogante Machtanmaßung" (taz 12.01.)
0	- "Iraks Präsident Saddam Hussein" (WELT 27.02.)
+1	- "geborenes Überlebenstalent" (WELT 21.01.)
	- "kein Anfänger in der Politik" (FAZ 23.02.)
	- "Hut ab vor Bush und den amerikanischen Streitkräften" (taz 18.01.)
+2	- "das Land ist innenpolitisch stabiler geworden unter Saddam Husseins Führung" (WELT 04.08.)
	- "Trotz dieser Ängste bleiben das Vertrauen und die Zuversicht der Nation unberührt." (WELT 25.02.)
+3	- "Die Amerikaner stellen in einer beispiellosen Aktion den Frieden wieder her." (WELT 18.01.)

Selbstverständlich kann eine solche Skalierung, das kam bereits zum Ausdruck, weder allgemein verbindlich noch im streng wissenschaftlichen Sinne objektiv sein. Die mit ihr gewonnenen Ergebnisse sind damit zwar nicht verallgemeinerbar, können jedoch, da sie für diese Untersuchung durchgängig einheitlich angewandt wurde, zumindest Tendenzen und unterschiedliche Richtungen der Berichterstattung aufzeigen.

Betrachtet man also die Verteilung der Bewertungen auf der Skala von -3 bis +3 und teilt diese jeweils durch die Gesamtzahl der Bewertungen, ergibt sich für die WELT folgendes Bild:

Tabelle 10: Bewertungsskala in den untersuchten Artikeln der WELT

	-3	-2	-1	0	+1	+2	+3
Irak	0,33	0,27	0,29	0,05	0,03	0,02	-
Alliierte	0,04	0,06	0,18	0,09	0,29	0,27	0,05

Geht man von der Annahme aus, daß die negativen Bewertungen für den Irak, Saddam Hussein et.al. den positiven Bewertungen für die USA, die Alliierten et.al. entsprechen, dann läßt sich zumindest für die Skalenposition -2/+2 und -1/+1 eine Übereinstimmung feststellen: 0,27 bei -2 für den Irak entsprechen dem Wert für die USA und den Alliierten bei +2, und der Wert 0,29 bei -1 für den Irak kovariiert mit 0,29 bei +1 für die USA und die Alliierten. Da aber für alle anderen komplementären Skalenwerte (insbesondere für die Extrema -3/+3) keine Übereinstimmung festzustellen ist, läßt sich nur bedingt eine direkte Interdependenz zwischen negativen bzw. positiven Werten für den Irak und den positiven bzw. negativen Werten für die USA und die Alliierten nachweisen.

Die Frankfurter Allgemeine Zeitung

In der FAZ wurden 154 bewertende Äußerungen über die USA und ihre Verbündeten sowie 386 Bewertungen für den Irak gezählt. Auf sieben Äußerungen über den Irak kommen also lediglich drei über die Alliierten. Die FAZ-Redaktion scheint irakisches Verhalten intensiver und kontinuierlicher beobachtet und beurteilt zu haben als das Auftreten der Alliierten unter Führung der USA. Dies beweist der Anteil an Artikeln, die überhaupt keine Bewertungen enthalten (Irak: 58,5%, Alliierte: 66,2%). Ein Blick auf die Zahlen für die Nennung der verschiedenen Handlungsträger kann diese verstärkte Zuwendung zum Irak und Saddam Hussein nicht erklären, da in den analysierten Artikeln der FAZ irakische Handlungsträger kaum öfter genannt werden als alliierte oder amerikanische. Da Bewertung i.d.R. Kritik in mehr oder weniger scharfer Form bedeutet, liegt die Vermutung nahe, daß die Redakteure der FAZ meinten, am Irak häufiger Kritik üben zu müssen als an der UNO, den USA oder den Alliierten. Ob deren Verhalten tatsächlich weniger Kritik bedurfte, sei zunächst dahingestellt.

Tabelle 11: Bewertungsskala in den untersuchten Artikeln der FAZ

	-3	-2	-1	0	+1	+2	+3
Irak	0,36	0,27	0,26	0,08	0,03	-	-
Alliierte	-	0,12	0,5	0,02	0,33	0,01	-

Interessant ist, daß die Journalisten der FAZ offensichtlich extreme (sowohl positive wie negative) Bewertungen für beide Handlungsträgergruppen beinahe ganz meiden. Gerade die im Vergleich zur WELT geringen bzw. fehlenden Zahlen für die USA und ihre Verbündeten bei den Skalenwerten +2 und +3 deuten an, daß die FAZ in ihrer Berichterstattung nicht unbedingt in "Lobhudelei" für die Alliierten ausgebrochen ist. Auch wenn kein Bezug zwischen den jeweiligen Skalenwerten besteht, sind die Werte für die irakische Seite insgesamt jedoch deutlich schlechter als die für die alliierte.

Die Süddeutsche Zeitung
Fast gleich mit der FAZ steht in der SZ die Anzahl der Bewertungen für den Irak und die Alliierten in einem Verhältnis drei zu sieben. Dabei sind allerdings die absoluten Zahlen wesentlich höher als in der FAZ und gerade für den Irak die höchsten in der ganzen Analyse überhaupt: 600 für den Irak, 249 für die USA und ihre Verbündeten. Dies wirkt sich natürlich auch auf die Anzahl an Artikeln aus, die keinerlei Bewertungen für die beiden Konfliktparteien enthalten: Für den Irak liegt der Anteil bei knapp 60%, für die Alliierten bei gut 72%. Diese intensive Zuwendung zum Irak überrascht v.a. in einer Zeitung der liberalen Mitte. Gerade in der SZ wäre eine "ausgewogenere" oder gleichmäßigere Beachtung beider Konfliktseiten zu erwarten gewesen. Offensichtlich will die SZ ihren Lesern eindeutige (Bewertungs-)"Hilfen" über ein Land an die Hand geben, das bislang weniger ausführlich und sporadischer als die USA und v.a. die westlichen Allianzländer (Groß Britannien, Frankreich u.a.) im Mittelpunkt der Auslandsberichterstattung stand.

Tabelle 12: Bewertungsskala in den untersuchten Artikeln der SZ

	-3	-2	-1	0	+1	+2	+3
Irak	0,3	0,3	0,29	0,08	0,05	-	-
Alliierte	-	0,1	0,5	0,04	0,34	-	-

Trotz der Häufigkeit ihrer Bewertungen sind die Redakteure der SZ noch zurückhaltender mit den Extremen der Bewertungen als die Journalisten der FAZ, was die vollkommen leeren Positionen bei +2 und +3 für beide gegnerischen Parteien zeigen. Aber auch hier ist die Kritik an den Alliierten deutlich gemäßigter als diejenigen am Verhalten des Irak und dessen Führung.

Die Frankfurter Rundschau
Mit der links-liberalen FR ändern sich Form und Ausmaß der Bewertungen, die sich bisher in den eher rechts-gerichteten Tageszeitungen abgezeichnet haben. Fast je eine Hälfte aller Bewertungen entfällt in der FR auf den Irak (462) und die Alliierten (403). Überdem ist der Anteil der Artikel, die keine Bewertung enthalten, für beide Gegner etwa gleich groß. Damit eröffnet sich zumindest die Chance einer "Gleichbehandlung" beider Parteien.

Tabelle 13: Bewertungsskala in den untersuchten Artikeln
der FR

	-3	-2	-1	0	+1	+2	+3
Irak	0,3	0,25	0,26	0,12	0,05	-	-
Alliierte	0,08	0,26	0,3	0,16	0,17	0,04	-

Daß diese "Gleichbehandlung" in der FR nur in Ansätzen stattgefunden hat, zeigt die Tabelle. Obwohl die Werte für den Irak und die Alliierten auf den Skalenpositionen -2 und -1 nahezu gleich sind und beide Parteien keinen Eintrag auf der Position +3 haben, ist in der Berichterstattung der FR der Anteil an extrem negativen Bewertungen für die irakische Konfliktseite ähnlich hoch wie bei den anderen Tageszeitungen. Allerdings besteht in der FR kein Zusammenhang zwischen der Anzahl negativer Bewertungen für den Irak und der Anzahl positiver Bewertungen für die Alliierten (bzw. umgekehrt).

Die tageszeitung

In der taz werden für den Irak, Saddam Hussein et.al. 319 Bewertungen und für die USA, Alliierten et.al. 293 Bewertungen gezählt. Im Gegensatz insbesondere zu FAZ und SZ sind damit die Bewertungen auf die gegnerischen Parteien relativ gleich verteilt, obwohl in 42% der Artikel der taz keine Bewertung für die irakische Seite, aber in nur 34,8% der Artikel keine Bewertungen für die alliierte Seite zu finden ist. Es ist daher wahrscheinlich, daß die Zuwendung der taz-Journalisten beiden Handlungsträgergruppen gleichermaßen gilt. Diese Vermutung bestätigt sich, wenn man die Verteilung der Bewertungen auf der Skala von -3 bis +3 untersucht:

Tabelle 14: Bewertungsskala in den untersuchten Artikeln
der taz

	-3	-2	-1	0	+1	+2	+3
Irak	0,23	0,32	0,32	0,05	0,08	0,003	-
Alliierte	0,003	0,24	0,45	0,07	0,19	0,06	-

Die Tabelle zeigt, daß in der taz keine Abhängigkeit der positiven und negativen Bewertungen zwischen den beiden Konfliktparteien besteht. Eine Bewertung der Handlungsträgergruppen scheint in der taz ohne Ansehen der jeweiligen Gegengruppe vorgenommen zu werden.

Auffällig ist in der taz in diesem Kontext auch die relativ hohe Anzahl negativer Bewertungen (bei -1 und -2) für die USA und die Alliierten, die sich so nur noch bei der FR finden läßt. Im Gegenteil fallen die Bewertungen der WELT, der FAZ und der SZ für die USA, Alliierten et.al. extrem positiv aus.

8.4.2 Zusammenfassende Gesamtanalyse

Insgesamt ergibt sich für alle fünf Tageszeitungen folgende Bewertungsindizes:[12]

Tabelle 15: Bewertungsindizes aller untersuchten Tageszeitungen

	WELT	FAZ	SZ	FR	taz
Irak	-1,76	-1,87	-1,69	-1,65	-1,57
USA, Alliierte	+0,60	-0,40	-0,41	-0,82	-0,61

Diese Werte zeigen, daß sich eine graduell positivere Bewertung der Alliierten unter der Führung der USA und eine entsprechend negativere Bewertung des Irak und Saddam Husseins nicht eindeutig an der politischen Linie der Zeitungen entlangzieht. Die rechts-konservative WELT bewertet die USA und ihre Verbündeten deutlich am positivsten, aber die konservative FAZ bewertet den Irak am negativsten von allen Zeitungen. Die links-alternative taz bewertet den Irak am positivsten, aber die links-liberale FR bewertet die Alliierten am negativsten. Die SZ ist zwar nicht meinungslos, hält sich aber trotz deutlich negativer Bewertung des Irak eher an Mittelwerte zwischen den Extremen der rechts-konservativen und liberal-alternativen Zeitungen.

Verallgemeinernd kann man behaupten, daß WELT und FAZ in ihrer Berichterstattung über den Golfkonflikt um ein vielfaches stärker als FR und taz bemüht sind, ein negatives Bild von der irakischen Seite und ein positives Bild von der Seite der Alliierten zu schaffen, d.h. die beiden Konfliktparteien zu polarisieren. WELT und FAZ tendieren in ihrer Berichterstattung über den

---

12 Dieser Index wurde wie folgt berechnet: Summe der gewichteten Bewertungen dividiert durch die Summe aller Bewertungen.

Golfkonflikt 1990/91 demzufolge dazu, vom Irak ein Feindbild und von den Alliierten ein Freundbild zu konstruieren.

Bezüglich der Hypothese No. 3 läßt sich für die untersuchten Artikel feststellen, daß in der WELT zwischen negativen Bewertungen für den Irak und positiven Bewertungen für die alliierte Seite ein gewisser komplementärer Zusammenhang besteht. Ein solcher Zusammenhang findet sich in Artikeln der anderen vier Tageszeitungen nicht mit gleicher Deutlichkeit.

8.5 Überprüfung der Hypothese No. 4:
Zitate

In Hypothese No. 4 wird davon ausgegangen, daß ein Unterschied zwischen den Äußerungen besteht, mit denen die Journalisten von WELT, FAZ, SZ, FR und taz Ereignisse und Handlungsträger bewerten und mit denen die Kontrahenten im Golfkonflikt 1990/91 sich gegenseitig einschätzen.

Wie in Kapitel 3.2 dieser Arbeit bereits dargestellt, hinterließ der ungewohnte arabische Sprachduktus in den westlichen Industrienationen und so auch in der deutschen Presse während des Golfkonfliktes einen nachhaltigen Eindruck. Daher erhielten Äußerungen der arabisch-sprachigen Konfliktparteien, insbesondere Saddam Husseins, mehr Aufmerksamkeit und wurden in der Presse-Berichterstattung stärker hervorgehoben als z.B. Aussagen europäischer und amerikanischer Politiker. Gerade in den Kriegswochen war eigene Recherche und Berichterstattung jenseits der Grenzen, die die Alliierten (aber auch die Iraker) zogen, nicht möglich. Der Zwang, dennoch irgendetwas berichten zu müssen, und die Leichtfertigkeit, mit der viele Journalisten das Vokabular der Militärs[13] übernahmen, resultierten in einer Berichterstattung, die offizielle Verlautbarungen kaum noch als solche herausstellte. Äußerungen der alliierten Seite erschienen wesentlich seltener als Zitate in der Berichterstattung als die Saddam Husseins, und wurden, wenn überhaupt, als indirekte Rede in den Fließtext der Artikel eingebaut, wobei es sich eher um allgemeine Situationsbeschreibungen handelte (z.B. über die Entwicklung der militärischen Auseinandersetzung) denn um Bewertungen des Kontrahenten.

Diese Praxis kennzeichnet auch die fünf untersuchten Tageszeitungen. Betrachtet man die Schärfe der Aussagen in der WELT über den Irak und über

---

13 Das ohnehin stets mehr die Wahrheit verhüllt als sie freizulegen. Militärische Worthülsen bagatellisieren menschliches Leid in einem Krieg oder blenden es sogar vollkommen aus. Sie "verkleistern" das (Nach-)Denken.

Saddam Hussein, wird deutlich, wie sehr sich diese Tageszeitung mit der Position der USA und der Alliierten identifiziert. Eine gesonderte Darstellung der Bewertungen von seiten dieser Konfliktpartei über den Irak scheint sich der WELT deshalb nicht aufzudrängen. Auch in den Artikeln der SZ und der FAZ sind insgesamt vergleichsweise wenige Zitate von Handlungsträgern der Alliierten zu finden. Obwohl sich die Journalisten der FR und der taz weit weniger mit der Seite der Alliierten in diesem Konflikt identifizieren, was u.a. auch an der Häufung negativer Bewertungen über diese abzulesen ist, ist auch in beiden liberal-alternativen Zeitungen nur eine unbedeutende Anzahl an Zitaten von Handlungsträgern der alliierten Seite zu finden. Ein direkter Vergleich der journalistischen und der zitierten Bewertungen der Alliierten über den Irak bzw. Saddam Hussein ist also nicht möglich.

Wie schon angesprochen, erlangen Äußerungen der irakischen Konfliktpartei größere Aufmerksamkeit v.a. deshalb, weil diese sich einer stark von Metaphern durchsetzten und für die westliche Kultur (be)fremd(lich)e Sprache bedienen. Die von der westlichen Presse intendierte Wirkung der Zitate ist es, in der betreffenden Konfliktsituation die Sprecher als Nicht-Gruppenmitglieder also als Feinde zu charakterisieren und sie gerade wegen ihres Sprachgebrauchs z.T. der Lächerlichkeit preiszugeben. Den entsprechenden Äußerungen ist damit durch ihre Quelle jeglicher argumentative Boden entzogen.

8.5.1 Einzelanalyse der Tageszeitungen

<u>Die WELT</u>
Insbesondere die WELT, die in ihrer negativen Beurteilung der amerikanischen und alliierten Seite außerordentlich zurückhaltend ist (89 negative zu 222 positiven Aussagen), bedient sich dieses Stils. So zitiert die WELT z.B. Radio Bagdad, das einen Sieg der Alliierten mit dem "Abgrund der Sklaverei" (26.02.) gleichsetzt und die USA als "großen Satan" (09.08.), "Verkörperung des Bösen" (18.01.) sowie die alliierten Truppen als "Soldaten des Teufels" (27.02.) bezeichnet. Saddam Hussein wird zitiert mit Äußerungen über die arabischen Verbündeten der USA wie: Ägyptens Staatspräsident Mubarak und König von Fahd von Saudi-Arabien seien "Verräter", "schlüpfrige Agenten" (25.02.) und "Lakaien des weltverschlingenden Imperialismus" sowie "Mächte der Korruption, der Tyrannei und der Ungerechtigkeit" (27.02.). Negative Äußerungen über die Alliierten sind in der WELT in dieser Schärfe ausschließlich als Zitate von irakischer Seite zu finden.

Die Frankfurter Allgemeine Zeitung
Auch in der FAZ stammen die meisten der abgedruckten Zitate (angeblich) aus dem Mund Saddam Husseins. Dieser bezeichne die USA, so die FAZ, als "amerikanisch-imperialistische Aggressoren" (26.02.), "Ungläubige" (25.02.), "verräterische Dummköpfe" (18.01.) und "irregeführte Menschen" (22.02.). Zeitungen in Bagdad werden zitiert mit: Bush habe die "Mentalität eines Cowboy-Gangsters" und amerikanische Diplomaten seien "drittklassige Kriminelle in abseitigen Kneipen" (14.01.). Im Krieg zeige sich der "westliche Imperialismus" (25.02.). Und Israel sei, so zitiert die FAZ Saddam Hussein, der "zionistische Erzfeind und beschnittene Teufel" (12.01.).

Die Süddeutsche Zeitung
Die SZ, die von sich aus die Alliierten bereits vergleichsweise kritisch darstellt, zitiert Saddam Hussein mit den Worten, George Bush sei ein "großer Satan" (27.02.), der "Feind Allahs" (23.02.), ein "heuchlerischer Krimineller" (18.01.), ein "Verräter", "Unterdrücker" und "Verschwörer" (22.01.). Die EG sei "Diener der US-Politik" (07.01.).

Die Frankfurter Rundschau
In der FR findet sich ein Teil der bisher erwähnten Zitate Saddam Husseins ebenfalls. Diese Zitate dürften meistenteils aus den öffentlichen Rundfunkansprachen Saddam Husseins stammen, deren Texte über die Nachrichtenagenturen an alle großen Tageszeitungen gingen. Neben Saddam Hussein zitiert die FR aber auch Tarik Aziz: George Bush behandle die "irakische Nation wie underdogs" (11.01.) und die Alliierten würden "zweierlei Maßstab anlegen" (28.11.), so der Vorwurf Tarik Aziz', den die FR offenbar teilt.

Die tageszeitung
Auch die taz zitiert Saddam Hussein und pro-irakische Handlungsträger, wobei jedoch ein Teil der Zitate scheinbar dazu gedacht sind, die Haltung der taz zu den USA und den Alliierten zu "bekräftigen", da sie sich relativ konkret auf bestimmte Verhaltens- und Vorgehensweisen der alliierten Seite beziehen. Das jordanische Parlament kritisiert z.B., daß "die UNO die Golfkrise und das Nahost-Problem mit zweierlei Maß" messen würde (30.11.); PLO-Führer Jasir Arafat verurteilt, daß "der Umfang der Offensive bei weitem die Grenzen, die der Sicherheitsrat für den Angriff gegen den Staat von Saddam Hussein gesetzt hat, überschreitet" (21.01.); und das algerische Außenministerium wird zitiert mit den Worten: "Der Angriff - entgegen der vorab von den USA und ihren Verbündeten am Golf bekundeten Absichten, lediglich Kuwait zu befreien - ist zu einem Zerstörungsfeldzug gegen den Irak geworden." (21.01.). Das sind Argumente, die durchaus auch aus der Feder eines taz-Journalisten stammen könnten.

Die Zitate Saddam Husseins fallen allerdings auch in der taz wenig glaubhaft und überdenkenswürdig aus: George Bush sei der "Satan im Weißen Haus" (18.01.), die USA seien die "Aggressoren" in diesem Konflikt, der ein "schändliches Verbrechen" und außerdem die "größte und heftigste amerikanisch-zionistische Aggression" (25.02.) darstelle. Insgesamt sind die Bewertungen der taz-Journalisten gegenüber den USA und ihren Verbündeten weit weniger polemisch und fallen nach westlichem Empfinden verständlicher aus als die Beschimpfungen Saddam Husseins. Vorwürfe gegen die westlichen Nationen wie z.b. bezüglich der Ächtung Saddam Husseins, "dessen militärisches Takeover der spät-feudalistisch verfaßten 'Kuwait-Öl-AG' westliche Gefühle und Interessen offenbar mehr berührt hat als weiland seine chemische Hinrichtung von 8.000 irakischen Kurden" (09.08.), sind inhaltlich fundiert.

8.5.2 Zusammenfassende Gesamtanalyse

Rein von der unterschiedlichen Anzahl der Bewertungen ist ein Vergleich zwischen Zitaten und journalistischen Äußerungen für alle Tageszeitungen nur schwer möglich. Aufgrund der schmalen Datenbasis ist eine eindeutige Überprüfung der Hypothese No. 4 insgesamt nicht möglich.

8.6 Überprüfung der Hypothese No. 5: Bewertungen in den journalistischen Gattungen

Hypothese No. 5 behauptet, daß in Häufigkeit und Intensität von Bewertungen zwischen journalistischen Gattungen Differenzen bestehen.

8.6.1 Vergleichende Gesamtanalyse

Um Hypothese No. 5 überprüfen zu können, wurde zunächst die Anzahl aller Bewertungen in den fünf untersuchten Tageszeitungen für jede journalistische Gattung je nach Skalenwert und getrennt nach den Handlungsträgergruppen USA, Alliierte et.al. und Irak, Saddam Hussein et.al. ausgezählt. Die Summe aller Bewertungen je journalistischer Gattung, verteilt auf die Summe der Artikel mit der entsprechenden Gattung, ergibt jeweils einen Wert, der die einzelnen journalistischen Gattungen vergleichbar macht. Diese Werte zunächst im Überblick:

Tabelle 16: Durchschnittliche Bewertungsanzahl je journalistischer Gattung in allen untersuchten Tageszeitungen

	WELT	FAZ	SZ	FR	taz
Journal. Gattung					
Nachricht	5,5	1,7	1,6	2,0	2,9
Bericht	5,2	3,9	3,8	5,1	4,6
Reportage	16,4	3,2	10,9	8,3	5,0
Kommentar	8,5	7,5	11,4	8,5	8,3
Mittelwert	8,9	4,1	6,9	6,0	5,2

Die Tabelle beweist, daß sich die fünf Tageszeitungen hinsichtlich der Bewertungen in den untersuchten Nachrichten, Berichten und Reportagen deutlich voneinander unterscheiden. Die WELT formuliert diese Beiträge mit durchschnittlich 8,9 Urteilen pro Artikel deutlich bewertender als insbesondere die FAZ und die taz; dies gilt v.a. für Reportagen und Nachrichten (wo Bewertungen eigentlich deplaziert sind). Die SZ versieht nicht nur ihre Reportagen sondern auch ihre Kommentare sehr stark mit bewertenden Äußerungen. Dies kann jedoch nicht zum Vorwurf gemacht werden, da Beurteilungen und bewertende Meinungen ihren Platz gerade in Kommentaren haben.

Die allgemeine Zurückhaltung der FAZ-Redaktion, die beiden Handlungsträgergruppen zu beurteilen (was oben bereits deutlich wurde), zeichnet sich auch in den Zahlen dieser Tabelle ab. Der Vorwurf, den ENZENSBERGER (1962) gegen die Nachrichtengebung der FAZ erhebt, kann damit in dieser Untersuchung nicht bestätigt werden.

Für die untersuchten Nachrichten und Berichte der WELT unterscheiden sich die durchschnittlichen Häufigkeitswerte kaum; das gleiche gilt für die Berichte und Reportagen der FAZ, den Reportagen und Kommentaren der SZ sowie der FR. Lediglich die taz stuft ihre journalistischen Gattungen diesbezüglich graduell ab. D.h. nur in der taz läßt sich ein eindeutiger Beleg für den ersten Teil der Hypothese No. 5 finden. Auf die WELT, die FAZ, die SZ und die FR trifft die Hypothese zunächst einmal in dieser Form nicht zu.

Wenn auch nicht der Untersuchung im Hinblick auf Hypothese No. 5 direkt dienlich, so lohnt sich unter dem Aspekt der verschieden gewichteten Aufmerksamkeiten der Zeitungen doch ein Blick auf die Bewertungsanzahl je Handlungsträgergruppe:

Tabelle 17: Durchschnittliche Bewertungsanzahl je journalistischer Gattung und je gruppierten Handlungsträgern in allen untersuchten Tageszeitungen

Journal. Gattung	USA, Alliierte	Irak, Hussein
	Bewertungsanzahl	
WELT:		
Nachricht	2,8	2,7
Bericht	1,4	3,7
Reportage	7,7	8,6
Kommentar	3,0	5,5
FAZ:		
Nachricht	0,2	1,5
Bericht	1,3	2,6
Reportage	1,3	1,9
Kommentar	1,6	5,9
SZ:		
Nachricht	0,4	1,2
Bericht	1,0	2,7
Reportage	3,8	7,1
Kommentar	3,4	8,0
FR:		
Nachricht	0,9	1,1
Bericht	2,4	2,8
Reportage	4,0	4,3
Kommentar	3,5	5,0
taz:		
Nachricht	1,1	1,7
Bericht	2,5	2,1
Reportage	1,9	3,1
Kommentar	3,7	4,7

Ein deutlicher Überhang der Bewertungen auf der irakischen Seite ist zu verzeichnen in den Berichten und Kommentaren der WELT, in den Nachrichten und Kommentaren der FAZ, in allen Artikeln der SZ außer den Nachrichten, in den Kommentaren der FR sowie in den Reportagen und Kommentaren der taz. In allen fünf Zeitungen wenden sich die Kommentatoren dem Verhalten der irakischen Handlungsträger und den Ereignissen im Irak wesentlich häufiger beurteilend zu als den alliierten Handlungsträgern. Dies gilt v.a. für die Berichterstatter der SZ.

Kommentare sind i.d.R. dazu angelegt, die Haltung des Redakteurs und seine Einschätzung von Personen und Ereignissen expressis verbis darzulegen. Es ist daher zu vermuten, daß in den Kommentaren aller untersuchten Zeitungen der Bewertungsindex zum einen extremer ausgeprägt ist, d.h. daß die Intensität der Bewertungen dort stärker ausfällt als in den anderen journalistischen Gattungen, und zum anderen für die irakische Seite in den fünf Zeitungen einen höheren Wert annimmt. Ein Blick auf die folgende Tabelle belegt diese Vermutung:

Tabelle 18: Bewertungsindizes je journalistischer Gattung und je gruppierten Handlungsträgern in allen untersuchten Tageszeitungen

Journal. Gattung	USA, Alliierte	Irak, Hussein
	Bewertungsindizes	
WELT:		
Nachricht	+0,68	-1,58
Bericht	+0,23	-1,48
Reportage	+0,58	-1,70
Kommentar	+0,77	-2,16
FAZ:		
Nachricht	+1,00	-1,17
Bericht	-0,82	-1,79
Reportage	+0,69	-2,26
Kommentar	+0,14	-2,08

(Fortsetzung der Tabelle 18)

SZ:

Nachricht	+0,08	-1,03
Bericht	-0,43	-1,63
Reportage	-0,12	-1,76
Kommentar	-0,64	-1,86

FR:

Nachricht	-0,67	-1,29
Bericht	-1,17	-1,60
Reportage	-0,19	-1,60
Kommentar	-0,83	-1,83

taz:

Nachricht	-0,47	-1,16
Bericht	-0,58	-1,65
Reportage	-0,62	-1,14
Kommentar	-0,82	-1,93

Obwohl die Werte für die untersuchten Kommentare in allen fünf Zeitungen deutlich höher sind als die der anderen journalistischen Gattungen, sind die Unterschiede zwischen den einzelnen Gattungen, bezogen auf die Intensität von Bewertungen, doch geringer als erwartet. Lediglich in der SZ und der FAZ lassen sich Abstufungen zwischen allen Gattungen erkennen. So werden z.B. in der SZ die Bewertungen für den Irak von Nachrichten über Berichte und Reportagen bis zu Kommentaren immer schärfer. In WELT, FR und taz sind dagegen insbesondere Nachrichten und Reportagen in der Intensität ihrer Bewertungen recht ähnlich. Während dies in WELT und taz sowohl für den Irak als auch für die Alliierten gilt, sind in der FR zumindest für die Seite der Alliierten in den vier journalistischen Gattungen Differenzen in der Bewertungsintensität zu erkennen.

Während sich also die Kommentare aller untersuchten Tageszeitungen sowohl in der Häufigkeit wie in der Intensität ihrer Bewertungen von den übrigen journalistischen Gattungen unterscheiden, verschwimmt in jeder Zeitung die eine oder andere dieser Grenzen zwischen den Gattungen. In der WELT sind sich Nachrichten und Berichte sowohl in der Häufigkeit wie in der Intensität ihrer Bewertungen sehr ähnlich. In der FAZ ist zwar die durchschnittliche Häufigkeit von Bewertungen in Berichten und Reportagen nur leicht verschieden, aber die Intensität der Bewertungen unterscheidet sich in diesen wie in den anderen journalistischen Gattungen relativ eindeutig. In der Berichterstattung der SZ nähern sich lediglich Reportagen und Kommentare in der Häufigkeit ihrer Bewertungen einander an; alle Gattungen lassen sich aber in der Intensität dieser Bewertungen differenzieren. Für die Reportagen und Kommentare der FR gilt bezüglich der Bewertungshäufigkeit dasselbe wie für die SZ; die Bewertungsintensität ist (für den Irak) aber nur zwischen Berichten und Reportagen gleich. In der taz nähern sich lediglich auf der Intensitätsskala Nachrichten und Reportagen stark einander an.

Zusammenfassend läßt sich somit sagen, daß die Hypothese No. 5 für alle fünf analysierten Tageszeitungen nur sehr bedingt gültig ist. Lediglich die Werte von SZ und der taz weisen auf deutlichere Bewertungsunterschiede zwischen den journalistischen Gattungen hin.

8.7 Überprüfung der Hypothese No. 6: Bewertungen in den verschiedenen Quellen

In Ergänzung zu der vorangegangenen Hypothese wird hier unterstellt, daß sich Bewertungshäufigkeit und -intensität auch danach richten, ob ein Artikel aus der Zeitungsredaktion selber oder von einer Nachrichtenagentur stammt.

8.7.1 Vergleichende Gesamtanalyse

Die Hypothese No. 6 ist für die WELT und die FAZ leider nicht zu prüfen, da von den 129 analysierten Artikeln der WELT bereits 128 und von den 130 FAZ-Artikeln 121 als eigene Berichte gekennzeichnet sind.

Die Untersuchung der taz bestätigt die Hypothese: In den eigenen Berichten sind im Schnitt 5,2 bewertende Äußerungen, in Agenturmeldungen 2,8 und in den aus Agenturmeldungen und Redaktions-eigenen Texten gemischten Artikeln durchschnittlich 3,9 Bewertungen zu finden.[14] Unterschiede zwischen den Quellen bestehen außerdem auch in der Schärfe bzw. Intensität der Bewertungen, hier einmal unabhängig von den Handlungsträgergruppen USA, Alliierte et.al. und Irak, Saddam Hussein et.al. berechnet: Die Bewertungen in den untersuchten Artikeln der taz erreichen auf der Skala von -3 bis +3 für eigene Be-

---

14 Auffällig ist, daß die Häufigkeitsverteilung der Bewertungen auf die beiden Handlungsträgergruppen USA, Alliierte und Irak, Saddam Hussein für alle drei Artikelformen kaum unterschiedlich sind: Eigenbericht 212 zu 232, Agenturmeldung 32 zu 46, Kombination 39 zu 54.

richte einen durchschnittlichen Wert von -1,24, für Agenturmeldungen -1,04 und für die Kombination aus beidem -0,95.

In den analysierten Artikeln der FR sind die Unterschiede zumindest zwischen Eigenberichten und Agenturmeldungen noch deutlicher als in der taz. Während pro eigenem Bericht durchschnittlich 7,3 Bewertungen gezählt wurden, kommen auf eine Agenturmeldung nur 2,9 Bewertungen (2,8 in den kombinierten Artikeln). Die Bewertungen in den jeweiligen Quellen sind zwar tendenziell etwas negativer als die der taz, aber die Unterschiede zwischen den Quellen der FR entsprechen ziemlich genau denen der taz.

Die Schärfe der Bewertungen ist in den eigenen Berichten der SZ mit der in den Agenturmeldungen[15] deckungsgleich. Der Unterschied zwischen diesen beiden Quellen ist in der Häufigkeit der Bewertungen für die Artikel der SZ wohl am nachhaltigsten: 7,8 Bewertungen in Eigenberichten stehen lediglich 2,15 bewertenden Äußerungen in Agenturmeldungen gegenüber.

Die Zahlen zeigen, daß entsprechend der Hypothese No. 6 die Journalisten und Auslandskorrespondenten der drei berücksichtigten Tageszeitungen in ihren eigenen Berichten wesentlich häufiger Ereignisse und Personen beurteilen und kommentieren, als dies Agenturkorrespondenten tun. Diese Folgerung gilt gerade für die taz auch dann, wenn man berücksichtigt, daß von den analysierten Eigenberichten der taz lediglich ein Fünftel Kommentare sind, es sich also ohnehin um bewertungsintensive Artikel.[16]

Einschränkend muß an dieser Stelle jedoch angemerkt werden, daß die Anzahl der Bewertungen je Quellenart auch von der Länge der jeweiligen Artikel abhängen kann. Da die Länge der Artikel keine Untersuchungsvariable war, könnte eine entsprechende Zusatzanalyse die Werte zur Überprüfung der Hypothese No. 6 möglicherweise modifizieren.

Die relative Zurückhaltung der Nachrichtenagenturen, Ereignisse und Handlungsträger zu beurteilen, kann nicht nur mit BASSEWITZ (1990; s.o.) mit dem Zwang der Agenturkorrespondenten zu gedrängt kurzer und so detailliert wie möglicher Berichterstattung, die u.a. aus ökonomischen Gründen keinen Raum für Bewertungen oder eine persönliche Meinungsäußerung läßt, begründet werden. Darüber hinaus spielt auch das, was RÜHL, M. (1981) "eine Art Neutralitätsgebot" (S. 214) der Nachrichtenagenturen nennt, eine Rolle. Dieses Gebot der Objektivität verpflichtet die Agenturen dazu, sachliche und unvoreingenommene Meldungen an die Redaktionen von Presse und Rundfunk zu liefern

---

15   Unter den analysierten Artikeln der SZ ist lediglich ein Artikel als Kombination aus Eigenbericht und Agenturmeldung gekennzeichnet, so daß eine sinnvolle Berechnung für kombinierte Artikel nicht möglich war.
16   In FR und SZ sind diese je rd. ein Drittel.

(die diese "Tatsachenberichte" für ihr jeweiliges Publikum auch kommentieren können). Daß es den Agenturkorrespondenten nicht immer gelingt, diese Neutralität zu wahren, zeigt die Anzahl der Bewertungen, die auch in den Agenturmeldungen von taz, FR und SZ zu finden sind.

Im allgemeinen läßt sich jedoch sagen, daß hptsl. redaktionseigen formulierte Artikel die Ansichten und Interessen des schreibenden Journalisten transportieren - und dies ist, sofern die Artikel entsprechend z.b. als Kommentare gekennzeichnet sind, auch durchaus legitim.

8.8 Überprüfung der Hypothese No. 7: Hintergrundberichterstattung

Hypothese No 7 geht von der Annahme aus, daß in Berichten und Reportagen detailliertere und umfassendere Information über den Hintergrund und den Verlauf eines Ereignisses geboten werden kann als v.a. in Nachrichtenartikeln.

Vergleicht man die folgenden Prozentwerte der journalistischen Gattungen der fünf Tageszeitungen im Untersuchungszeitraum, dann liegt der vorläufige Schluß nahe, daß die FAZ mit mehr Artikeln als die anderen Zeitungen (insbesondere die WELT) die Möglichkeit nutzt, ihre Leser über die Hintergründe des Golfkonfliktes zu informieren.

Tabelle 19:[17] Anteil der journalistischen Gattungen an der Berichterstattung in allen untersuchten Tageszeitungen

	WELT	FAZ	SZ	FR	taz
Journal. Gattung					
Nachricht	27,1	14,6	20,3	35,7	31,2
Bericht	33,3	59,2	47,7	35,1	50,0
Reportage	12,4	7,7	11,8	13,5	5,1
Kommentar	24,0	17,7	17,6	14,0	12,3
sonstige	3,1	0,8	2,6	1,8	1,4
Summe	*99,9	100,0	100,0	*100,1	100,0

* Rundungsfehler

17 Alle Angaben als Prozentwerte.

Während in der WELT insgesamt lediglich rd. 46% aller untersuchten Artikel entweder Berichte oder Reportagen sind, sind von den analysierten Artikeln der FAZ zwei Drittel (66,9%) diesen beiden journalistischen Gattungen zuzuordnen. FR (48,6%), taz (55,1%) und SZ (59,5%) verteilen sich zwischen den "Extremwerten" von WELT und FAZ.

8.8.1 Journalistische Gattungen: Einzelanalyse der Tageszeitungen

Die WELT
Das prozentuale Verhältnis zwischen den journalistischen Gattungen in der WELT über die vier Untersuchungszeiträume hinweg schwankt sehr stark: Während im ersten Zeitraum auf einen Bericht noch drei Nachrichten kommen, hat sich dieses Verhältnis im dritten Zeitraum auf sechs zu eins mehr als umgekehrt. Die Redaktion der WELT reagiert in Form und Zusammensetzung ihrer Berichterstattung scheinbar recht flexibel auf die tagesaktuellen Ereignisse. Diese Annahme bestätigt auch die hohe Anzahl von Reportagen (20%) und Kommentaren (32%) zu Beginn der Golfkrise im August 1990; für den restlichen Analysezeitraum nehmen diese Werte jedoch deutlich ab. Die Redaktion der WELT gibt sich offensichtlich damit zufrieden, ihrer Leserschaft zu Anfang des Golfkonfliktes die notwendigen politischen, sozialen und wirtschaftlichen Hintergrundkenntnisse zu liefern.

Beachtenswert ist der konstant hohe Prozentsatz an Kommentaren in der WELT. Mit knapp einem Viertel aller Artikel in Kommentarform liegt die WELT im Vergleich mit den anderen Tageszeitungen weit an der Spitze. Bis auf die Vorkriegsphase (November 1990 und Januar 1991) kommentieren durchschnittlich 1,5 Artikel je Ausgabe das tagesaktuelle Geschehen am Golf. Hier zeigt sich deutlich, daß die WELT-Redakteure den durch die Zensur bedingten Mangel an Informationen und Nachrichten in irgendeiner Weise wettmachen wollen. So offerieren sie ihren Lesern selbst zu rein militärischen Dingen eine Meinung, um deren Informationsbedürfnis zu befriedigen.

Die Frankfurter Rundschau
Die FR verfolgt eine ganz eigene "Nachrichtenpolitik": Berichte und Nachrichten halten sich mit je gut einem Drittel der Artikel die Wage;[18] gleiches gilt mit je ca 14% für Reportagen und Kommentare. Im Vergleich mit den

---

18 Die Vermutung liegt nahe, daß die Berichte sich auf die Inhalte in den Nachrichtenartikeln derselben Zeitungsausgabe beziehen. Den Nachweis dafür kann allerdings nur eine spezifischere Themenanalyse liefern, als sie in dieser Arbeit vorgenommen wurde.

anderen Tageszeitungen auffallend ist die konstant hohe Anzahl der Reportagen; die FR bietet ihren Lesern kontinuierlich Hintergrundwissen zu den Ereignissen in der Golfregion. Ebenfalls konstant ist die Anzahl der Kommentare in der FR: Durchschnittlich einmal pro untersuchte Ausgabe beurteilt und bewertet ein FR-Redakteur einen Aspekt der Vortageseignisse.

Während also die Gesamtzahl der Berichte und Reportagen der FR im Vergleich zu den vier anderen überregionalen Tageszeitungen eher gering ausfällt, sind Quantität und Qualität der Berichterstattung insgesamt beständiger und gleichmäßiger.

Die tageszeitung
Die taz ist im untersuchten Zeitraum mit Reportagen und Kommentaren relativ sparsam. Lediglich zum Ende des Krieges im Februar 1991 erscheint in vier von sechs Ausgaben eine Reportage. Im ersten und dritten Analysezeitraum werden die politischen und militärischen Ereignisse beinahe täglich kommentiert. Ansonsten überwiegen Nachrichten und Berichte, wobei bis auf den vierten Untersuchungszeitraum Nachrichten durchschnittlich je ein Drittel und Berichte je 45% der Artikel ausmachen. Im vierten Zeitraum reduziert sich der Anteil der Nachrichten auf rd. ein Fünftel zugunsten der ausführlicheren Berichte (drei Fünftel).

Der hohe Anteil von Berichten und Reportagen zum Thema Golf in der taz gegen Ende des Krieges zeigt, daß die taz erst recht spät ihre redaktionellen und journalistischen Ressourcen verstärkt mobilisiert.[19] Berichte genießen in der taz, im Gegensatz zu FR und WELT, jedoch konstant deutlichen Vorrang vor reiner Nachrichtengebung. Diese inhaltlich-formale Zusammensetzung der Berichterstattung bietet dem Leserpublikum trotz weitgehend fehlender Reportagen die Chance einer fundierten Meinungsbildung.

Die Süddeutsche Zeitung
In den untersuchten Artikeln der SZ genießen Berichte noch einen deutlicheren Vorzug vor Nachrichten als in der taz. Insbesondere im vierten Untersuchungszeitraum besteht mehr als die Hälfte der analysierten Artikel aus Berichten. Der Anteil der Reportagen an der Berichterstattung ist gleichbleibend hoch und nähert sich mit knapp 12% den Werten von WELT und FR. In den ersten drei Untersuchungszeiträumen sind die Redakteure der SZ mit Kommentaren zum Golfkonflikt ähnlich zurückhaltend wie die der taz; in der Endphase

---

19 In diesem Zusammenhang muß erwähnt werden, daß die taz keine eigenen Auslandskorrespondenten beschäftigt, was in der in den letzten Jahren angespannten Finanzlage der Zeitung begründet sein dürfte. Die anderen vier Tageszeitungen haben 16 (WELT) bis 25 (FR) Auslandskorrespondenten. Der Nahe und Mittlere Osten wird i.d.R. von Korrespondenten in Israel abgedeckt; SZ und FR haben darüber hinaus noch weitere Mitarbeiter im "Orient" und Ägypten.

des Krieges im Februar 1991 verdoppeln sich die Kommentare dann auf durchschnittlich 1,6 pro untersuchte Ausgabe.

Da Berichte und Reportagen in den Krisenphasen des Golfkonflikts je rd. die Hälfte der untersuchten Artikel ausmachen und sich dieser Anteil in den beiden Kriegswochen im Januar und Februar 1991 noch auf zwei Drittel steigert, kann für die SZ (zumindest vorläufig) auf ein deutliches Bemühen um umfangreiche und ausführliche Hintergrundberichterstattung geschlossen werden.

Die Frankfurter Allgemeine Zeitung

In der Erstausgabe der FAZ vom 01.11.1949, in der die Redakteure ihren Selbstanspruch formulierten, findet sich folgender Satz: "(...) und sie [eine neue Art Zeitung, d.Verf.] müßte sich bemühen, nicht an der Oberfläche der Dinge stehen zu bleiben, sondern ihre geistigen Hintergründe aufzusuchen."[20] Diese Vorstellungen kontinuierlich umzusetzen, gelingt der FAZ leider jedoch nicht immer, wie die vorliegenden Werte zeigen. Insgesamt ist die FAZ bemüht, über die tagesaktuellen Nachrichten hinaus weiterreichendes Wissen zu vermitteln. Dies zeigt nicht nur der hohe Anteil von Berichten (und Reportagen) zum Golfkonflikt 1990/91, sondern auch der im Vergleich mit den anderen Tageszeitungen geringere Anteil an reinen Nachrichten (14,6%). Kritisch läßt sich dazu allerdings anmerken, daß mit dem hohen Anteil an Berichten und Reportagen, die ja oftmals auch Kommentarelemente enthalten, verstärkt Redaktionsansichten transportiert werden, die ihren eigentlichen Platz auf der Meinungsseite der Zeitung haben sollten.[21] Zudem kommentiert die FAZ die militärischen (und politischen) Ereignisse verstärkt erst mit Beginn und im Verlauf des Krieges; in der letzten Kriegswoche lassen sich in sechs Zeitungsausgaben acht Kommentare lesen. Ausschließlich in der Kriegsphase ergänzt die FAZ ihre Berichterstattung mit Reportagen.

Der Schluß liegt nahe, daß die FAZ-Redaktion sich den Ereignissen am Golf (quantitativ und qualitativ) ausführlicher erst nach dem Ende der Friedensbemühungen und mit Beginn der militärischen Auseinandersetzung zuwendet - eine Vermutung, die auch der Blick auf die Anzahl der pro Ausgabe in jedem Untersuchungszeitraum analysierten Artikel unterstützt: In der letzten Februarwoche 1991 behandeln durchschnittlich doppelt so viele Artikel die Ereignisse am Golf wie noch beim Einmarsch irakischer Truppen in Kuwait in der ersten Augustwoche 1990.

Die FAZ informiert offenbar ihre Leser erst dann umfangreicher und detaillierter über Hintergründe, wenn Ereignisse sich derart (dramatisch) zugespitzt

---

20 Hier zitiert nach FISCHER, H.D. (1966), S. 240.
21 Vgl. dazu z.B. eine Untersuchung von ENZENSBERGER (1962).

haben, daß sie zum genaueren Verständnis einer Einbettung in politische, kultur-historische etc. Hintergründe dringend bedürfen.

Die vorliegenden Zahlen für alle fünf Zeitungen lassen resümierend einen Rückschluß von der politischen Orientierung der einzelnen Zeitung auf den Umfang ihrer Hintergrundberichterstattung zunächst einmal nicht zu.

8.8.2 Ziele und Absichten der Konfliktgegner

Als weiterer Indikator für die Hypothese No. 7 wurde in der empirischen Analyse die Darstellung (Umfang und Inhalt) von Absichten und Zielen der Konfliktparteien herangezogen. Dazu zunächst folgende Tabelle:[22]

Tabelle 20: Nennung von Zielen der Konfliktgegner in allen untersuchten Tageszeitungen

	WELT	FAZ	SZ	FR	taz
Ziele des Irak					
Ja	9,3	9,2	10,0	7,1	7,7
Nein	0,3	0,2	0,3	0,5	0,2
nicht erwähnt	90,4	90,8	89,8	92,5	92,0
Summe	100,0	*100,2	*100,1	*100,1	*99,9
Ziele der Alliierten					
Ja	14,2	13,1	13,2	14,8	12,2
Nein	0,8	0,7	0,7	0,7	1,0
nicht erwähnt	85,0	86,2	86,1	84,5	86,8
Summe	100,0	100,0	100,0	100,0	100,0

* Rundungsfehler

---

22 Die Werte stellen den Prozentsatz der Nennungen an der Gesamtheit aller nach Anzahl der pro Zeitung untersuchten Artikel und nach Anzahl der Merkmalsausprägungen möglichen Nennungen dar (V9A-V9I: WELT = 1161, FAZ = 1170, SZ = 1377, FR = 1539, taz = 1242; V10A-V10M: WELT = 1548, FAZ = 1560, SZ = 1836, FR = 2052, taz = 1656).

Die Unterschiede zwischen den fünf Tageszeitungen sind in den untersuchten Artikeln so gering, daß sie statistisch keinen Aussagewert besitzen. Außerordentlich stark ausgeprägt ist für alle Zeitungen die Kategorie "wird nicht erwähnt". Die in den Variablen V9A bis V9H und V10A bis V10L aufgelisteten Absichtsalternativen sind demnach in den untersuchten Artikeln für die untersuchten Tageszeitungen ohne wesentliche Bedeutung. Wie zu erwarten war, gilt dies insbesondere für die Ziele des Irak. Den Absichten der Alliierten wenden sich die Tageszeitungen (wenn auch geringfügig) häufiger zu. Die Ursachen dafür sind vermutlich hptsl. in dem Informations-Ungleichgewicht zwischen den offiziellen Stellen der Alliierten und denen des Irak zu suchen. Der Informationsfluß aus dem Irak war insbesondere für Zeitungsjournalisten, denen die Einreise in den Irak größtenteils verwehrt wurde (Fernseh-Teams hatten es da leichter), spärlich. Die Alliierten hingegen betrieben trotz zeitweiliger Nachrichtensperre insbesondere in der Kriegsphase offensive Informationspolitik (in Form täglicher Pressekonferenzen).

8.8.2.1 Ziele der Alliierten: Einzelanalyse der Tageszeitungen

Die WELT
Für die Ziele der Alliierten legt die WELT in den untersuchten Artikeln den Schwerpunkt auf deren Bemühungen um V10B Durchsetzung der UNO-Resolutionen (in 45,7% der Artikel erwähnt) sowie V10A De-Eskalation des Konfliktes (18,6%).[23] In 17,8% der Artikel ist V10I die Zerschlagung der irakischen Militärmacht ein Thema und in 12,4% die Absicht V10H Saddam Hussein zu beseitigen, wobei für beide Items gilt, daß sie erst nach Beginn der militärischen Auseinandersetzung Erwähnung finden.

Dagegen werden in nur 3,1% bzw. 0,8% der untersuchten Artikel aus der WELT die Absichten der Vereinigten Staaten, V10D eine neue Weltordnung zu schaffen und V10E nach einer neuen Legitimation als Weltmacht zu suchen, erwähnt. Wie KUBBIG (1991, S. 86/87) darlegt, sind diese eng miteinander verbundenen Ziele nach dem Zusammenbruch des Kommunismus, der Auflösung des Ost-West-Konfliktes und der dadurch notwendig gewordenen Neuorientierung der Außenpolitik für die Vereinigten Staaten (und insbesondere für den militärisch-industriellen Komplex innerhalb des Establishments) jedoch von eminenter Wichtigkeit. Wie RUF (1991, S. 76f.) darlegt, war es den USA nach

---

[23] Diese Zahlen korrespondieren mit den hohen Werten der WELT in Variable V11A und V11H, in denen dem Irak die Schuld an der Eskalation des Konfliktes und dem Ausbruch des Krieges zugesprochen wird.

dem Wegfall der Sowjetunion als weltpolitische Macht- und Kontrollinstanz daran gelegen, die amerikanische Führungsrolle zu erhalten. Das Ziel der Vereinigten Staaten war schon im August 1990 nicht primär die Befreiung Kuwaits, sondern die Schaffung einer pax americana im Nahen Osten ohne Einmischung der Sowjetunion. Die Nicht-Berücksichtigung dieser Umstände durch die Journalisten der WELT deutet darauf hin, daß die WELT bemüht ist, Unzulänglichkeiten, Fehler und machtpolitische Interessen der führenden Nation der Alliierten und damit Ansatzpunkte für Kritik zumindest in dieser Krisensituation weitestgehend zu ignorieren. Gleiches gilt für V10K die Sicherung wirtschaftlicher Interessen. Die Sorge, Saddam Hussein könne nach der Annexion Kuwaits den internationalen Rohölmarkt beherrschen, steht direkt nach dem Einmarsch irakischer Truppen in Kuwait, ähnlich wie zunächst auch in den offiziellen Erklärungen (KUBBIG 1991, S. 90), im Vordergrund (Zeit1: 20%). Danach geraten die wirtschaftlichen Interessen der Alliierten entweder "in Vergessenheit" oder werden abgestritten (in zwei der untersuchten Artikel). Hier spiegelt sich die offizielle Argumentation der USA in der Phase sich zuspitzender Konfrontation: Hatte die US-Administration im August 1990 noch offen ihre ökonomischen Interessen im Golfkonflikt zugegeben,[24] trat dieses Argument in den amtlichen Erklärungen gegen Ende des Jahres 1990 "zugunsten" der angeblich atomaren Bedrohung durch den Irak zurück. Die Vermutung liegt nahe, daß man in der WELT-Redaktion keine materiellen, egoistischen Ziele, sondern ausschließlich moralische und völkerrechtliche Motive auf alliierter Seite zeigen will.

Die Frankfurter Allgemeine Zeitung

In der FAZ wird V10B die Durchsetzung der UNO-Resolutionen als vorrangiges Ziel der alliierten Anstrengungen genannt (in 36,9% aller Artikel). Mit Abstand folgen V10A die Friedensbemühungen (15,4%) und die Absicht V10I die irakische Militärmacht zu zerschlagen (13,8%). V10C die Lösung des Palästina-Problems, V10F die Sicherung des regionalen Machtgleichgewichts spielen in der analysierten Berichterstattung der FAZ eine genauso stark untergeordnete Rolle wie V10E die Suche der USA nach einer neuen Legitimation als Weltmacht oder V10K die Sicherung wirtschaftlicher Interessen. Da die FAZ diese Absichten der Alliierten weder bestätigend noch negierend zum Thema

---

24   Das amerikanische Nachrichtenmagazin TIME zitiert in seiner Ausgabe vom 20.08.1990 einen Berater George Bush' mit den Worten: "Um es deutlich zu sagen - dies ist eine einfache Angelegenheit. Sogar ein Tölpel versteht das Prinzip. Wir brauchen das Öl. Es ist nett, über das Eintreten für die Freiheit zu sprechen, aber Kuwait und Saudi-Arabien sind nicht gerade Demokratien, und wenn ihr wichtigstes Exportprodukt Orangen wären, dann hätte ein mittlerer Beamter des Außenministeriums eine Stellungnahme abgegeben und wir hätten Washington den August über dicht gemacht. Daran kann es keinen Zweifel gebe." -
Die USA sind im übrigen zunehmend von den Ölimporten aus den Golfstaaten abhängig, da die eigene Fördermenge in den letzten Jahren deutlich zurückgegangen ist. Das Eingreifen der USA in die Golfkrise beruht dabei aber nicht so sehr auf der momentanen Rohölversorgung, sondern auf dem hohen Anteil an Weltölreserven in Kuwait (GESEMANN 1991).

macht, bleiben wesentliche Aspekte der Golfproblematik in der Berichterstattung der FAZ ähnlich wie in der der WELT unbeleuchtet. Dies ist umso stärker zu bemängeln, als daß z.b. die unterlassene Auseinandersetzung mit der wirtschaftlichen Zielsetzung auf alliierter Seite Kritik unterbindet.

Die Süddeutsche Zeitung
Die Werte für die SZ unterscheiden sich nur unwesentlich von denen der FAZ. Schwerpunkte liegen auf V10B der Durchsetzung der UNO-Resolutionen (in 36,9% der Artikel) und V10A den Bemühungen um Frieden (17,6%). Weder V10C die Palästina-Frage (nur in 2% der Artikel) noch V10E die Legitimationsproblematik (0%) ist für die SZ ein Thema. Die Redaktion der SZ muß sich aufgrund dieser Daten eine ähnliche Kritik wie WELT und FAZ gefallen lassen.

Die Frankfurter Rundschau
Die FR stellt V10A die Friedensbemühungen der USA und der UNO weniger in den Vordergrund (in 14% der Artikel) als die anderen Tageszeitungen. Dagegen legen die Redakteure der FR deutlich mehr Gewicht auf die Absicht der Alliierten V10I die irakischen Truppen zu zerschlagen (21,1%); einen ähnlichen Wert erreicht für diese Variable nur die taz (22,5%). Diese Zahlen sind zumindest auf den ersten Blick erstaunlich; zwar liegt die Beschäftigung mit vornehmlich militärischen Zielen während der Kriegsphase des Golfkonflikts in der Natur der Dinge, dann aber hätte man eine ähnlich intensive Beschäftigung mit diesem Thema von allen Tageszeitungen erwarten können. Während der militärischen Auseinandersetzung war aufgrund der verhängten Nachrichtensperre von seiten der Alliierten außer dem beständig prädominierenden Ziel, die irakische Militärmacht zu schwächen und zum Rückzug aus Kuwait zu zwingen, nicht wesentlich mehr zu erfahren. Vermutlich konzentrieren FR und taz ihre Berichterstattung eben deshalb auf dieses sichere militärische Ziel, anstatt sich über anderweitige Absichten der Alliierten in Spekulationen zu verrennen oder auf unsichere Quellen zurückzugreifen.

Auch mit den ökonomischen Aspekten des Golfkonflikts beschäftigt sich die FR: Rund 6% der untersuchten Artikel nennen V10K die Sicherung wirtschaftlicher Interessen als Ziel der Alliierten und in knapp 13% der Artikel werden V10L die Sanktionen bzw. das Wirtschaftsembargo gegen den Irak erwähnt. Die Werte für die Absicht der Alliierten, V10B die UNO-Resolutionen durchzusetzen, liegen mit gut einem Drittel aller untersuchten FR-Artikel auf dem gleichen Level wie FAZ und SZ, also deutlich unter dem Beschäftigungsgrad der WELT (45,7%) mit diesem Aspekt der Golfkrise und deutlich über dem Wert der taz (22,5%).

Die Vernachlässigung von moralisch und politisch durchaus als positiv zu betrachtenden Absichten (V10A, V10C) und die Betonung moralisch zweifelhafter Ziele (V10K) zeigt, daß es der FR nicht unbedingt daran gelegen ist, ein übermäßig positives Bild vom politischen Verhalten der Alliierten, insbesondere der Vereinigten Staaten, zu zeichnen.

Die tageszeitung
So deutliche Schwerpunkte wie insbesondere in den untersuchten Artikeln der WELT mit Maximalwerten von 47% gibt es in der taz nicht. Nur die Variablen V10B Durchsetzung der UNO-Resolutionen und V10I Zerschlagung der irakischen Militärmacht erreichen Werte von je knapp einem Viertel aller Artikel. Insbesondere im Vergleich zu den Artikeln der WELT sind in der taz die Ziele V10A Friedensbemühungen (18,6% zu 15,2%), V10C Lösung der Palästina-Frage (8,5% zu 4,3%) und V10F Sicherung des Machtgleichgewichts in der Golfregion (10,9% zu 2,2%) augenfällig unterrepräsentiert. Aufgrund dieser Daten muß für die Berichterstattung der taz eine ähnliche Vermutung wie schon für die FR angestellt werden: Die taz vermeidet es, die USA und ihre Verbündeten in einem zu einseitig positiven Licht erscheinen zu lassen.

In diesem Zusammenhang ebenfalls interessant, ist ein Blick auf die Entwicklung der Werte für Variable V10A in der taz: Während den Alliierten im zweiten Untersuchungszeitraum Ende November 1990 und Mitte Januar 1991 in gut einem Drittel der Artikel noch das Bemühen zuerkannt wird, den Frieden am Golf sichern zu wollen, nehmen die Werte für diese Variable nach Beginn der Kampfhandlungen schlagartig ab (Zeit3: 3,7% bzw. Zeit4: 4,9%), und verschiedentlich wird gar das Gegenteil behauptet (7,4% bzw. 9,8%).

8.8.2.2 Andere Ziele der Alliierten: Einzelanalyse der Tageszeitung

Die Werte für die Variablen V9I andere irakische Ziele und V10M andere alliierte Ziele sind ein Hinweis darauf, daß die Zeitungen der politischen Mitte, FAZ, SZ und FR, stärker als die taz auf dem politisch linken Extrem und die WELT am rechten Rande des politisch Spektrums über die in der Analyse vorgegebenen Ziele hinaus ein detaillierteres Bild von den beiden Konfliktparteien präsentieren wollen. FAZ, SZ und FR scheinen viel stärker alles, was von alliierter Seite vermeldet wurde, in ihre Berichterstattung aufgenommen zu haben als WELT und taz. Dies erstaunt vornehmlich bei der WELT: Deren pro-amerikanische und pro-Alliierten Haltung hätte eigentlich FAZ- und SZ-ähnliche Werte erwarten lassen. Die Zurückhaltung der taz gegenüber den Alliierten wurde bereits erläutert.

Die Zahlen im Überblick:[25]

Tabelle 21: Nennung von anderen Zielen der Konfliktgegner
in allen untersuchten Tageszeitungen

	WELT	FAZ	SZ	FR	taz
Andere Ziele					
Alliierte	36,4	60,0	60,8	60,2	45,7
Irak	29,5	49,2	51,6	32,7	39,9

Die WELT
Die WELT wiederholt von Beginn der Golfkrise im August 1990 in diversen Varianten die Absicht der USA, eine internationale Allianz gegen den Irak bilden (07.08.), aus dem amerikanischen Alleingang ein multinationales Ereignis machen (09.08.) und den Zusammenhalt dieser Koalition sichern zu wollen (10.01., 19.01.). Die Vorbereitung militärischer Operationen (07.08., 08.08.) und der Beschluß der UNO-"Gewaltresolution" (28.11.) sollen die Expansionsbestrebungen Saddam Husseins stoppen (06.08.) und ihn letztlich zur (demütigenden) Kapitulation zwingen (18.01., 27.02.). Zu den Absichten der Alliierten zählt die WELT in der Vorphase der militärischen Auseinandersetzung die Intensivierung diplomatischer Bemühungen (09.01., 23.01.) und (als Zukunftsausblick) die Einleitung sozialer, politischer und wirtschaftlicher Neuerungen in der ganzen Golfregion (25.02.) durch die Proklamierung westlicher Freiheitsideale in den arabischen Ländern (25,02., 26.02.).

Die Frankfurter Allgemeine Zeitung
Die FAZ-Redaktion verweist in den untersuchten Artikeln zu Beginn der Golfkrise im August 1990 wiederholt auf den von den USA und anderen westlichen Staaten beabsichtigten Stopp von Waffenlieferungen an den Irak (03.08., 04.08., 06.08., 07.08.) und auf verschiedene andere wirtschaftliche Maßnahmen wie Ölboykott, Handelsembargo, Einfrieren kuwaitischer und irakischer Guthaben bei westlichen Banken (03.08., 06.08., 08.08.). Hinzu kämen Forderungen nach einer Wiedereinsetzung der legitimen kuwaitischen Regierung (06.08., 08.08., 09.08.). Nach Angaben der FAZ lehnen die USA und ihre Verbündeten das von Irak geforderte "linkage" oder "junktim" von Palästina-Frage und Räumung Kuwaits strikt ab (10.01., 11.01.). Mehrfach wird das Bemühen der alliierten Truppen angeführt, Angriffe auf irakische Wohnviertel und die iraki-

---

25 Alle Angaben als Prozentwerte.

sche Zivilbevölkerung "sorgfältig" vermeiden zu wollen (18.01., 21.01., 26.02.). Nichtsdestoweniger solle die irakische Führung derart unter Druck gesetzt werden, daß sie kapituliere (19.01., 27.01.), Saddam Hussein seine Niederlage öffentlich eingestehe (27.01.) und die politische wie wirtschaftliche Macht des Irak dauerhaft geschwächt werde (27.02.). Dem offiziellen Diktum folgend dient nach Angaben der FAZ die von den Alliierten verhängte Nachrichtensperre (das Wort "Zensur" wird nicht verwendet) dem Schutz der Soldaten und der Verwirrung des Irak über die tatsächliche militärische Lage (25.02.).

Die Süddeutsche Zeitung

Die SZ verweist bereits ganz zu Beginn des Golfkonfliktes auf die Absicht der USA, Truppenteile in der Krisenregion zu stationieren und eine militärische (Straf-)Aktion "auf die Beine zu stellen" (04.08., 06.08., 07.08., 08.08.). Meist in demselben Artikel erwähnt und kausal verknüpft ist die Intention der USA, Saudi-Arabien vor einem irakischen Angriff schützen zu wollen (08.08., 09.08.). Diese Protektionsbemühungen weiten sich dann in den SZ-Artikeln des dritten und vierten Untersuchungszeitraums auf die israelische Bevölkerung aus (19.01., 21.01.). Weitere politische und wirtschaftliche Bestrebungen, die von den anderen untersuchten Tageszeitungen hervorgehoben werden, treten in der Berichterstattung der SZ zunächst in den Hintergrund. Von Anfang an ist es, laut SZ-Redaktion, die Absicht der USA, Saddam Hussein so in die Ecke zu treiben und seinen Mythos derart zu demolieren, daß dessen persönlichen Feinde ihn selber beseitigen (09.08., 23.02.). Insbesondere in der Vorphase des Krieges, in der Zeit diplomatischer Vermittlungsbemühungen betont die SZ wiederholt die Standfestigkeit und Kompromißlosigkeit der USA und der UNO bezüglich der UNO-Resolutionen gegen den Irak (06.01., 07.01., 08.01., 09.01., 10.01.). Im übrigen solle Saddam Hussein für die Verschleppung von Kriegsgefangenen und anderen Menschenrechtsverletzungen persönlich zur Rechenschaft gezogen werden (22.01., 25.02.).

Die Frankfurter Rundschau

Während sich die Berichterstattung der SZ im ersten Untersuchungszeitraum auf die militärischen Einzelaktionen der USA konzentriert, hebt die FR in derselben Zeitspanne das Bemühen um eine multilaterale Zusammenarbeit zur Friedenssicherung und die Kooperation der Supermächte USA und UdSSR hervor (06.08., 08.08., 09.08.). In der für die Zeit der militärischen Konfrontation analysierten Artikel wiederholt die FR das Bestreben der Alliierten, die Koalition trotz Spaltungsversuchen durch irakische Angriffe auf israelische Großstädte zusammenzuhalten (19.01., 21.01.). Ähnlich wie die FAZ berichtet die FR über die Weigerung der USA (als Verhandlungsführerin der UNO), die israelische Besetzung Palästinas gleichzeitig mit der Besetzung Kuwaits durch den Irak zu debattieren (07.01., 08.01., 11.01., 22.02.). Militärisches Ziel sei die totale und bedingungslose Kapitulation des Irak (18.01., 27.02., 28.01.) sowie eine öffentliche Anerkennung aller zwölf UNO-Resolutionen (27.02.). Am liebsten sei den USA nach Angaben der FR darüber hinaus eine Palastrevolte mit dem Ziel, Saddam Hussein zu stürzen (28.02.).

George Bush verfolge, so die FR, im Golfkonflikt außerdem das Ziel, seine Position im amerikanischen Kongreß zu stärken und sein innenpolitisches Prestige, also seine Wiederwahl zu sichern; deswegen passe er seine Ziele in der Krise den Tendenzen in der öffentlichen Meinung an (26.02.).

Die tageszeitung

Nach Darstellung der taz geht es den Alliierten unter Führung der USA darum, das irakische Regime international und insbesondere innerhalb der arabischen Welt in eine isolierte Position zu manövrieren (03.08., 06.08., 08.08.). Ein Zusammenbruch der anti-irakischen Koalition durch das Eingreifen Israels in die Auseinandersetzungen solle verhindert werden (14.01., 18.01., 19.01.) und eine harte Position gegenüber dem Irak gewahrt bleiben (09.01., 10.01.). Außerdem stellten sich die Alliierten eine Nachkriegsordnung ohne Saddam Hussein und seine Baath-Partei vor (26.02., 27.02.); Saddam Hussein solle zum politischen Selbstmord gezwungen oder durch innenpolitische Gegner gestürzt werden (28.02.).

Neben diesen außenpolitischen Zielen verfolgen die USA nach Angaben der taz[26] auch innenpolitische Ziele wie z.B. die Ablenkung von wirtschaftlichen und sozialen Problemen (09.08.), die Sicherung des Ansehens und der Wiederwahl George Bushs (09.08.), eine neue Legitimation des amerikanischen Militärs sowie die Sicherung des Rüstungsetats (09.08.). Diese Aussagen unterstützen noch einmal (wie bereits genannt) die Annahme, daß die taz die Ziele der Alliierten, ganz besonders der Vereinigten Staaten, in den untersuchten Artikeln durchaus auch negativ-kritisch betrachtet.

8.8.2.3 Ziele des Irak: Vergleichende Gesamtanalyse

Enttäuschung in der Bevölkerung über die Ergebnisse der staatlichen Unabhängigkeit und über die von der Regierung nach dem Ende des Irak-Iran-Krieges geweckten aber nicht erfüllten Hoffnungen hatten im Irak zu sozialen und politischen Spannungen geführt. Diese wurden noch verstärkt durch die Bedrohung der Existenz des Kleinbürgertums, durch technische Modernisierung

---

26 Die taz und die FR beziehen sich hier augenscheinlich auf dieselbe Quelle. - Vergleichbar argumentiert auch KUBBIG (1991), S. 87.

und Industrialisierung sowie die dadurch hervorgerufene Landflucht und Proletarisierung der Stadtbevölkerung. Da die Externalisierung dieser Schwierigkeiten schon im acht-jährigen Krieg gegen den Iran 1980-1988 "funktioniert" hatte, versuchte sich die irakische Führungselite an dem Einmarsch in Kuwait im Sommer 1990. Sie hoffte dadurch, gleich "zwei Fliegen mit einer Klappe zu schlagen". Gemeint sind die wirtschaftlichen Motive, die zum Einmarsch irakischer Truppen in Kuwait führten. Lediglich in vier Artikeln der taz werden kurz nach Beginn der Golfkrise im August 1990 diesbezügliche Absichten des Irak erwähnt; in der FR sind dies immerhin zehn Artikel, von denen fünf ebenfalls in den ersten Untersuchungszeitraum fallen; die SZ behandelt das Thema in sechs von insgesamt acht Ausgaben im genannten Untersuchungszeitraum; FAZ[27] und WELT beschäftigen sich mit diesem Thema in insgesamt fünf bzw. sechs über den gesamten Untersuchungszeitraum verteilten Artikeln. Diese Vernachlässigung der wirtschaftlichen Aspekte in der Motivation des Irak entspricht nicht der Bedeutung, die Experten in weltwirtschaftlichen Fragen und in der Orientforschung ihnen beimessen (z.B. BAHADIR 1990, FRANK 1991a).

Irakische Ziele, die sich auf innerirakische Fragen wie Wirtschaft (V9C) und Innenpolitik (V9D) beziehen, werden von allen Zeitungen weitgehend vernachlässigt.[28] Für alle untersuchten Tageszeitungen enttäuschend bleibt v.a. die Analyse der innenpolitischen Probleme, von denen die irakische Führung abzulenken versuchte. FAZ und SZ beschäftigen sich überhaupt nicht mit diesen Zielen; auch WELT, FR und taz behandeln sie nur in je ein oder zwei der untersuchten Artikel.

Hier treten "rationale" Argumente in den Hintergrund zugunsten von Motiven, die aus westlicher Perspektive als irrational angesehen werden, wie z.B. der Heilige Krieg oder die Beseitigung Israels, und daher eher in das (einseitige) Bild vom "unberechenbaren Verrückten" passen.

Für die in den Variablen V9A bis V9H aufgeführten möglichen Ziele des Irak läßt sich an den statistischen Daten feststellen, je weiter die Zeitung im politischen Spektrum nach rechts orientiert ist, desto stärker werden in den untersuchten Artikeln die aggressiven Ziele des Irak betont, wie v.a. V9B Beseitigung Israels bzw. Befreiung Palästinas oder V9G Kampf des Islam gegen die westliche Welt ("Heiliger Krieg"). Während z.B. die WELT in 14,7% der in ihr analysierten Artikel für den Irak das Ziel der Beseitigung Israels nennt, sind dies für die taz lediglich 2,9%. Auch V9G Heiliger Krieg ist für die WELT (in

---

27   Die niedrigen Werte der FAZ (als ausgesprochene "Wirtschaftszeitung") lassen sich u.U. damit erklären, daß dieser Themenkomplex vornehmlich im nicht analysierten Wirtschaftsteil der Zeitung behandelt wurde.
28   Und dies, obwohl die Beschäftigung mit diesen Zusammenhängen keine Präsenz der Journalisten am Krisenort verlangt hätte; eine redaktionelle Aufbereitung hätte sich ohnehin auf Daten und Erkenntnisse aus der Vorkriegszeit beziehen müssen.

9,3% der Artikel) zweimal so häufig Thema wie für die SZ (4,6%) oder die FR (4,1%) und dreimal so häufig wie für die taz (3,6%). Ähnliches gilt für V9F Verwirklichung der panarabischen Idee. Alle diese Ziele sind potentiell gegen die westlichen Industrienationen gerichtet.

Es stellt sich hier die Frage, ob insbesondere die rechts orientierten Tageszeitungen unterschwellig ein Bedrohungsgefühl in ihrer Leserschaft erzeugen wollen, das auf psychologischer Ebene die Zustimmung zu militärischen Maßnahmen gegen den Irak zumindest gefördert hätte. Da die Werte für FR und taz in den oben aufgeführten Kategorien deutlich geringer sind als in WELT und FAZ, kann man annehmen, daß FR- und taz-Redaktion versuchen, den Irak insgesamt friedlicher darzustellen als WELT, FAZ und auch SZ. Diese Annahme wird für die taz noch dadurch gestützt, daß V9H Bemühen um eine friedliche Lösung des Konflikts mit 9,4% aller taz-Artikel mit Abstand am häufigsten unterstellt wird.

8.8.2.4 Andere Ziele des Irak: Einzelanalyse der Tageszeitungen

Die WELT

Die irakischen Absichten, die in den untersuchten Artikeln der WELT abseits der vorgegebenen Ziele genannt werden, sind überwiegend aggressiver Natur. So soll nach Angaben der WELT die internationale Koalition der Alliierten aufgelöst werden (09.01., 11.01., 19.01., 19.01., 21.01.), indem Israel bedroht (18.01.) und dadurch in die militärische Auseinandersetzung hineingezogen würde (19.01., 21.01.). Weiterhin sei es Absicht der irakischen Führung, einen blutigen Kampf gegen die alliierten Truppen zu führen (18.01.) und die Golfregion durch Terroranschläge zu destabilisieren (23.02.), um so einen Waffenstillstand zu erzwingen (22.01., 22.02.). In den letzten Tagen der Bodenoffensive unterstellt die WELT dem Irak außerdem die absichtliche Zerstörung der kuwaitischen Ölreserven und Infrastruktur, um den raschen Wiederaufbau Kuwaits zu verhindern (25.02.). Vergleichsweise positiv macht sich dagegen die lediglich einmalige Nennung der irakischen Absicht, eine Konferenz zum Nahost-Problem einzuberufen (22.02.).

Die Frankfurter Allgemeine Zeitung

Die FAZ rückt wiederholt die Drohungen des Irak in den Mittelpunkt, terroristische Mittel zu weltweiten Vergeltungsschlägen gegen die Alliierten einzusetzen (08.01., 10.01., 12.01., 21.01., 22.01., 25.02.). Die Forderungen Iraks, die Kuwait-Frage parallel mit der Palästina-Frage zu diskutieren, erwähnt die FAZ lediglich in drei Artikeln (07.01., 09.01., 11.01.). Ansonsten sind die Ausführungen in der Variable V9I andere Ziele in der FAZ recht uneinheitlich: Sie reichen vom angeblichen Zusammenschluß Kuwaits und des Irak (09.08.) bzw. der Auslöschung jeglicher kuwaitischer Identität (29.11), über die Absicht, sich den Zugang zum Persischen Golf zu sichern (09.01.), oder gar angeblich den Persischen Golf mit Öl zu verseuchen (23.02.). Die FAZ nennt weiterhin die Absicht des Irak, bei der drohenden militärischen Auseinandersetzung Giftgas einzusetzen (14.01.), sich ziviler oder militärischer Geiseln als lebende Schutzschilde zu bedienen (22.01.) und den Alliierten den Wiederaufbau Kuwaits so schwer wie möglich zu machen (26.02.).

Einmal ganz abgesehen davon, daß viele der genannten irakischen Absichten gegen westlich-christliche Ethikvorstellungen verstoßen, entsteht durch die Inhalte und Form der Berichterstattung in der FAZ tendenziell der Eindruck, die irakische Führung würde nicht stringent eine bestimmte Zielsetzung verfolgen, sondern (irrational) von einer Idee in die nächste verfallen.

Die Süddeutsche Zeitung
Die SZ nennt eine ganze Reihe irakischer Absichten, die sich auf einige wenige reduzieren lassen. Mehrfach verweist die SZ auf die Verhandlungs- und Dialogbereitschaft des Irak (29.11., 09.01., 10.01.) und dessen Absicht, für Frieden und Gerechtigkeit im Nahen und Mittleren Osten zu kämpfen (28.11., 09.01.). Gleichzeitig dienten aber die Angriffe auf Israel dazu, Israel in den Krieg zu verwickeln und so die internationale Allianz gegen den Irak aufzuweichen (06.01., 18.01., 19.01., 21.01.). Zum Ende des Krieges im vierten Untersuchungszeitraum werden die Absichten des Irak, laut SZ-Berichterstattung, sehr widersprüchlich: Zwar sei der Irak zur Fortsetzung des Kampfes entschlossen (22.02., 26.02.); dann wieder sei er zum Rückzug bereit (23.02., 25.02., 26.02., 27.02., 28.02.); die zwölf UNO-Resolutionen würden zwar anerkannt (27.02.), aber gleichzeitig würde der grundsätzliche Anspruch auf Kuwait nicht aufgegeben (27.02.). Saddam Hussein wolle sein Gesicht wahren, um politisch überleben, d.h. an der Macht bleiben zu können (27.02.).

Die Absichten des Irak aus der letzten Variable V9I sind, laut SZ, überwiegend negativer, aggressiver Natur; allerdings verweisen die Redakteure der SZ auch auf positivere Ziele des Irak.

Die Frankfurter Rundschau
Abgesehen von der Tatsache, daß von den untersuchten Artikeln der FR nur 32,7% überhaupt andere Ziele des Irak nennen (nur die WELT hat mit 29,5% noch weniger), sind die meisten der Angaben militärischer Natur: Androhung von Giftgaseinsätzen (09.08., 10.01., 18.01., 21.01.), Neugruppierung der irakischen Truppen (26.02., 27.01.), Rückzug der Truppen aus Kuwait (06.08.,

23.02., 27.02., 28.02.) u.ä.m. Hinzu kommen, so die FR, Absichten wie terroristische Anschläge in der westlichen Welt (07.01., 12.01., 18.01., 22.01.). Die Spaltung der Koalition der Alliierten ist genauso selten Thema (19.01.) wie der Kampf des Irak um Frieden und Gerechtigkeit in der Region (28.11.), auf den auch die SZ bezug nimmt.

Die FR übernimmt offenbar ähnlich wie die anderen Tageszeitungen die gängigen Meldungen der Nachrichtenagenturen (was bei der dürftigen Informationslage bzgl. irakischer Absichten auch kaum anders möglich gewesen sein wird), ohne sich um eigene, evtl. spekulative Recherche zu bemühen.

Die tageszeitung

Ähnlich wie WELT, FAZ, SZ und FR nennt auch die taz in der offenen Variable V9I vorwiegend "negative" Absichten des Irak, wie z.B. den angekündigten Vernichtungsschlag gegen Israel (05.01.), die Ausweitung der militärischen Auseinandersetzung mit den USA zu einem regionalen politischen Krieg (19.01.), die Androhung weltweiter terroristischer Anschläge (25.02.) sowie den Mißbrauch von Kriegsgefangenen als menschliche Schutzschilde (22.02.). Die dauerhafte Lösung aller Probleme der Golfregion rückt die taz als Ziel des Irak in den untersuchten Artikeln aber deutlich häufiger in den Mittelpunkt als sogar die SZ (05.01., 09.01., 14.01., 22.02., 23.02.).

8.8.3 Zusammenfassende Gesamtanalyse

Resümierend ist die Zuwendung der fünf untersuchten Tageszeitungen zu den Absichten und Motiven der beiden Kontrahenten in der Golfkrise unbefriedigend. Selbst unter Hinzunahme der Ausführungen in den offenen Variablen V9I und V10M bleibt die Hintergrundberichterstattung in allen Zeitungen, betrachtet man die politische und militärische Relevanz des Golfkonfliktes, insgesamt zu dürftig. Die Möglichkeiten für eine (ausführlichere) Berichterstattung, wie sie in der Verteilung der journalistischen Gattungen angelegt sind, hat insbesondere die Redaktion der FAZ nicht genutzt. Der vergleichsweise niedrige Anteil an Berichten und Reportagen in der Berichterstattung der FR ist dort vermutlich mit Grund für die wenig detaillierte Darstellung irakischer Absichten.

Hier zeigt sich einmal mehr, wie sehr der Zwang zur Aktualität die Berichterstattung der Medien dominiert, wenn sie diese nicht sogar vollkommen zu verschlucken droht. Gerade in den Kriegswochen im Januar und Februar 1991 waren die Informationen, denen die Journalisten vor Ort habhaft werden konnten, mehr als lückenhaft, und es gab oft nicht mehr zu berichten, als daß es eigentlich nichts (neues) zu berichten gäbe. Gleichwohl kommen die (Print-)Medien nur selten über die reine Reflexion der Ereignisse hinaus, was sich in der Vielzahl von Kommentaren (zumeist über die eigene Arbeit) zeigt. Dies ist umso bedauerlicher, als das Informationsbedürfnis des Publikums (auch und gerade über die größeren Zusammenhänge) in derartigen Krisenzeiten sehr stark ist.

Da in den untersuchten Artikeln aller fünf Tageszeitungen hptsl. die irakische Seite von der unzureichenden Hintergrundberichterstattung betroffen ist, ist der Rückschluß auf ein Feindbild-Potential entsprechend der Hypothese No. 7 durchaus zulässig. Diese Annahme gilt insbesondere für FR und WELT, da in diesen beiden Zeitungen die Zuwendung zu Zielen der Alliierten vergleichsweise stärker ist als zu denen der irakischen Seite.

8.9 Überprüfung der Hypothese No. 8: Schuldzuweisungen

> "Unsere Sache ist gerecht.
> Unsere Sache ist moralisch.
> Unsere Sache ist richtig."
> (George Bush, 30.01.1991)

In Hypothese No. 8 wird ein Zusammenhang hergestellt zwischen der Konstruktion von Feindbildern und dem Umfang sowie der Art, mit der Journalisten Handlungsträgern Verantwortung und Schuld für die Folgen eines Konfliktes zuschreiben.

In Kapitel 2.7 dieser Arbeit wurde bereits diskutiert, daß jede Seite in einem (militärischen) Konflikt wie dem Golfkrieg sich "im Recht" fühlt, meint, einen bellum iustum zu führen und eine höhere moralische Ordnung verteidigen zu müssen. Das obige Zitat von George Bush verdeutlicht diese Haltung der Alliierten während des Golfkonfliktes sehr genau. Selbstverständlich glaubte sich auch die irakische Seite unter Saddam Hussein mit ihren Ansprüchen an kuwaitisches Territorium "im Recht" sowie nach Eskalation der Krise in der Pflicht, nach den Gesetzen des Dschihad (Heiliger Krieg) als Gläubige gegen die Ungläubigen kämpfen zu müssen. Wechselseitig wurde dabei der gegnerischen Partei die Schuld am "Ausbruch" dieses Krieges und die Verantwortung für seine Folgen zugewiesen. Variablen V11A bis V11I sollten klären, inwieweit die untersuchten Tageszeitungen diese Schuldzuweisungen reflektieren bzw. bestätigen.

8.9.1 Schuldzuweisungen an die Konfliktgegner: Vergleichende Gesamtanalyse

Ein Blick auf die Auszählungen der Variablen V11A bis V11I zeigt im Vergleich der fünf Tageszeitungen für die Verteilung von Schuldzuweisungen ganz interessante Ergebnisse. Die Zeitungen aus dem politisch linken Spektrum, also FR und taz, sind mit Schuldzuweisungen an die beiden Konfliktparteien zurückhaltender als die rechts-konservative WELT. Die SZ bewegt sich im Mittelfeld dazwischen, und die FAZ als die scheinbar neutralste der untersuchten Zeitungen hält sich mit Schuldurteilen noch mehr zurück als FR oder taz.

An der Verteilung der Schuldzuweisungen auf die Konfliktparteien läßt sich die deutlich pro-amerikanische Haltung der WELT und (mit Einschränkung) der FAZ sowie der SZ und die eher pro-irakische Haltung der FR und taz ablesen. Die WELT macht die USA und ihre Verbündeten in gerade einmal 1,5% aller möglichen Fälle für etwas verantwortlich; für den Irak unter der Führung Saddam Husseins berechnet sich in der WELT mehr als das Zehnfache dieses Wertes (12%). In SZ und FAZ steht das "Schuld"-Verhältnis in etwa 2:1 zugunsten der Alliierten. FR und taz betrachten die Alliierten und den Irak nahezu gleich kritisch, mit einer gering positiveren Bewertung des Irak.

Da für alle fünf Zeitungen eine unterschiedliche Anzahl von Artikeln untersucht wurde, lohnt sich ein Blick auf die Prozentwerte für die Variablen V11A bis V11I:[29]

Tabelle 22: Schuldzuweisungen (zusammengefaßt) an die Konfliktgegner in allen untersuchten Tageszeitungen

	WELT	FAZ	SZ	FR	taz
Schuldzuweisung an:					
Irak	12,0	6,6	7,0	4,2	4,7
USA, Alliierte	1,5	2,8	3,8	5,8	5,6
beide	0,9	0,8	2,0	1,9	1,1
k.A.	85,6	89,7	87,0	88,0	88,5
Summe	100,0	*99,9	*99,8	*99,9	*99,9

* Rundungsfehler

---

[29] Zur Berechnung dieser Werte wurde zunächst die Anzahl aller Artikel, die einem der Handlungsträger in Variable V11 Verantwortung anlastete, addiert; diese Zahl wurde durch ein Hundertstel aller möglichen Verantwortungszuweisungen (Multiplikation der jeweiligen Anzahl untersuchter Artikel mit den neun Items der Variable V11) dividiert.

Betrachtet man die Entwicklung dieser Schuldzuweisungen über die vier Untersuchungszeiträume hinweg, dann zeigt sich, daß die WELT mit steigender Tendenz den Irak für Krisen- und Kriegsfolgen verantwortlich macht: Sind dies im ersten Untersuchungszeitraum rd. 10% aller möglichen Fälle, so hat sich diese Zahl bis zur letzten Kriegswoche auf gut 15% erhöht. Die Beschuldigungen der WELT gegen die USA und ihre Verbündeten bleiben dagegen während des gesamten Untersuchungszeitraums minimal (geringe Schwankungen um 1,5%). In der FAZ weist die Anzahl der Vorwürfe gegen den Irak nur eine leicht steigende Tendenz auf; gleichzeitig nehmen im Verlauf der Ereignisse am Golf aber auch die Schuldzuweisungen an die Adresse der Alliierten zu. Im November 1990 und Januar 1991 sind die Werte nahezu gleichverteilt. In der SZ entwickeln sich die Werte für die beiden Konfliktparteien ähnlich wie in der FAZ. Die Gleichverteilung der Schuldzuweisungen liegt hier aber im dritten Untersuchungszeitraum. In taz und FR sind Zahlen für die Schuldzuweisungen an den Irak über die ganze Analyse hinweg schwankend. Die FR macht den Irak v.a. in der letzten Kriegswoche im Februar 1991 für ein oder mehrere Items verantwortlich. In der taz finden sich in der ersten Augustwoche 1990 deutlich die meisten Schuldzuweisungen; mit 9% annähernd doppelt so viele wie zu jeder anderen Zeit. Gleichzeitig haben aber die Vorwürfe von FR und taz gegen die USA und die Alliierten im Lauf der Untersuchung deutlich zugenommen: in der FR von 1,7% im August 1990 bis 9% in den letzten Kriegstagen; in der taz von 3% auf 12,4% in der ersten Kriegswoche, in der im Vergleich zu den anderen Zeitungen auch mit knapp 3% beide Parteien am häufigsten gemeinsam für eine Sache verantwortlich gemacht werden.

Die WELT übt an der Position der Alliierten unter Führung der USA durchgehend nur geringfügig Kritik; der Irak und Saddam Hussein werden mit Vorwürfen beinahe überschüttet. Die Werte in FAZ und SZ weichen (zumindest für die Alliierten) nicht wesentlich von denen der WELT ab. FR und taz dagegen sehen die Handlungen insbesondere der USA mit deren intensiver und aggressiver werdenden Engagement in der Golfkrise zunehmend skeptisch; die Verhaltensweise des Irak wird (bis auf die Anfangsphase des Golfkonflikts) weniger kritisiert.

In vielen Artikeln aller fünf untersuchten Zeitungen bleibt eine Vielzahl von Verantwortungspunkten ungenannt. Dies gilt in der WELT insbesondere für V11D Ökologische Folgen, V11C Wirtschaftliche Folgen, V11F Militärische Opfer und V11B Politisches Chaos und Unruhen.

Für die FAZ sind V11B Politisches Chaos und Unruhen sowie V11C Wirtschaftliche Folgen zu keiner Zeit ein Thema. Auch die Verantwortung für V11F Militärische Opfer, V11D Ökologische und V11E Infrastrukturelle Folgen weist die FAZ nur in den seltensten Fällen jemandem (und wenn dann der irakischen Seite) zu. Für die Variablen V11E und V11F zeigt dies und die Tatsache, daß die USA bzw. die Alliierten in V11E nur zu 3,1% und in V11F gar nicht als Verantwortliche genannt werden, wie sehr die FAZ der Versuchung erlegen ist, den offiziellen Versionen der Alliierten zu folgen und deren Kriegsführung als "verlustarme chirurgische Schnitte" darzustellen. Gleiche Tendenzen werden auch in der Berichterstattung der WELT sichtbar.

V11B Politisches Chaos und Unruhen und V11C Wirtschaftliche Folgen scheint die SZ offenbar keiner der Konfliktparteien anlasten zu wollen. Ähnlich steht es mit V11H Ausbruch des Krieges und V11A Konflikteskalation. Die Äußerungen der SZ zu diesen beiden Items sind jedenfalls selten.

Die Berichterstattung der FR ist bezüglich V11B Politisches Chaos und Unruhen, V11C Wirtschaftliche Folgen und V11H Ausbruch des Krieges ähnlich zurückhaltend wie die der SZ. Zu V11A Konflikteskalation bezieht die FR-Redaktion aber eindeutig Stellung (s.u.).

In der taz werden V11B Politisches Chaos, V11C Wirtschaftliche Folgen, V11D Ökologische Folgen und V11H Ausbruch des Krieges vergleichsweise selten erwähnt.

Die Variablen V11A Konflikteskalation und V11H Ausbruch des Krieges ergänzen einander. Sie veranschaulichen deutlich die unterschiedliche Sicht und Beurteilung der fünf untersuchten Tageszeitungen hinsichtlich der Zuweisung von Schuld und Verantwortung.

Tabelle 23:[30] Einzelitems der Schuldzuweisungen an die Konfliktgegner in allen untersuchten Tageszeitungen (1)

	WELT	FAZ	SZ	FR	taz
Konflikteskalation					
Irak	19,4	7,7	3,9	2,3	2,9
USA, Alliierte	2,3	1,5	2,0	7,0	8,0
beide	-	0,8	1,3	1,2	1,4
k.A.	78,3	90,0	92,8	89,5	87,7
Summe	100,0	100,0	100,0	100,0	100,0

30 Diese und die folgenden Werte beziehen sich als Prozentangaben auf die Gesamtzahl der für jede Zeitung untersuchten Artikel.

	WELT	FAZ	SZ	FR	taz
Kriegsausbruch					
Irak	17,8	8,5	5,9	2,9	4,3
USA, Alliierte	-	-	-	0,6	3,6
beide	0,8	0,8	0,7	1,8	0,7
k.A.	81,4	90,7	93,4	94,7	91,4
Summe	100,0	100,0	100,0	100,0	100,0

Die Werte machen deutlich, wo die WELT den Hauptschuldigen für Beginn und Verschärfung der Golfkrise sieht. Besonderes Gewicht liegt für beide Variablen auf dem Zeitraum 28.11. - 30.11.1990 und 06.01. - 14.01.1991, also in der Zeit verstärkter diplomatischer Bemühungen zur Verhinderung des drohenden Krieges. D.h. (und dies deuten auch die bewertenden Darstellungen der WELT-Journalisten an), daß der irakischen Führung die Verantwortung für das Scheitern dieser Verhandlungen angelastet wird. Der Irak habe damit die Chance vertan, eine militärische Konfrontation abzuwenden, so die Darstellung der WELT. Salopp gesprochen schiebt die WELT dem Irak "den Schwarzen Peter in die Schuhe". Keine der anderen Zeitungen zeigt eine solch eindeutige und massive Parteinahme.

FAZ und SZ sind in ihren Beschuldigungen zu Konflikteskalation und Kriegsausbruch deutlich zurückhaltender als die WELT. Aber auch ihre Position zum Kriegsausbruch ist eindeutig zuungunsten des Irak.

Die FR klärt zwar die Kriegsschuldfrage ebenfalls zuungunsten des Irak, vertritt diese Ansicht aber nicht mit der gleichen Vehemenz wie WELT, FAZ und SZ. Die wenigen Äußerungen der FR zum Kriegsausbruch sind auffallend. Trotz ihrer allgemein kritischen Haltung zu den USA und ihren Verbündeten sind die Schuldzuweisungen an deren Seite minimal. Anstatt sich bei der Kriegsschuldfrage zuungunsten der Alliierten eindeutig festzulegen, weicht die FR auf die Frage nach der Eskalation des Konfliktes aus. Und die dagegen sei eindeutig Folge des Verhaltens der Alliierten bzw. der USA.

Die taz hält beide Konfliktparteien gleichermaßen am Ausbruch des Krieges für schuldig. Für die Eskalation des Konfliktes sind in den Augen der taz-Redaktion jedoch eindeutig die USA und deren Verbündete verantwortlich. Der Schwerpunkt liegt dabei deutlich in der letzten Kriegswoche und betrifft nach Meinung der taz-Journalisten v.a. die vermeidbare Eröffnung der Bodenoffensive durch die alliierten Truppen.

FR und taz stimmen in ihrer Beurteilung der Kriegsschuld bzw. der Konflikteskalation mit den Analysen von FRANK (1991b, S. 296: "kalkulierte Eskalation in Richtung Krieg") und RUF (1991) überein, der den USA die "konsequent betriebene diplomatische und militärische Eskalation des Konfliktes" vorwirft (S. 57).

Von allen Tageszeitung völlig unterschiedlich bewertet wird auch V11E Verantwortung für infrastrukturelle Folgen, wie z.b. zerstörte Städte bzw. zivile Einrichtungen. Je weiter die jeweilige Zeitung auf dem politischen Spektrum nach links eingeordnet werden kann, desto mehr werden die alliierten Truppen unter Führung der USA (und desto weniger der Irak) in der Berichterstattung für zerstörte Städte verantwortlich gemacht.

Die WELT zieht den Irak besonders zum Ende des Krieges, als erste Berichte aus Kuwait und Kuwait-City kamen, in 7,8% der analysierten Artikel für die Zerstörung kuwaitischer Städte, die alliierten Truppen lediglich in 3,9% der Fälle hptsl. für die Bombardierung süd-irakischer Orte zur Verantwortung. In der FAZ wird die Schuld für infrastrukturelle Folgen auf die zwei gegnerischen Parteien etwa gleich verteilt (Irak: 3,8%, Alliierte: 3,1%). Ähnliches gilt für die Berichterstattung der SZ, wobei aber den Alliierten schon etwas häufiger die Verantwortung für zerstörte Städte im Irak und Kuwait angelastet wird (Irak: 3,9%, Alliierte: 4,6%). In der FR und der taz dreht sich das Gewicht der Schuldverteilung dagegen um: Die USA werden in der FR doppelt und in der taz dreimal so oft wie der Irak infrastruktureller Folgen des Krieges für schuldig befunden. Während in FR und taz die Alliierten in der ersten und letzten Kriegswoche besonders für das militärische Vorgehen gegen zivile Einrichtungen im Irak verantwortlich gemacht werden, sind für beide Zeitungen die Zerstörungen, die irakische Truppen bei ihrem Einmarsch in Kuwait im August 1990 anrichten, kein Thema. Anklage gegen den Irak wird in FR und taz erst beim Abzug irakischer Einheiten von kuwaitischem Gebiet Ende Februar 1991 erhoben.

Unterschiede zwischen WELT, FAZ, SZ, FR und taz zeigen sich auch bei den Variablen V11F Militärische Opfer und V11G Zivile Opfer. Alle fünf Zeitungen machen zwar hptsl. den Irak für beide Items verantwortlich, aber in SZ, WELT und FAZ ist der Anteil der Artikel, in denen dieses Item genannt wird, deutlich höher als in FR und taz. Gleichzeitig wird in FR und taz auch den Alliierten eine höhere Teilschuld zugesprochen. In den analysierten Artikeln der WELT und FAZ fallen die Alliierten nahezu vollkommen aus dieser Verantwortung heraus.

Die Zahlen im Überblick:[31]

Tabelle 24: Einzelitems der Schuldzuweisungen an die Konfliktgegner in allen untersuchten Tageszeitungen (2)

	WELT	FAZ	SZ	FR	taz
Militärische Opfer					
Irak	9,3	2,3	3,9	3,5	5,8
USA, Alliierte	-	-	2,6	3,5	2,2
beide	0,8	0,8	2,0	3,5	2,2
k.A.	89,9	96,9	91,5	89,5	89,8
Summe	100,0	100,0	100,0	100,0	100,0
Zivile Opfer					
Irak	17,1	14,6	22,2	12,9	10,9
USA, Alliierte	1,6	2,3	4,6	5,3	5,1
beide	1,6	0,8	1,3	3,5	1,4
k.A.	79,7	82,3	71,9	78,3	82,6
Summe	100,0	100,0	100,0	100,0	100,0

Interessant ist ein gesonderter Blick auf den dritten Untersuchungszeitraum, also die ersten Kriegstage Mitte Januar 1991. Außer den militärischen Erfolgsmeldungen des alliierten Oberkommandos war in diesen Tagen nicht wesentlich mehr zu erfahren. Die scheinbare technisch hohe Überlegenheit der multinationalen Truppen ließ bei entsprechender Darstellung in den Medien den Eindruck einer Kriegsführung der "verlustarmen chirurgischen Schnitte" entstehen, wie es die offizielle Version mit gewisser Selbstüberschätzung vorgab. Die Werte der WELT aus diesem Zeitraum zeigen, wie sehr sie dazu tendiert, den offiziellen Versionen der Alliierten zu folgen: Die alliierten Truppen sind weder für militärische noch für zivile Opfer des Krieges verantwortlich; dem Irak wird dagegen in rd. einem Fünftel der in diesem Zeitraum analysierten Artikel die Verantwortung für beide Items angelastet. Die FAZ-Redaktion macht die Alliierten immerhin in 10% der Artikel (13,3% für den Irak) für die Opfer in der irakischen Zivilbevölkerung verantwortlich. SZ, FR und taz sehen dagegen die Schuldverteilung im dritten Untersuchungszeitraum genau umgekehrt: In den Artikeln der SZ ist das Verhältnis 1:3 zuungunsten der Alliierten; die FR befin-

---

31 Die folgenden Werte beziehen sich als Prozentangaben auf die Gesamtzahl der für jede Zeitung untersuchten Artikel.

det die alliierten Truppen doppelt so häufig wie die irakischen Soldaten für zivile Opfer für schuldig; und in der taz sind die von den USA geführten Alliierten in gut einem Viertel der Artikel für Opfer in der irakischen Bevölkerung verantwortlich (3,7% für den Irak).

Alle fünf untersuchten Zeitungen verurteilen (in unterschiedlichem Maße) den Irak für die Behandlung der kuwaitischen Zivilbevölkerung und ausländischer Staatsbürger während des Einmarsches irakischer Soldaten in Kuwait. Besonders FAZ und taz erheben diesbezüglich Anklage gegen den Irak. Für die Redaktion der taz zeigt sich hier, daß sie trotz ihrer deutlich anti-amerikanischen Position den Blick für die Vergehen der irakischen Truppen bzw. Führung nicht verliert.

8.9.2 Andere Schuldzuweisungen an die Konfliktgegner: Einzelanalyse der Tageszeitungen

Aufschlußreich sind auch die Einzelwerte für die Variable V11I, in der Schuldzuweisungen festgehalten wurden, die in V11A bis V11H nicht explizit zu finden waren. Die Werte für SZ und FAZ sind in dieser Variable deutlich höher als die der FR, der taz und der WELT. Dies kann als Anzeichen dafür gelten, daß in der SZ und der FAZ das Geschehen am Golf über die gängigen Schuld- oder Verantwortungsitems hinaus differenzierter beurteilt wird als in den anderen drei Tageszeitungen.

Die Verteilung dieser anderen Schuldzuweisungen auf die beiden gegnerischen Parteien zieht sich wieder entlang der politischen Linie der fünf Tageszeitungen. SZ, FR und taz beleuchten den Verantwortungsrahmen der Alliierten umfangreicher, als insbesondere die WELT dies tut. Etwas überraschend ist dabei nur, daß die FR scheinbar noch schärfere Kritik am Vorgehen der Alliierten übt als die taz.

Die Prozentwerte im Vergleich:

Tabelle 25: Andere Schuldzuweisungen an die Konfliktgegner
in allen untersuchten Tageszeitungen

	WELT	FAZ	SZ	FR	taz
Andere Schuld- zuweisungen an:					
Irak	13,2	16,2	10,5	7,0	7,2
USA, Alliierte	5,4	18,5	20,9	24,0	18,1
beide	-	3,8	8,5	2,9	0,7
k.A.	81,4	61,5	60,1	66,1	73,9
Summe	100,0	100,0	100,0	100,0	*99,9

* Rundungsfehler

Die WELT
Die Vorwürfe gegen den Irak beziehen sich in der WELT zum einen auf den Komplex Terrorismus, entweder gegen das eigene Volk (18.01.) oder als Anschläge weltweit (14.01., 19.01.), und zum anderen auf die Verletzung des Völkerrechts (21.01.) und des Genfer Abkommens zur Behandlung von Kriegsgefangenen (22.01.) sowie auf die Mißachtung von international anerkannten Menschenrechten (08.08., 25.02., 28.02.). Die Alliierten unter der Führung der USA werden kritisiert bezüglich der von ihnen verhängten Pressezensur (21.01.) und der Eröffnung der Bodenoffensive bzw. Fortsetzung militärischer Aktionen nach der Unterbreitung von Friedensvorschlägen durch Saddam Hussein (22.02., 23.02.).

Die Frankfurter Allgemeine Zeitung
Die FAZ wirft dem Irak insbesondere die Verletzung des Völkerrechts durch den Einmarsch in Kuwait (03.08., 04.08., 18.01.) und den Bruch der Genfer Konvention über die Behandlung von Kriegsgefangenen (21.01., 22.01.) vor. Hinzu kommt der Vorwurf, Ausländer verschleppt und als menschliche Schutzschilde mißbraucht (04.08., 08.08., 22.01., 28.02.) sowie Giftgas gegen die Kurden und Israel eingesetzt zu haben (03.08., 09.08., 14.01., 26.02.). Die Vorwürfe in der FAZ gegen die USA und ihre Verbündeten richten sich hptsl. gegen die Waffenlieferungen und die finanzielle Unterstützung, die das Erstarken des irakischen Regimes ermöglicht hätten (03.08., 04.08., 07.01., 21.01.). Die kuwaitischen Herrscher hätten Saddam Hussein während des

Irak-Iran-Krieges 1980-1988 gar "hofiert" (23.02.). Außerdem hätten insbesondere die USA das Palästina-Problem "jahrelang vor sich hinschwären lassen" (07.01.). Trotz Giftgaseinsätzen gegen die kurdische Bevölkerung seien die Beziehungen zu Bagdad nie abgebrochen worden (03.08.), und die wechselhafte Argumentation der US-Administration in der Vorphase des Krieges (10.01.) zeigten deren allgemeine politische Unfähigkeit (22.01.). Die Truppenverstärkung der Amerikaner in Saudi-Arabien im Herbst 1990 sei unnötig gewesen (30.11.), und die Landoffensive der alliierten Truppen sei in einem Moment gestartet worden, in dem sich eine politische Lösung des Krieges abgezeichnet hätte (23.02.).

Die Süddeutsche Zeitung

Die SZ konzentriert ihre Beschuldigungen gegen den Irak im wesentlichen auf die Verletzung des Völkerrechts und der Genfer Konventionen (07.08., 28.11, 29.11., 22.01., 25.02.). Darüber hinaus klagen die SZ-Redakteure den Irak der Verbrechen gegen die Menschlichkeit bzw. die Mißachtung der allgemeinen Menschenrechte an (29.11., 30.11., 12.01., 26.02.). Die Anschuldigungen, die die SZ gegen die Alliierten richtet, sind dagegen vielfältiger: Zum einen hätten die USA bisher alle Verstöße gegen die internationale Rechtsordnung, insbesondere die Israels, nachgesehen; sie würden das Völkerrecht nur selektiv anwenden und machten sich so einer doppelten Moral schuldig (03.08., 28.11., 10.01., 12.01.). Um die "Gewaltresolution" in der UNO durchzubringen, würden die USA China und Syrien, trotz deren Massaker gegen die eigene Zivilbevölkerung, die diplomatische Wiederanerkennung anbieten (30.11.). Desweiteren hätten die USA eine diplomatische Lösung des Golfkonflikts nicht wirklich ernsthaft verfolgt; der Aufwand zugunsten einer kriegerischen Lösung sei größer gewesen (21.01.). Außerdem würde die Bombardierung des Irak trotz Friedensangeboten und Rückzugsmeldungen aus Bagdad fortgesetzt (22.02., 23.02., 25.02., 27.02., 28.02.). Damit würden die ursprünglichen Kriegsziele ausgeweitet und das UNO-Mandat überzogen (19.01., 28.02.). Zu guter Letzt kritisiert die SZ wiederholt die Nachrichtensperre der Alliierten, die sie als Verletzung der Meinungsfreiheit, Desinformation und Täuschung der Öffentlichkeit bezeichnet (12.01., 22.02.).

Die Frankfurter Rundschau

Die Vorwürfe der FR halten sich relativ in Grenzen. Ausländer würden an der Ausreise gehindert (07.08., 09.08., 21.01.), Saddam Hussein würde jegliche innere Opposition brutal unterdrücken (14.01., 18.01.), Giftgas gegen die Kurden im Irak einsetzen (21.01.) und sein eigenes Volk in den Untergang ziehen (22.02.). Im August und November 1990 ist die Haltung der FR-Redaktion auch gegenüber der Position der USA eher zurückhaltend-neutral. Kritik wird, wie in den anderen Tageszeitungen, lediglich an den Waffenlieferungen, großzügigen Krediten für den Irak und den dahinter stehenden kommerziellen Interessen der Geberländer geübt, da diese mit zu der bestehenden Konfliktsituation geführt hätten (04.08., 08.08., 28.11.). Ab Januar 1991 übt die FR dann massive Kritik an der kriegstreibenden Politik der USA ("Eskalation des Schreckens" 11.01.). Nach einer kurzfristigen Begeisterung für die scheinbar technische Überlegenheit der alliierten Truppen, denen nicht nur die FR erliegt, wirft die FR den Alliierten Fehleinschätzungen der Lage, Falschmeldungen und diplomatische Fehlleistungen vor (22.01., 26.02.). Der Hauptvorwurf richtet sich aber auf die Ausweitung der Kriegsziele: Der Krieg habe nichts mehr mit den Zielen der UNO zu tun, und der Glaubwürdigkeit der UNO sei dadurch nicht wieder gutzumachender Schaden zugefügt worden (23.02., 25.05., 27.02., 28.02.). George Bush habe den Krieg am Golf für innenpolitische Ziele, nämlich seine Wiederwahl zum US-Präsidenten mißbraucht (26.02.). Folglich bestünden auch keine Konzepte für einen Frieden oder die Nachkriegszeit (21.01., 26.02.).

Die tageszeitung
In der taz sind die Nennungen für andere Verantwortungspunkte des Irak, ähnlich wie in der FR, relativ gering. Die Vorwürfe betreffen z.B. die Repressalien der irakischen Führung gegen die innenpolitische Opposition (03.08.), das Verhalten irakischer Soldaten während der Besetzung Kuwaits (04.08., 26.02.) oder die Herstellung bzw. den Einsatz biologischer und chemischer Waffen (18.01.). Die Anschuldigungen der taz gegen die USA und die Alliierten sind dagegen wesentlich schärfer. Die taz kritisiert, daß im März 1988 bei dem Giftgaseinsatz gegen irakische Kurden kein internationaler Protest erfolgte (06.08.). Den USA wird vorgeworfen, die Krise am Golf zu einem internationalen Konflikt auszuweiten (09.08.) und den Konflikt durch verfrühte Sanktionen zu verschärfen (06.08.) bzw. das Wirtschaftsembargo, das evtl. den Krieg hätte vermeiden helfen, zu früh abgebrochen zu haben (08.01., 14.01.). Weiterhin beschuldigt die taz die USA, amerikanische Soldaten gegen ihren Willen in das Krisengebiet am Golf verlegt zu haben (05.01., 07.01.), den Irak (auch zivile Einrichtungen) planmäßig zerstören zu wollen (19.01., 22.01.) und die Kriegsziele der Alliierten über die von der UNO gesteckten Ziele hinaus hochzuschrauben (26.02., 28.02.).

An dieser Stelle sei ein Wort zur Nachrichtensperre und Pressezensur der Alliierten angefügt. Die Hinweise und Kritik daran waren in den fünf untersuchten Tageszeitungen sehr unterschiedlich. Die WELT weist nur ein einziges Mal am 21.01. kurz auf die Zensur hin; auch die FAZ erhebt keine Anklage gegen die allgemeine Nachrichtensperre oder weist gesondert auf die Zensur hin. Die SZ geht erst am 23.01. überhaupt auf die Zensur ein, dann aber mit einem gerahmten Artikel unter der Überschrift "Zensur zeichnet Bild von einem sauberen Krieg". Die FR druckt am 18.01. den Hinweis "Kriegsberichte zensiert" mit einer kurzen, gerahmten Erklärung auf Seite 2. Alle folgenden Ausgaben während der Kriegswochen enthalten einen solchen Hinweis oder Artikel bzw.

Kommentar zur Zensur. Genau wie die SZ-Redaktion weist auch die taz erstaunlicherweise erst am 23.01. ausdrücklich auf die Zensur hin. Gerade von der taz wäre eine schärfere Reaktion auf die Nachrichtensperre der Alliierten zu erwarten gewesen.

Der Protest gegen die Zensur ist also sehr leise. Es gibt keine leeren, weißen Zeitungsseiten o.ä., vermutlich weil die Redaktionen sich über die Nutzlosigkeit derartiger "Aktionen" im klaren sind. BOVENTER (1991) bemerkt dazu: "Ein selbstverhängter Nachrichtenboykott als Trotzreaktion [auf die Zensur, d.Verf.] würde vermutlich vom Publikum überhaupt nicht bemerkt werden. Man hat sich an die 'Medieninszenierung' gewöhnt." (S. 21). Eine Feststellung, die gerade im Hinblick auf das politische Bewußtsein von Medienmachern und Medienpublikum nachdenklich stimmt.

8.9.3 Zusammenfassende Gesamtanalyse

Es ist offensichtlich, daß die WELT und die FAZ im Irak und seiner politisch-militärischen Führung zunehmend und einseitigerweise den Hauptschuldigen für die Ursachen und Folgen des Golfkonfliktes sehen, während die Alliierten unter Führung der Vereinigten Staaten relativ "unschuldig" bleiben. Die einseitigen und damit parteiischen Schuldzuweisungen an den Irak in den untersuchten Artikeln der WELT und der FAZ können als Versuch gewertet werden, den Irak als den "Bösen", die Alliierten als die "Guten" darzustellen. Diese Polarisierung in den insbesondere von den Journalisten der WELT wahrgenommenen Verantwortlichkeiten der Konfliktparteien trägt ohne Zweifel zur Konstruktion des Feindbildes Irak bei.

In der Berichterstattung der politisch an der liberalen Mitte orientierten SZ wendet sich die einseitige Schuldzusprechung. Zwar wird der Irak auch hier der meisten untersuchten Konfliktfolgen für schuldig befunden, die USA und ihre Verbündeten erscheinen jedoch nicht als das "Unschuldslamm" als das v.a. die WELT sie darstellt.

FR und taz konzentrieren sich in ihrer Schuldzuweisung zu Beginn der Golfkrise zwar auch auf den Irak, beschließen ihre Berichterstattung über die letzten Tage des Golfkrieges aber mit einer deutlichen Kritik am Vorgehen der Alliierten. Die beiden Zeitungen vermeiden damit (aus politischer Überzeugung?), den Irak und seine Führung als Alleinschuldigen darzustellen. Von einem klaren Feindbild kann deshalb hinsichtlich der Verantwortung und Schuld in den untersuchten Artikeln nicht gesprochen werden.

Damit ist Hypothese No. 8 für die WELT und die FAZ im Untersuchungszeitraum eindeutig bewiesen. Für die SZ kann ein klarer Beweis nicht angetreten werden. Für FR und taz gilt im gleichen Zeitraum die Annahme, der Irak sei gesamtverantwortlich, nicht. Daraus ergibt sich die Schlußfolgerung, daß der Irak umso negativer, pejorativer und abwertender dargestellt wird, je weiter politisch nach rechts die Zeitung orientiert ist.

9. Schlußbetrachtung

> "Das verbreitete Bild von Saddam Hussein als einem Verrückten oder neuen Hitler hat offensichtlich zur Folge, daß man gar nicht mehr genau hinhört, wenn sich der Diktator aus Bagdad zu Wort meldet."
> (taz, 23.02.1991)

Es kann, v.a. in einer Analyse wie der vorliegenden, nicht darum gehen festzustellen, wer "richtiger", näher an "der" Wahrheit oder "realitätskonformer" berichtet hätte. Um es zu wiederholen: "Die" Realität gibt es nicht. Ihre Darstellung, auch durch Historiker, ist immer wieder neu, verschieden und subjektiv. Selbst die nüchternsten Chronologien können kein Vergleichsmaßstab sein, an dem man die mediale Darstellung derselben Ereignisse zuverlässig messen kann. Es gilt also vielmehr herauszufinden, wie Realitätsdarstellung funktioniert und welche Ergebnisse, d.h. welche Vorstellungen sie produziert.

Die Frage ist deshalb gar nicht so sehr, ob Saddam Hussein tatsächlich ein machtgieriger Potentat und brutaler Aggressor war bzw. ist, sondern wie westliche Beobachter, und damit sind nicht nur informierte Experten vor Ort sondern auch die Massenmedien in den westlichen Industriestaaten und ihre Konsumenten gemeint, das irakische Staatsoberhaupt (um eine neutrale Titulierung zu wählen) wahrnehmen, mit welchen sprachlichen Ausdrücken sie ihn belegten und welche Auswirkungen dies auf (alle) Folgewahrnehmungen hatte. Das obige Zitat aus der taz thematisiert diese Probleme recht anschaulich.

Die Sprachanalyse hat gezeigt, mit welcher Vorsicht man journalistischen Darstellungen begegnen muß. Da werden durch ständige Wiederholungen oder Wortverbindungen Images von (politischen) Personen und Stereotypen von Völkern geschaffen, außerhalb derer die Perzeption von Ereignissen und Menschen nicht mehr möglich scheint. Kaum ein Begriff, der in der Berichterstattung nicht manipuliert.

Wahrnehmung und Sprache sind, das wurde bereits deutlich, kaum voneinander zu trennen. Aus ihnen formt sich das Individuum, ein Volk, eine Staatenallianz o.ä. sein bzw. ihr Weltbild. Dazu gehört nicht zuletzt das Bild vom Anderen, vom Gegenüber. Denn ein Weltbild besteht, betrachtet man es nüchtern, in der (durchaus je nach historisch-politischer Situation wechselnden, aber ohne Zweifel durch historische Erfahrungen geprägten) Einteilung aller relevanten[1] Dinge, Personen und Ereignisse in die Kategorien "für mich" oder

---

1 Wobei "relevant" in diesem Kontext bedeuten muß: wichtig in bezug auf die Person bzw. die Existenz des beobachtenden und beurteilenden Subjekts.

"gegen mich". Alles, was unter die Rubrik "für mich" fällt, ist per definitionem gut, richtig, rechtmäßig, vereinfacht gesagt: positiv. Alles andere ist "gegen mich" und muß dann fraglos böse, unmoralisch, rechtlos, eben negativ sein. Auf dieser Grundlage kann es keine Neutralität geben; das Neutrale ist potentiell immer negativ. Folge derartiger positiv - negativ Einteilungen (man könnte auch von streng dichotomen Aufspaltungen sprechen) ist die Verabsolutierung der beiden polaren Positionen. Dies gilt nicht zuletzt für politische und/oder militärische Konfliktsituationen und -zeiten. Kritik an der eigenen Position fällt dabei, je stärker das psychische, materielle, politische und/oder militärische Engagement ist, genauso schwer wie die Entdeckung positiver (Wesens-)Züge auf der gegnerischen Seite.

Presse und Rundfunk spielen in diesen Mechanismen eine entscheidende Rolle. Insbesondere die Wahrnehmung des außenpolitischen Gegners geht heute (zumindest seit den technischen Möglichkeiten extensiver Auslands-, und hier speziell: Kriegsberichterstattung) nahezu ausschließlich medial vonstatten. Gerade internationales Geschehen kann nicht mehr (wenn der Mensch überhaupt jemals dazu in der Lage war) unmittelbar wahrgenommen werden, sondern nur noch vermittelt durch, d.h. selektiert und wiedergegeben nach den Weltbildrastern von Korrespondenten, Journalisten und Redaktionen. Trägt man diesen Umständen Rechnung, dann muß zunächst nach eben diesen Rastern der Macher in Presse und Rundfunk gefragt werden, bevor auf ihre Resultate bei Lesern und Zuschauern analytisch vorgedrungen werden kann.

Journalisten selbst sind sich ihrer Wahrnehmungs- und Weltbildmuster jedoch en detail nicht bewußt. Sie, "deren Geschäft auf weite Strecken die Kritik anderer ist", wie ALBUS (1991, S. 41) es ausdrückt, sind zu wirklicher Selbstreflexion und -kritik nur selten fähig.

Ansatzpunkte können also erst einmal nur die <u>Produkte</u> journalistischer Wahrnehmung, Darstellung und Beurteilung sein: nämlich die Beiträge in den Medien. Die vorliegende Arbeit hat sich um eine solche (deskriptive) Analyse für den Bereich der Printmedien bemüht. Der Golfkonflikt 1990/91 war, gleichwohl die Bundesrepublik Deutschland militärisch nicht involviert war, eine Gelegenheit, auf der Grundlage der Ausführungen zu Wahrnehmung, Vorstellung und Einstellung entsprechend positionsspezifischer Weltbilder das zu untersuchen, was im Titel dieser Arbeit "Konstruktion von Feindbildern" genannt wird.

Resümierend bleibt für die analysierten überregionalen Tageszeitungen WELT, FAZ, SZ, FR und taz folgendes festzustellen:

Die taz bemüht sich um eine Gratwanderung zwischen der Dämonisierung Saddam Husseins als Inbegriff des "Bösen" und der Verherrlichung der Alliierten als "Retter der Menschheit" oder "Wahrer des Rechts". Weder verkennt die taz die Gefährlichkeit und das hegemoniale Expansionsstreben Saddam Husseins, noch übersieht sie (ohne damit Saddam Husseins Verhalten in irgendeiner Weise entschuldigen oder gar rechtfertigen zu wollen), daß erst die Waffenlieferungen westlicher Industrienationen, diplomatische Ungeschicklichkeiten[2] und das "Stillhalten" der UNO in ähnlich gelagerten Fällen[3] den irakischen Staatschef zu seinem Vorgehen ermuntert haben. Weder streitet die taz die Notwendigkeit einer internationalen Intervention ab, noch unterläßt sie es, das Mißverhalten insbesondere der amerikanischen Führung in diesem Konflikt zu kritisieren. Daß diese Situationskritik an den Vereinigten Staaten des öfteren Formen annimmt, die deutlich zeigen, daß die taz ganz generell dem politischen Verhalten der amerikanischen Regierung wenig Positives abgewinnen kann, darf dabei jedoch nicht übersehen werden.

Diese weitgehend anti-amerikanische Haltung dringt beinahe noch deutlicher in der Berichterstattung der FR zwischen den Zeilen durch. Die Kritik an den Alliierten unter Führung der USA zeigt sich in nahezu jeder Variablen: Nicht nur sei das politische Verhalten der Alliierten völlig ungeeignet, eine friedliche Lösung des Konfliktes herbeizuführen; auch die Verantwortung für die Folgen dieses Konfliktes haben, so die FR-Journalisten, zu nicht geringen Teilen die USA und ihre Verbündeten zu tragen. Selbst die kurzfristige Begeisterung über die scheinbare technische Überlegenheit der alliierten Truppen in den ersten Kriegstagen im Januar 1991 täuscht nicht über die ansonsten massive Kritik der FR an der "kriegstreibenden Politik" der USA hinweg. Gleichzeitig geraten aber auch der Irak bzw. Saddam Hussein ins Kreuzfeuer der Kritik. Die allgemeinen Bewertungen, die in verschiedenen Formulierungen der untersuchten FR-Artikel mitschwingen, sind für die irakische Seite deutlich negativer als für die Alliierten.

Dennoch gelingen der taz und der FR, was die WELT offensichtlich gar nicht erst versucht und was FAZ und SZ lediglich ansatzweise glückt: nämlich eine allgemeine, <u>alle</u> am Golfkonflikt Beteiligten treffende kritische Darstellung und Bewertung.

---

2   Gemeint ist die Versicherung der amerikanischen Botschafterin im Irak April Glaspie vom 25.07.1990, Saddam Hussein könne sich dem Wohlwollen der USA sicher sein; die Vereinigten Staaten hätten "keine Meinung zu innerarabischen Streitigkeiten"; vgl. KARSH / RAUTSI (1991), S. 64f.
3   Beispielsweise die Annexion der Golan-Höhen und des Gaza-Streifens durch Israel nach dem 6-Tage-Krieg im Oktober 1973. Diesbezüglich erließ die UNO ebenfalls mehrere Resolutionen mit der Aufforderung an Israel, die besetzten Gebiete wieder zu verlassen. Die Durchsetzung dieser Resolutionen wurden bzw. werden jedoch nicht mit der gleichen Schärfe betrieben wie im Fall des Irak.

Für die untersuchten Artikel der WELT zeigt die anteilig häufigere und wesentlich stärkere, bewertende Hinwendung zum Irak und zu Saddam Hussein, daß der Feind offensichtlich genauer "unter die Lupe" genommen werden muß als die befreundete Partei (Alliierte, USA et.al.). Die WELT vermutet wohl, daß ihre Leserschaft ein Feindbild nötiger braucht als ein Freundbild; oder anders ausgedrückt: Die Vorstellungen von dem, der plötzlich zum Feind erklärt worden war, müssen erst gefüllt oder gar noch geschaffen werden. Dagegen grenzt die Darstellung der Alliierten, insbesondere der USA, in der WELT fast an Glorifizierung. Es scheint, als stellten die Journalisten der WELT ihre Leser geradezu vor die Wahl zwischen dem Iraker Saddam Hussein und dem Amerikaner George Bush. Für welche Seite sie sich entscheiden würden, ist unschwer zu prognostizieren.

Der WELT muß man, vergleicht man die Darstellungen der beiden Konfliktparteien, doppelte Moral vorwerfen. Daß die beiden Konfliktseiten mit zweierlei Maß gemessen werden, zeigt nicht zuletzt der feine Unterschied, der zwischen George Bushs unnachgiebiger Entschlossenheit und Saddam Husseins uneinsichtigem Starrsinn gezogen wird.

Die FAZ befleißigt sich gegenüber den Alliierten nicht der gleichen kritiklosen Lobhudelei wie die WELT. Immerhin erkennen die Journalisten der FAZ, daß sich die USA mit ihrer Politik in der Vorphase des Golfkrieges zumindest unter militärischen Gesichtspunkten selber in eine mehr oder weniger verfahrene Situation manövriert haben. Insgesamt bleibt die Kritik an den Alliierten jedoch verhalten, gerade auch weil die FAZ mit offenen Beurteilungen aller am Golfkonflikt Beteiligten recht sparsam ist. Gleichzeitig konzentriert sich die FAZ extrem auf die politischen Führer in diesem Konflikt, Saddam Hussein und George Bush. Besonders auffallend ist die verbale Isolierung Saddam Husseins als "den Iraker".

Die SZ läßt sich in ihrer Berichterstattung über den Golfkonflikt nicht die Zurückhaltung angedeihen, die man evtl. von einer Zeitung der politisch liberalen Mitte erwartet hätte. Sie richtet ihre Aufmerksamkeit auf den irakischen Präsidenten mit einer Ausschließlichkeit, die erstaunlich ist. Keine sprachlichen Extravaganzen sind ihr zur Beschreibung und Bewertung insbesondere der irakischen Akteure zu ausgefallen. Die Parteilichkeit der SZ-Journalisten zeigt sich gerade auch in der Häufigkeit vereinnahmender Ausdrücke. Ähnlich wie in der FAZ kritisiert die SZ aber auch die USA und die Alliierten. Insbesondere deren Zensur und Nachrichtensperre erregen das Mißfallen der SZ-Journalisten.

WELT, FAZ und SZ rekurrieren häufig auf allgemein verbreitete nationale Stereotype über den Orient und typisieren Saddam Hussein als Barbaren, Verbrecher und Angreifer in unverkennbar arabischer Coleur. FR, SZ, FAZ und

WELT beschränken sich zudem auf die oberflächliche und mehr oder weniger inhaltsleere Gleichsetzung Saddam Hussein - Adolf Hitler. Dieser ausschließliche Personenvergleich fixiert die Betrachtung und Bewertung politischen und historischen Geschehens auf Einzelfiguren, personalisiert also, ohne auf die umgebenden politischen und sozialen Systeme bzw. Ordnungen einzugehen.

Die taz dagegen füllt den (offensichtlich in allen Zeitungen populären) Vergleich Saddam Hussein - Adolf Hitler zumindest mit dem Verweis auf nationalistische und faschistische Parallelen zwischen dem Irak und dem Dritten Reich. Gleichwohl muß auch der Hinweis auf Nationalismus und Faschismus mit Vorsicht genossen werden, da beide Begriffe sehr oft als pauschale Schlag- und Angriffsworte gegen jedwede politisch rechts orientierte Position verwendet werden.

Ausführliche Hintergrundberichterstattung, eines der wichtigsten Mittel, um unzulässige Verallgemeinerungen und voreilige Schlüsse aufgrund mangelnder Informationen zu vermeiden, fehlt leider in allen fünf Tageszeitungen. Die (Kriegsfolgen-)Schuldfrage wird zwar mehr oder weniger eingehend diskutiert, wobei nach Darstellung der WELT der Irak unter Saddam Hussein der absolute Hauptschuldige ist, FAZ und SZ eine eingeschränkt pro-amerikanische Haltung einnehmen, während FR und taz beide Kriegsparteien gleichermaßen zur Verantwortung ziehen. Die Darlegung von Zielen und Motiven bleibt jedoch in allen Tageszeitungen enttäuschend. Da die Artikelzusammensetzung der taz und gerade auch der FAZ bezogen auf die journalistischen Gattungen eine detailliertere Schilderung irakischer Motivationen möglich gemacht hätte, kann entschuldigend nur noch einmal der unzulängliche Informationsfluß aus dem Irak angeführt werden.

Abschließend läßt sich feststellen, daß in den untersuchten Artikeln der WELT die Anlagen zur Konstruktion eines Feindbildes sehr virulent vorhanden sind; dieses Feindbild konzentriert sich nahezu ausschließlich auf die Person Saddam Husseins. Die Journalisten von FAZ und SZ stellen den irakischen Regierungschef zwar ebenfalls als den Feind schlechthin dar; zu den Vereinigten Staaten und deren Verbündeten nehmen beide Zeitungen jedoch eine deutlich distanziertere Position ein als die WELT. In den untersuchten Artikeln der taz und der FR sind die Anlagen zur Negativ-Darstellung des Irak weitaus schwächer ausgeprägt. Zwar werden verschiedentlich Absichten und Motive der Konfliktparteien nur unvollständig dargestellt; insgesamt jedoch zeigen die beiden links-alternativen bzw. links-liberalen Zeitungen das Bemühen um differenzierte Berichterstattung. Von Feindbild-Konstruktion kann in FR und taz, insbesondere weil ein (ausgeprägtes) Freundbild nicht als Kontrast präsentiert wird, nur sehr bedingt gesprochen werden.

Dieses zusammenfassende Resümee bestätigt teilweise die Vermutung, die zu Beginn der Untersuchung angestellt wurde. Die politische Orientierung der fünf Tageszeitungen wirkt sich an einigen Stellen[4] tatsächlich auf deren Darstellung der Golfkrise 1990/91 aus. Die Journalisten der FAZ tendieren weniger als erwartet zu scharfer Kritik, so daß von den beiden konservativen Zeitungen nur in der WELT Feindbilder ganz klar hervortreten. FR und taz betrachten die Rolle der Alliierten tatsächlich sehr kritisch. Lediglich die Journalisten der SZ verlassen ihren (gewohnt) zurückhaltend liberalen Standpunkt und beziehen, meist zuungunsten des Irak, Position.

Ohne Frage ist die unterschiedliche Darstellung der Ereignisse und Handlungsträger im Golfkonflikt 1990/91 Folge der verschiedenen Weltbilder, politischen Anschauungen und persönlichen Einstellungen, mit denen die Redaktionen von WELT, FAZ, SZ, FR und taz den Agenturmeldungen und Korrespondentenberichten aus der Konfliktregion begegnet sind. Die Berichterstattung spiegelt Ansichten und Bewertungen wider, mit denen der Leser vorsichtig umgehen muß, will er sich seine eigene Meinung bilden. Um nicht mißverstanden zu werden: Gefordert ist keinesfalls eine flache, kritiklose Nachrichtengebung ganz ohne Bewertungen. Berichterstattung darf nicht zu dem werden, was THEOBALD (1993) in seiner Besprechung des neuen Nachrichtenmagazins FOCUS (Burda-Verlag) "Kurzstreckenjournalismus" nennt (S. 88).[5] Aber es muß eine deutliche Trennung erkennbar sein zwischen Fakten und Tatsachen auf der einen sowie journalistischen Stellungnahmen und Meinungsäußerungen auf der anderen Seite. Und dabei genügt es nicht, in jeder Zeitungsausgabe eine, als solche gekennzeichnete Kommentar- bzw. Meinungsseite einzurichten. Natürlich sind Standpunkte erlaubt - solange sie nicht subtil (manipulativ) unter der Oberfläche von Zeitungstexten transportiert werden, sondern für den Leser offen und eindeutig erkennbar sind. Daß dieses journalistische Gebot in der Hektik des Redaktionsalltages immer wieder in Vergessenheit geraten kann, hat die vorliegende Untersuchung der fünf überregionalen Qualitäts-Zeitungen aus der deutschen Tagespresse gezeigt.

---

4   Die Auswertung der Daten in Kapitel 8 dieser Arbeit zeigt, daß sich die Bewertungstendenzen der Berichterstattung, so wie sie in den verschiedenen Variablen gemessen wurden, nicht überall auf dem politischen Spektrum eindeutig von links nach rechts intensivieren; vgl. z.B. die Ergebnisse zu Hypothese No. 3.
5   THEOBALD (1993) bezieht sich in seinen Ausführungen zwar hptsl. auf politische Nachrichtenmagazine und nicht auf Tageszeitungen; er ist aber in seinen Forderungen an die Journalisten, über reine Informationen hinaus auch persönliche Standpunkte einzubringen, zu radikal. Neutralität kann eine "journalistische Tugend" sein; und sie ist für den Leser auch nicht zwingend "ärgerlich", fordert sie ihn doch mehr, als wenn ihm mit den Fakten bequemlicherweise auch gleich (passende) Meinungen mitgeliefert werden.

Bibliographie

ABDULLAH, Salim: 1400 Jahre schlechte Presse. Der Islam und die Moslems in den Medien der Bundesrepublik. in: Die Feder. 27. Jahrgang, 12/1978, S. 18-24

ADORNO, Theodor W. u.a.: The Authoritarian Personality. New York 1969

ALBUS, Michael: Offene Fragen. in: Journalist. 41. Jahrgang, 5/1991, S. 40/41

ALLPORT, Gordon: Die Natur des Vorurteils. Köln 1971

ARBEITSGEMEINSCHAFT FRIEDENSPAEDAGOGIK (Hg.): Das Bild vom Feind. Feindbilder in Vergangenheit und Gegenwart. München 1983

ARENS, Karlpeter: Manipulation. Kommunikations-psychologische Untersuchung mit Beispielen aus Zeitungen des Springer-Konzerns. 2. Auflage. Berlin 1973

BACON, Franz: Neues Organ der Wissenschaften. hrsgg. von Anton Theobald Brück. Darmstadt 1974

BAGLEY, C. / **VERMA**, G.K. / **MALLICK**, K. / **YOUNG**, L.: Personality, Self-Esteem, and Prejudice. Farnborough 1979

BAHADIR, Sefik A.: Saddam Hussein und der "Club der Reichen". Wirtschaftliche Hintergründe des irakischen Überfalls auf Kuwait. in: **NIRUMAND**, Bahman (Hg.): Sturm im Golf. Hamburg 1990, S. 100-117

BARNES, B.S.: Über den konventionellen Charakter von Wissen und Erkenntnis. in: **STEHR**, Nico / **MEJA**, Volker (Hg.): Wissenssoziologie. Kölner Zeitschrift für Soziologie und Sozialpsychologie. Opladen 1981, Sonderheft Nr. 22, S. 163-190

BAR-TAL, Daniel / **GRAUMANN**, Carl F. / **KRUGLANSKI**, Arie / **STROEBE**, Wolfgang (Hg.): Stereotyping and Prejudice. Changing Conceptions. New York, Berlin, Heidelberg, London, Paris, Tokyo 1989

BARRES, Egon: Das Vorurteil in Theorie und Wirklichkeit. Ein didaktischer Leitfaden für Sozialkundeunterricht und politische Bildungsarbeit. Opladen 1974

BASSEWITZ, Susanne v.: Stereotypen und Massenmedien. Zum Deutschlandbild in französischen Tageszeitungen. (Diss.) Wiesbaden 1990

BAYER, Hans: Kommunikation, Abstraktion und soziales Vorurteil. Zur Theorie des sprachlichen Stereotyps. in: Wirkendes Wort. 26. Jahrgang, 1976, S. 76-97

BEBBER, Hendrik: Außer Rand und Band. in: Journalist. 41. Jahrgang, 3/1991, S. 77-79

BECKER, Jörg / **ENKE**, Edo / **GANTZEL**, Klaus J. / **LIßMANN**, Hans / **NICKLAS**, Hans: Analyse der Entstehung, Struktur und Wirkung außenpolitisch relevanter Feindbilder in der BRD. in: Mitteilungen der HSFK. Nr. 4. Frankfurt a.M. 1971, S. 98-131

BEM, Daryl J.: Meinungen, Einstellungen, Vorurteile. Eine einführende sozialpsychologische Darstellung. Zürich, Köln 1974

BENTELE, Günter: Semiotik und Massenmedien. München 1981

BERENTZEN, Detlef: Und vergib uns unsere Schuld. in: Psychologie heute. 18. Jahrgang, 4/1991, S. 50-55

BERGIUS, Rudolf: Über Vorurteile. hrsgg. von der Bundeszentrale für politische Bildung. Bonn 1963

BERGLER, Reinhold: Psychologie stereotyper Systeme. Bern 1966

BERGLER, Reinhold / SIX, Bernd: Stereotype und Vorurteile. in: GRAUMANN, Carl F. (Hg.): Handbuch der Psychologie in 12 Forschungsbereichen. 7. Bd.: Sozialpsychologie, 2. Halbbd.: Forschungsbereiche. Göttingen 1972, S. 1371-1432

BERGMANN, Werner: Typisch! Typisch? in: Psychologie Heute. 16. Jahrgang, 3/1989, S. 62-67

BESSLER, Hansjoerg: Aussagenanalyse. Die Messung von Einstellungen im Text der Aussagen von Massenmedien. Gesellschaft und Kommunikation. Bd. 4. Bielefeld 1970

BETHLEHEM, Douglas W.: A Social Psychology of Prejudice. London 1985

BIEDET, Jacques: Auf dem Weg zu einer übernationalen Rechtsordnung? in: Das Argument. 33. Jahrgang, 1991, S. 187-189

BIETENHOLZ, Peter G.: Pietro Della Valle (1586-1652). Studien zur Geschichte der Orientkenntnis und des Orientbildes im Abendlande. Basel, Stuttgart 1962

BIRKENBACH, Hanne M.: Die Überwindung von Feindschaft im Ost-West-Konflikt. Zur politischen Psychologie einer Streitkultur. Hamburg 1988

BLEIBTREU-EHRENBERG, Gisela: Angst und Vorurteil. Hamburg 1989

BLUM, Fred H.: Bewußtseinsentfaltung und Wissenssoziologie. in: LENK, Kurt (Hg.): Ideologie. Ideologiekritik und Wissenssoziologie. 5. Auflage. Berlin 1971, S. 345-364

BORTZ, Jürgen: Lehrbuch der empirischen Forschung für Sozialwissenschaftler. Berlin, Heidelberg, New York, Tokyo 1984

BOTT, Herrmann: Die Volksfeindideologie. Schriftreihe der Vierteljahreshefte für Zeitgeschichte. No. 18. Stuttgart 1969

BOULDING, Kenneth: The Image. Knowledge in Life and Society. Ann Arbor 1956

BOVENTER, Hermann (1984a): Ethik des Journalismus. Konstanz 1984

BOVENTER, Hermann (1984b): Ethik und System im Journalismus. Der Steuerungsbedarf moderner Mediensysteme. in: Publizistik. 29. Jahrgang, 1984, S. 34-48

BOVENTER, Hermann: Gratwanderung. in: Journalist. 41. Jahrgang, 3/1991, S. 21

BRACKEN, Helmut v.: Vorurteile. Ihre Erforschung und ihre Bekämpfung. Frankfurt a.M. 1964

BREHM, Jack / COHEN, Arthur: Explorations in Cognitve Dissonance. New York 1962

BREITENBACH, Rolf: Feindbilder als Problem der internationalen Beziehungen. in: Europa Archiv. Nr. 7, 1989, S. 191-198

BRIGHAM, John C.: Ethnic Stereotypes. in: Psychological Bulletin, Washington. 76. Jahrgang, 1971, S. 15-38

BRINKMANN, Hans-Wilhelm: Personalisierungs- und Polarisierungstendenzen in der politischen Kommunikation. Fallstudie über eine regionale Tageszeitung - durchgeführt mit dem methodischen Instrumentarium quantitativer und qualitativer Inhaltsanalysen. (Diss.) Bielefeld 1980

BUCHHOLZ, Ernst W.: Ideologie und latenter sozialer Konflikt. Stuttgart 1968

BURGER, Harald: Sprache der Massenmedien. Berlin, New York 1984

CARTER, Richard F.: Stereotyping as a Process. in: Public Opinion Quarterly. 26. Jahrgang, 1/1962, S. 77-91

COHEN, Bernard: The Press and Foreign Policy. 2. Auflage. Princeton, N.J. 1967

COHEN, Stanley / YOUNG, Jock: The Manufacture of News. Social Problems, Deviance and the Mass Media. London 1973

COLLINS, Barry E.: Social Psychology. Social Influence, Attitude Change, Group Processes, and Prejudice. Reading, Mass. 1970

DANIEL, Norman: Islam and the West. The Making of an Image. Edinburgh 1962

DANIEL, Norman: Islam, Europe and Empire. Edinburgh 1966

DAVEY, A.: Learning to be Prejudiced. London 1983

DEER, Irving und Harriet (Hg.): Language of the Mass Media. Boston 1965

DELGADO, J. Manuel: Die "Gastarbeiter" in der Presse. Eine inhaltsanalytische Studie. Opladen 1972

DEUTSCH, Karl W. u.a.: Bedrohungsvorstellungen als Faktor der internationalen Politik. Jahrbuch für Friedens- und Konfliktforschung. Bd. 1. Düsseldorf 1979

DICHTER, Ernst: Europas unsichtbaren Mauern. Die Rolle nationaler Vorurteile und ihre Überwindung. Düsseldorf 1962

DIECKMANN, Barbara: Vorurteil und Kommunikation. Hausarbeit zur Erlangung des Magistergrades an der Philosophischen Fakultät der Westfälischen Wilhelms Universität Münster. Münster 1987

DIECKMANN, Hans: Gedanken über den Begriff des "Feindbildes". in: Analytische Psychologie. 17. Jahrgang, 1986, S. 25-37

DIECKMANN, Walter: Sprache in der Politik. Einführung in die Pragmatik und Semantik der politischen Sprache. Heidelberg 1969

DIECKMANN, Walter: Sprache und Ideologie. in: GERHARDT, Martin (Hg.): Linguistik und Sprachphilosophie. München 1974, S. 207-222

DIECKMANN, Walter: Sprache in der Politik. in: GREIFFENHAGEN, Martin (Hg.): Kampf um Wörter? Politische Begriffe im Meinungsstreit. München, Wien 1980, S. 47-64

van DIJK, Teun A.: Prejudice in Discourse. An Analysis of Ethnic Prejudice in Cognition and Conversation. Amsterdam, Philadelphia 1984

DÖNHOFF, Marion: Vom Unfug der Feindbilder. Wie sich die Mächte und die Mächtigen ihre Widersacher selber erfinden. in: DIE ZEIT. 27.11.1987, S. 1

DÖRNER, Andreas: Politische Sprache - Instrument und Institution der Politik. in: Aus Politik und Zeitgeschichte. Beilage zur Wochenzeitung Das Parlament. 19.04.1991, S. 3-11

DONSBACH, Wolfgang: Journalisten zwischen Publikum und Kollegen. in: Rundfunk und Fernsehen. 29. Jahrgang, 1981, S. 168-184

DONSBACH, Wolfgang: Legitimationsprobleme des Journalismus. Gesellschaftliche Rolle der Massenmedien und berufliche Einstellung des Journalisten. Freiburg, München 1982

DOVIFAT, Emil: Die Rede. in: ders. (Hg.): Handbuch der Publizistik. Bd. 2. Publizistische Praxis. Berlin 1969, S. 1-31

DOVIFAT, Emil: Zeitungslehre. Bd. 1: Theoretische und rechtliche Grundlagen. Nachrichten und Meinungen. Sprache und Form. hrsgg. von Jürgen Wilke. 6. Auflage. Berlin, New York 1976

DRÖGE, Franz W.: Publizistik und Vorurteil. Münster 1967

DRÖGE, Franz W.: Konzept einer empirischen Stereotypenforschung. in: Publizistik. 13. Jahrgang, 1968, S. 340-347

DRÖGE, Franz W.: Einstellung. in: KERBER, Harald / SCHMIEDER, Arnold (Hg.): Handbuch Soziologie. Hamburg 1984, S. 92-94

DÜRR, Alfred: Weltblatt und Heimatzeitung. Die "Süddeutsche Zeitung". in: THOMAS, Michael W. (Hg.): Portraits der deutschen Presse. Politik und Profit. Berlin 1980, S. 63-80

DUJKER, H.C.J. / FRIJDA, N.H.: National Character and National Stereotypes. Amsterdam 1960

EDELMANN, Murray: Politische Sprache und politische Realität. in: GREIFFENHAGEN, Martin (Hg.): Kampf um Wörter? Politische Begriffe im Meinungsstreit. München, Wien 1980, S. 39-45

EHRLICH, Howard J.: The Social Psychology of Prejudice. New York 1973

EHRLICH, Howard J.: Das Vorurteil. Eine sozial-psychologische Bestandsaufnahme der Lehrmeinungen amerikanischer Vorurteilsforschung. München 1979

EICHHOLZ, Anita: Der Vietnamkrieg im SPIEGEL. Eine inhaltsanalytische Untersuchung. Berlin 1979

ENZENSBERGER, Hans M.: Journalismus als Eiertanz. Beschreibungen einer Allgemeinen Zeitung für Deutschland. in: ders.: Einzelheiten. Frankfurt a.M. 1962, S. 16-61

ENZENSBERGER, Hans M.: Hitlers Wiedergänger. in: SPIEGEL. 45. Jahrgang, 6/1991, 04.02.1991, S. 26-28

ESTEL, Bernd: Soziale Vorurteile und soziale Urteile. Kritik und wissenssoziologische Grundlagen der Vorurteilsforschung. Wiesbaden 1983

ETZEL, Gerhard: Kognitiv induzierte Verzerrung in der stereotypen Urteilsbildung. (Diss.) Mannheim 1978

EYFERTH, Klaus / KREPPNER, Kurt: Entstehung, Konstanz und Wandel von Einstellungen. in: GRAUMANN, Carl F. (Hg.): Handbuch der Psychologie in 12 Forschungsbereichen. 7. Bd.: Sozialpsychologie, 2. Halbbd.: Forschungsbereiche. Göttingen 1972, S. 1342-1370

FABRIS, Hans H.: Konfliktscheu. Krieg und Frieden - kein Thema für die Kommunikationswissenschaft? in: Medium. 14. Jahrgang, 11/1984, S. 12-14

FEINDBILDER. Wie Völker miteinander umgehen. Dokumentation zur Fernsehserie (ORF). Wien 1988

FESTINGER, Leon: A Theory of Cognitive Dissonance. Stanford, Calif. 1957

FETSCHER, Iring: Feindbild - Freundbild und Realismus in der Politik. in: Psychosozial. 12. Jahrgang, 1989, S. 9-18

FILIPP, Karlheinz: Stereotype und geographisch-politische Bildung. in: Geographie heute. 2. Jahrgang, 7/1981, S. 2-13

FINK, Karl: Das semantische Differential zur Untersuchung nationaler Stereotype. in: Sprache im technischen Zeitalter. 14. Jahrgang, 56/1975, S. 346-354

FINLAY, David J. / HOLSTI, Ole R. / FAGEN, Richard R.: Enemies in Politics. Chicago, Ill. 1967

FISCHER, Eberhard / NOKE, Knuth: Manipulative Sprache in Leitartikeln der BRD-Presse. in: Zeitschrift für Phonetik, Sprachwissenschaft und Kommunikationsforschung. 38. Jahrgang, 1985, S. 345-359

FISCHER, Heinz-Dietrich: Die großen Zeitungen. Portraits der Weltpresse. München 1966

FISHMAN, Joshua A.: An Examination of the Process and Function of Social Stereotyping. in: The Journal of Social Psychology. 43. Jahrgang, 1956, S. 27-64

FLEISCHER, Michael: Information und Bedeutung. Ein systemtheoretisches Modell des Kommunikationsprozesses. Bochum 1990

FLOHR, Anne K.: Feindbilder in der internationalen Politik. Münster 1991

FLOTTAU, Heiko: Liberal auf schwankendem Boden. Die "Frankfurter Rundschau". in: THOMAS, Michael W. (Hg.): Portraits der deutschen Presse. Politik und Profit. Berlin 1980, S. 97-108

FRANK, Andre G. (1991a): Politische Ökonomie des Golfkriegs. in: Das Argument. 33. Jahrgang, 1991, S. 177-185

FRANK, Andre G. (1991b): Der Krieg der Scheinheiligen: Seid verflucht alle beide. in: Blätter für deutsche und internationale Politik. 36. Jahrgang, 3/1991, S. 291-302

FRANK, Jerome: Muß Krieg sein? Psychologische Aspekte von Krieg und Frieden. Darmstadt o.J.

FREI, Daniel: Feindbilder und Abrüstung. Die gegenseitige Einschätzung der UdSSR und der USA. München 1985

FREI, Daniel: Feindbilder und Bedrohungswahrnehmung. Die kognitiven Grundlagen von Sicherheit und Unsicherheit. in: HEISENBERG, Wolfgang / LUTZ, Dieter S. (Hg.): Sicherheitspolitik kontrovers. Auf dem Weg in die 90er Jahre. Bonn 1987, S. 89-109

FRIEDRICHS, Jürgen: Methoden empirischer Sozialforschung. 13. Auflage. Opladen 1980

FRÜH, Werner: Inhaltsanalyse und strukturale Textanalyse. 2. Auflage. München 1989

GALTUNG, Johan / RUGE, Mari H.: The Structure of Foreign News. in: Journal of Peace Research. 2. Jahrgang, 1/1965, S. 64-93

GANTZEL, Klaus J.: Zur Entstehung, Struktur und politischen Wirkung von Freund-Feind-Bildern. in: DGFK-Informationen Nr. 1. Bonn 1972, S. 13-15

GAUNT, Philip: Choosing the News. The Profit Factor in News Selection. Indiana 1990

GEIßNER, Hellmut: Das handlungstheoretische Interesse an Rhetorik, oder: das rhetorische Interesse an gesellschaftlichem Handeln. in: PLETT, Heinrich (Hg.): Rhetorik. Kritische Positionen zum Stand der Forschung. München 1977, S. 230-251

GEO. Das neue Bild der Erde: Konfliktforschung: Auf der Suche nach einer Welt ohne Waffen. o.Jg., 6/1991, S. 42-124

GESEMANN, Frank: Krieg um Macht und Öl. Die Auseinandersetzung um das schwarze Golf. in: RUF, Werner (Hg.): Vom Kalten Krieg zur Heissen Ordnung? Der Golfkrieg - Hintergründe und Perspektiven. Münster 1991, S. 143-167

GLOTZ, Peter / LANGENBUCHER, Wolfgang: Der mißachtete Leser. Zur Kritik der deutschen Presse. Köln, Berlin 1969

GÖTTERT, Karl-Heinz: Einführung in die Rhetorik. Grundbegriffe, Geschichte, Rezeption. München 1991

GOFFMAN, Erving: Interaktionsrituale. Über Verhalten in direkter Kommunikation. Frankfurt a.M. 1971

GOOD, Colin H.: Ideologische Interessen und sprachliche Techniken. in: Sprache und Literatur in Wissenschaft und Unterricht. 14. Jahrgang, 51/1983, S. 15-29

GOTTSCHLICH, Max: Journalismus und Orientierungsverlust. Grundprobleme öffentlich-kommunikativen Handelns. Wien, Köln, Graz 1980

GOTTSCHLICH, Max / OBERMAIR, Karl: Das Image Österreichs in den ausländischen Medien. in: BUNDESZENTRALE FÜR POLITISCHE BILDUNG (Hg.): Völker und Nationen im Spiegel der Medien. Bonn 1989, S. 54-66

GRAF, Joachim: Die Sache mit dem Feindbild. in: Begegnung. Zeitschrift progressiver Katholiken. 18. Jahrgang, 9/1978, S. 9-12

GREIFFENHAGEN, Martin (Hg.): Kampf um Wörter? Politische Begriffe im Meinungsstreit. München, Wien 1980

GREINACHER, Norbert / DITTRICH, Benno: Dialog oder Unterwerfung? Wie die Christen auf *Andere* reagierten. Historische Betrachtungen mit aktueller Brisanz über religiöse Toleranz. in: Frankfurter Rundschau. 21.02.1991, S. 15-16

GROßKOPFF, Rudolf: Haltegriffe. Wieviel Vorurteile brauchen wir? in: Deutsches Allgemeines Sonntagsblatt. 18.05.1990, S. 1

GRUBITZSCH, Siegfried / REXILIUS, Günter (Hg.): Psychologische Grundbegriffe. Mensch und Gesellschaft in der Psychologie. Ein Handbuch. Hamburg 1987

GUHA, Anton A. / **PAPCKE**, Sven (Hg.): Der Feind, den wir brauchen oder: muß Krieg sein? Königstein 1985

GUHA, Anton A.: Wenn Abweichungen nicht geduldet werden. Feindbild und Politik. in: Frankfurter Rundschau. 06.07.1989, S. 6

GUMPERT, Gary / **CATHCART**, Robert: Media Stereotyping: Images of the Foreigner. in: Communications. 9. Jahrgang, 1/1983, S. 103-111

GÜNTHER, Rudolf: Einige Bedingungen für Urteile über Völker. (Diss.) Bern 1975

HÄßLER, Hans J. / **HEUSINGER**, Christian v. (Hg.): Kultur gegen Krieg. Wissenschaft für den Frieden. Würzburg 1989

HAGEMANN, Walter: Vom Mythos der Masse. Ein Beitrag zur Psychologie der Öffentlichkeit. Heidelberg 1951

HAJOS, Anton: Wahrnehmung. in: **HERRMANN**, Theo / **HOFSTAETTER**, Peter R. / **HUBER**, Helmuth P. / **WEINERT**, Franz E. (Hg.): Handbuch psychologischer Grundbegriffe. München 1977, S. 528-540

HAMILTON, David L. (Hg.): Cognitive Processes in Stereotyping and Intergroup Behaviour. Hilsdale, N.J. 1981

HARENBERG, Karl H.: Aus Bonn für 'Deutschland': "Die Welt". in: **THOMAS**, Michael W. (Hg.): Portraits der deutschen Presse. Politik und Profit. Berlin 1980, S. 109-126

HARRE, Rom / **LAMB**, Roger (Hg.): The Encyclopedic Dictionary of Psychology. MTS Press Cambridge, Mass. 1983

HAUG, Wolfgang F.: Mutiert der Krieg die politische Kultur? Zu Biermanns und Enzensbergers Kriegsbejahung. in: Das Argument. 33. Jahrgang, 186/1991, S. 193-195

HAYAKAWA, Samuel: Semantik. Sprache im Denken und Handeln. Darmstadt 1967

HEBB, Donald O.: The Organization of Behaviour. Wiley 1949

HEIDER, Fritz: Attitude and Cognitive Organization. in: Journal of Psychology. 21. Jahrgang, 1946, S. 107-112

HEINTZ, Peter: Soziale Vorurteile. Ein Problem der Persönlichkeit, der Kultur und der Gesellschaft. Köln 1957

HELLER, Erdmute: Rückständig und unterentwickelt. Das Araberbild bundesdeutscher Massenmedien. in: Medium. 11. Jahrgang, 1/1981, S. 25-31

HELMREICH, William B.: The Things They Say Behind Your Back: Stereotypes and the Myths Behind Them. London 1983

HEPBURN, Christine / **LOCKSLEY**, Anne: Subjective Awareness of Stereotyping: Do We Know when Our Judgements are Prejudiced? in: Social Psychology Quarterly. 46. Jahrgang, 4/1983, S. 311-318

HERRMANN, Theo: Psychologie der kognitiven Ordnung. Berlin 1965

HERRMANN, Theo: Einführung in die Psychologie. Bd. 5: Sprache. Bern, Stuttgart 1972

HOFFMANN, Johannes: Stereotype, Vorurteile, Völkerbilder in Ost und West, in Wissenschaft und Unterricht. Eine Bibliographie. Wiesbaden 1986

HOFSTAETTER, Peter R.: Das Denken in Stereotypen. Göttingen 1960

HOFSTAETTER, Peter R.: Wie Völker einander sehen. in: KARSTEN, Anitra (Hg.): Vorurteil. Ergebnisse psychologischer und sozialpsychologischer Forschung. Darmstadt 1978, S. 300-320

HOHMANN, Joachim S. (Hg.): Schon auf den ersten Blick. Lesebuch zur Geschichte unserer Feindbilder. Darmstadt, Neuwied 1981

HOLSTI, Ole R.: The Belief System and National Images: A Case Study. in: Journal of Conflict Resolution. 6. Jahrgang, 3/1962, S. 244-252

HOLZER, Horst: Massenkommunikation und Demokratie in der Bundesrepublik Deutschland. Opladen 1969

HOLZER, Horst: Gescheiterte Aufklärung? Politik, Ökonomie und Kommunikation in der Bundesrepublik Deutschland. München 1971

HORKHEIMER, Max: Über das Vorurteil. Arbeitsgemeinschaft für Forschung des Landes NRW, Geisteswissenschaften. No. 108. Köln 1963

HSFK (Hg.): Studien aus der Hessischen Stiftung für Friedens- und Konfliktforschung: Zur Analyse außenpolitisch relevanter Feindbilder in der Bundesrepublik 1947-1971. Bd. 1-9. Frankfurt a.M. 1977; davon besonders Bd. 2: OSTERMANN, Aenne: Das Freund-Feind-Schema als stereotypes Perzeptionsmuster internationaler Politik.

HSFK u.a. (Hg.): Friedensanalysen. Für Theorie und Praxis. 1. Schwerpunkt: Feindbilder. Frankfurt a.M. 1980

ITTELSON, William H.: The Ames Demonstrations in Perception. Princeton, N.J. 1952

IWAND, Wolf M.: Nationenbilder als Gegenstand der Massenkommunikationsforschung. Imageanalytische Ergebnisse am Beispiel USA. in: Communications. 2. Jahrgang, 2/1976, S. 167-185

JASPERS, Karl: Psychologie der Weltanschauungen. 4. Auflage. Berlin, Göttingen, Heidelberg 1954

JERVIS, Robert: The Logic of Images in International Relations. Princeton 1970

JOWETT, Garth S. / O'DONNELL, Victoria: Propaganda and Persuasion. London 1986

KADE, Gerhard: Die Bedrohungslüge. Zur Legende von der "Gefahr aus dem Osten". Köln 1980

KAGELMANN, Jürgen / WENNING, Gerd (Hg.): Medienpsychologie. Ein Handbuch in Schlüsselbegriffen. München, Wien, Baltimore 1982

KAISER, Silke: Stereotypen in der bürgerlichen Massenkommunikation und ihre Rolle bei der Konstruktion des "DDR-Bildes" im Fernsehen der BRD. in: Beiträge zur Film- und Fernsehwissenschaft. 24. Jahrgang, 4/1983, S. 154-175

KAISER, Ulrike: Die Ohnmacht der Medien. in: Journalist. 41. Jahrgang, 3/1991, S. 11-17

KALDOR, Mary: Der imaginäre Krieg. in: Das Argument. 33. Jahrgang, 1991, S. 167-176

KALIVODA, Gregor: Sprecherintention und Sprachwirkung. Rhetorik, Sprache und Sozialbeziehung. in: Communications. 15. Jahrgang, 1990, S. 135-147

KARACHOULI, Regina: Europa und Arabien - die kulturgeschichtliche Dimension. in: Das Parlament. 41. Jahrgang, 06./13.09.1991, S. 21

KARSCH, Efraim / **RAUTSI**, Inari: Warum Saddam Hussein in Kuwait einmarschierte. in: **KRELL**, Gert / **KUBBIG**, Bernd W. (Hg.): Krieg und Frieden am Golf. Ursachen und Perspektiven. Frankfurt a.M. 1991, S. 57-65

KARSTEN, Anitra (Hg.): Vorurteil. Ergebnisse psychologischer und sozialpsychologischer Forschung. Darmstadt 1978

KATZ, Daniel / **BRALY**, K.: Racial Prejudice and Racial Stereotypes. in: Journal of Abnormal and Social Psychology. 30. Jahrgang, 1935, S. 175-193

KEEN, Sam: Bilder des Bösen. Wie man sich Feinde macht. Weinheim, Basel 1987

KERBER, Harald / **SCHMIEDER**, Arnold (Hg.): Handbuch Soziologie. Hamburg 1984

KERBER, Harald: Erfahrung. in: **GRUBITZSCH**, Siegfried / **REXILIUS**, Günter (Hg.): Psychologische Grundbegriffe. Mensch und Gesellschaft in der Psychologie. Ein Handbuch. Hamburg 1987, S. 281-285

KHLEIF, Bud B.: Insiders, Outsiders, and Renegades: Towards a Classification of Ethnolinguistic Labels. in: **GILES**, Howard / **SAINT-JACQUES**, Bernard (Hg.): Language and Ethnic Relations. Oxford, New York, Tokio, Sydney, Paris, Frankfurt a.M. 1979, S. 159-177

KIDDER, Louise: Vorurteile. Zur Sozialpsychologie von Gruppenbeziehungen. Weinheim 1976

KING, Bert T. u.a. (Hg.): Attitudes, Conflict, and Social Change. New York, London 1972

KLAPPROTT, Jürgen: Die Anatomie von Einstellungen. Empirische Ergebnisse zur Feinstruktur einer Einstellung. Stuttgart 1975

KLAUS, Georg: Die Macht des Wortes. Berlin 1964

KLINEBERG, Otto: Tension Affecting International Understanding. Science Res. Council. 62. Jahrgang, 1950

KLINEBERG, Otto: Der Charakter der Nationen. in: **KARSTEN**, Anitra (Hg.): Vorurteile. Ergebnisse psychologischer und sozialpsychologischer Forschung. Darmstadt 1978, S. 286-299

KNORR, Karin: Die Fabrikation von Wissen. Versuch zu einem gesellschaftlich relativierten Wissensbegriff. in: **STEHR**, Nico / **MEJA**, Volker (Hg.): Wissenssoziologie. Kölner Zeitschrift für Soziologie und Sozialpsychologie. Sonderheft Nr. 22, Opladen 1981, S. 226-245

KOCH-HILLEBRECHT, Manfred: Der Stoff, aus dem die Dummheit ist. Eine Sozialpsychologie des Vorurteils. München 1978

KÖCK, Wolfram: Manipulation durch Trivialisierung. in: RUCKTÄSCHEL, Annemaria (Hg.): Sprache und Gesellschaft. München 1972, S. 275-367

KÖHLER, Wolfgang: Gestaltprobleme und Anfänge einer Gestalttheorie. Jahresbericht über die gesamte Physiologie und experimentelle Pharmakologie, 1925, 3

KÖPPING, Walter: Der informierte Arbeitnehmer. Köln 1979

KOPPERSCHMIDT, Josef: Rhetorik. Einführung in die persuasive Kommunikation. Stuttgart 1971

KORDA, Rolf M.: Für Bürgertum und Business. Die "Frankfurter Allgemeine Zeitung". in: THOMAS, Michael W. (Hg.): Portraits der deutschen Presse. Politik und Profit. Berlin 1980, S. 81-96

KOSCHWITZ, Hansjürgen: Internationale Publizistik und Massenkommunikation. Aufriß historischer Entwicklungen und gegenwärtiger Trends. in: Publizistik. 24. Jahrgang, 1979, S. 458-483

KOSCHWITZ, Hansjürgen: Massenmedien und publizistische Propaganda in der internationalen Politik. Analyse am Beispiel des Nahost-Konfliktes. in: Publizistik. 29. Jahrgang, 1984, S. 343-360

KOSCHWITZ, Hansjürgen: Stereotyp und Vorurteil in der internationalen Massenkommunikation. in: MAHLE, Walter (Hg.): Langfristige Medienwirkung. Berlin 1986, S. 95-99

KOSSLYN, Stephen M. / POMERANTZ, James R.: Imagery, Propositions, and the Form of Internal Representations. in: Cognitive Psychology. 9. Jahrgang, 1977, S. 52-76

KRALLMANN, Dieter / SOEFFNER, Hans G.: Gesellschaft und Information. Untersuchung zu zeichengebundenen Interaktionsprozessen und Kommunikationsstrukturen in sozialen Systemen. Stuttgart, Berlin, Köln, Mainz 1973

KRELL, Gert / KUBBIG, Bernd W. (Hg.): Krieg und Frieden am Golf. Ursachen und Perspektiven. Frankfurt a.M. 1991.

KROMREY, Helmut: Empirische Sozialforschung. Modelle und Methoden der Datenerhebung und Datenauswertung. 3. überarbeitete Auflage. Opladen 1986

KRYSMANSKI, Hans J.: Soziologie des Konflikts. Hamburg 1971

KUBBIG, Bernd W.: Des Widerspenstigen Zähmung: Die Strategie der USA am Golf. in: KRELL, Gert / ders. (Hg.): Krieg und Frieden am Golf. Ursachen und Perspektiven. Frankfurt a.M. 1991, S. 86-97

KÜHNHARDT, Ludger: Die Universalität der Menschenrechte. 2. überarbeitete Auflage. Bonn 1991; darin besonders: Kap. II Islamischer Rechtskodex versus menschliche Universalität. S. 142-157

KÜHNL, Reinhard: Über die politische Funktion von Feindbildern. in: Blätter für deutsche und internationale Politik. 28. Jahrgang, 10/1983, S. 1302-1312

KÜSTER, Rainer: Politische Metaphorik. in: Sprache und Literatur in Wissenschaft und Unterricht. 14. Jahrgang, 51/1983, S. 30-45

KURSBUCH. Thema: Krieg und Frieden. Heft 105. Sep. 1991

LAKOFF, George: Metapher und Krieg. in: Sprache im technischen Zeitalter. 29. Jahrgang, 119/1991, S. 221-239

LANG, Kurt und Gladys: The Unique Perspective of Television and its Effect: A Pilot Study. in: American Sociological Review. 18. Jahrgang, 1953, S. 2-12

LEDER, Karl B.: Der Haß auf fremde Götter. Über Feindbilder und die schwierige Erziehung zur Toleranz. in: Süddeutsche Zeitung am Wochenende. 10./11.09.1983

LEFRINGHAUSEN, Klaus: Feindbilder ersetzen Argumente. Gefahren für den innenpolitischen Dialog. in: Evangelische Kommentare. 12. Jahrgang, 2/1979, S. 67-68

LEINFELLNER, Elisabeth: Der Euphemismus in der politischen Sprache. Berlin 1971

LEINFELLNER, Werner: Logische Analyse der Gestalt. Logik und Gestaltpsychologie. in: Studium Generale. 19. Jahrgang, 1966, S. 219-235

LERCH, Wolfgang G.: Der Islam - eine Kultur ohne Aufklärung? in: Das Parlament. 41. Jahrgang, 06./13.09.1991, S. 20

LEWIN, Kurt: Behavior and Development as a Function of the Total Situation. in: CARMICHAEL, Leonard (Hg.): Manual of Child Psychology. New York 1946, S. 791-844

LEWIN, Kurt: Die Lösung sozialer Konflikte. Bad Nauheim 1968

LILLI, Waldemar: Grundlagen der Stereotypisierung. Göttingen, Zürich 1982

LIMINSKI, Jürgen: Desinformation - Ein Relikt des Kalten Krieges? in: Aus Politik und Zeitgeschichte. Beilage zur Wochenzeitung Das Parlament. 23.12.1988, S. 34-46

LINK, Jürgen: Viren- und Giftfluten. Das neue Feindbild Süd. in: Medium. 21. Jahrgang, 1/1991, S. 38-41

LIPPERT, Ekkehard / WAKENHUT, Roland: Zur Zentralität von Einstellungen. in: Zeitschrift für Soziologie. 7. Jahrgang, 1/1978, S. 87-96

LIPPERT, Ekkehard / WACHTLER, Günther: Feindbild. in: dies. (Hg.): Frieden. Ein Handwörterbuch. Opladen 1988, S. 78-83

LIPPMANN, Walter: Stereotypes. in: BERELSON, Bernd / JANOWITZ, Morris (Hg.): Reader in Public Opinion and Communication. Glencoe 1953, S. 61-69

LIPPMANN, Walter: Public Opinion. New York 1964

LÖFFELHOLZ, Martin: Die Konstruktion der "Einen Welt". Zur Reform der Berichterstattung deutscher Medien über die "Dritte Welt". Münster 1991 (unveröffentlichtes Manuskript, 14 Seiten)

LUCHTENBERG, Sigrid: Euphemismen im heutigen Deutsch. Frankfurt a.M. 1985

LÜBBE, Hermann: Politischer Moralismus. Der Triumph der Gesinnung über die Urteilskraft. Berlin 1987

LÜGER, Heinz-Helmut: Pressesprache. Tübingen 1983

LUNGMUS, Monika: Sprachnotstand. in: Journalist. 41. Jahrgang, 3/1991, S. 16

MACARTHUR, John R.: Die Schlacht der Lügen. Wie die USA den Golfkrieg verkauften. München 1993

MACBRIDE, Sean (Hg.): Viele Stimmen - Eine Welt. Konstanz 1981

MACK, John E.: Das Feindbild-System. in: Psychosozial. 12. Jahrgang, 1989, S. 37-46

MACKENSEN, Lutz: Verführung durch Sprache. Manipulation als Versuchung. München 1973

MAHMOODY, Betty: Nicht ohne meine Tochter. Bergisch Gladbach 1990

MANZ, Wolfgang: Das Stereotyp. Zur Operationalisierung eines sozialwissenschaftlichen Begriffs. Meisenheim am Glan 1968

MATTHIES, Volker: Neues Feindbild Dritte Welt. Verschärft sich der Nord-Süd-Konflikt? in: Aus Politik und Zeitgeschichte. Beilage zur Wochenzeitung Das Parlament. 14.06.1991, S. 3-11

MAYER, Frederick: Vorurteil. Geißel der Menschheit. Wien, Freiburg, Basel 1975

MAYRING, Philip: Qualitative Inhaltsanalyse. Grundlagen und Techniken. 2. Auflage. Weinheim 1990

MEES, Ulrich: Vorausurteil und aggressives Verhalten. Eine experimentelle Untersuchung von Beziehungen zwischen Urteilen über Völker und aggressives Verhalten gegenüber Angehörigen dieser Völker. Stuttgart 1974

MEIER, Werner A.: Ungleicher Nachrichtenaustausch und fragmentarische Weltbilder. Eine empirische Studie über Strukturmerkmale in der Auslandsberichterstattung. Bern, Frankfurt a.M., New York 1984

MENSEN, Bernhard (Hg.): Fremdheit. Abgrenzung und Offenheit. St. Augustin 1983

MENZEL, Claus: Störende Nachrichten. in: Journalist. 41. Jahrgang, 8/1991, S. 38-40

MERTEN, Klaus: Inhaltsanalyse. Einführung in Theorie, Methode und Praxis. Opladen 1983

MERTEN, Klaus: Faktoren der Nachrichtenanalyse. Münster 1984

MERTEN, Klaus: Inszenierung von Alltag. Kommunikation, Massenkommunikation, Medien. in: DEUTSCHES INSTITUT FÜR FERNSTUDIEN AN DER UNIVERSITÄT TÜBINGEN (Hg.): Funkkolleg. Medien und Kommunikation. Konstruktion von Wirklichkeit. Weinheim, Basel 1990. 1. Studienbrief, 3. Kollegstunde, S. 79-108

MITSCHERLICH, Alexander: Die Vorurteilskrankheit. in: Psyche. 16. Jahrgang, 5/1962, S. 241-245

MITSCHERLICH, Alexander: Revision der Vorurteile. in: Der Monat. 14. Jahrgang, 165/1962, S. 7-21

MITSCHERLICH, Alexander: Zur Psychologie des Vorurteils. in: KARSTEN, Anitra (Hg.): Vorurteile. Ergebnisse psychologischer und sozialpsychologischer Forschung. Darmstadt 1978, S. 270-285

MITTELBERG, Ekkehart: Wortschatz und Syntax der BILD-Zeitung. Marburg 1967

MONTGOMERY WATT, W.: The Influence of Islam on Medieval Europe. Edinburgh 1972

MUELLER, Claus: Politik und Kommunikation. Zur Politischen Soziologie von Sprache, Sozialisation und Legitimation. München 1975

MÜLLER, Erwin: Zur Logik politischer Bedrohungsanalysen. in: HEISENBERG, Wolfgang / LUTZ, Dieter S. (Hg.): Sicherheitspolitik kontrovers. Frieden und Sicherheit. Status quo in Westeuropa und Wandel in Osteuropa. 2. überarbeitete Auflage. Bonn 1990, S. 72-88

MUMMENDEY, Amelie / SCHREIBER, Hans J.: Besser oder anders? Positive soziale Identität durch Outgroup-Diskriminierung oder -Differenzierung. Bielefeld 1987

NICKLAS, Hans / LIßMANN, Hans J. / OSTERMANN, Aenne: Außenpolitik. Freund-Feindbilder in der BRD 1949-1971. Boppard am Rhein 1975

NICKLAS, Hans / OSTERMANN, Aenne: Die Rolle von Images in der Politik. in: BUNDESZENTRALE FÜR POLITISCHE BILDUNG (Hg.): Völker und Nationen im Spiegel der Medien. Bonn 1989, S. 22-35

NOELLE-NEUMANN, Elisabeth / SCHULZ, Winfried / WILKE, Jürgen (Hg.): Fischer Lexikon: Publizistik. Massenkommunikation. Frankfurt a.M. 1989

NOHLEN, Dieter (Hg.): Pipers Wörterbuch zur Politik. Bd. 5: Internationale Beziehungen. Stichwort "Feindbilder". München, Zürich o.J., S. 148-150

NORMAN, Donald A. / RUMMELHART, David E.: Strukturen des Wissens. Stuttgart 1978

NUSSBAUM, Heinrich v.: UN-Ordnung mit System. in: Medium. 9. Jahrgang, 2/1979, S. 8-14

NUSSBAUM, Heinrich v.: Von Bluff zu Bluff. in: Journalist. 41. Jahrgang, 9/1991, S. 34-36

OERTER, Rolf: Struktur und Wandlung von Werthaltungen. München, Wien 1978

ÖSTGAARD, Einar: Factors Influencing the Flow of News. in: Journal of Peace Research. 2. Jahrgang, 1/1965, S. 39-65

ÖZYURT, Senol: Die Türkenlieder und das Türkenbild in der deutschen Volksüberlieferung vom 16. bis zum 20. Jahrhundert. München 1972

OSGOOD, Charles / SUCI, George / TANNENBAUM, Percy: The Measurement of Meaning. Urbana 1957

OSSENBERG, Dietmar: Fakten und Fiktionen. in: Journalist. 42. Jahrgang, 4/1992, S. 32-34

OSSENDORFF, Ingo: Der Falkland-Malwinen-Konflikt 1982 und seine Resonanz in der nationalen Presse. Eine Studie über Feindbilder in der Regierungskommunikation. Frankfurt a.M. 1987

OSTERMANN, Aenne / NICKLAS, Hans: Vorurteile und Feindbilder. München 1976

OTTO, Peter / SONNTAG, Philip: Wege in die Informationsgesellschaft. Steuerungsprobleme in Wirtschaft und Politik. München 1985

PANAHI, Badi: Vorurteile. Rassismus, Antisemitismus, Nationalismus in der BRD. Eine empirische Untersuchung. Frankfurt a.M. 1980

PASIERBSKY, Fritz: Krieg und Frieden in der Sprache. Eine sprachwissenschaftliche Textanalyse. Frankfurt a.M. 1983

PEARSON, Ron: Business Ethics as Communication Ethics: Public Relations Practice and the Ideal of Dialogue. in: **BOTARI**, Carl H. / **HAZLETON**, Vincent (Hg.): Public Relations Theory. Hillsdale, N.J. 1989, S. 11-131

PETERSON, Sophia: Foreign News Gatekeepers and Criteria of Newsworthiness. in: Journalism Quarterly. 56. Jahrgang, 1977, S. 116-125

PFLÜGER, Peter-Michael (Hg.): Freund- und Feindbilder. Begegnung mit dem Osten. Olten, Freiburg 1986

PÖPPEL, Ernst: Grenzen des Bewußtseins. Über Wirklichkeit und Welterfahrung. Stuttgart 1985

PRAKKE, Henk: Kommunikation der Gesellschaft. Münster 1968

PRINZ, Gerhard: Heterostereotype durch Massenkommunikation. in: Publizistik. 15. Jahrgang, 3/1970, S. 195-210

PSYCHOSOZIAL. Schwerpunkt: Feindbilder. 12. Jahrgang, 40/1989.

QUANDT, Siegfried: Zur Wahrnehmung der Deutschen im Ausland. in: BUNDESZENTRALE FÜR POLITISCHE BILDUNG (Hg.): Völker und Nationen im Spiegel der Medien. Bonn 1989, S. 36-42

QUANDT, Siegfried / **RATZKE**, Dietrich: Hintergrundinformation als journalistische Aufgabe. Praktische Erfahrungen - theoretische Perspektiven. in: Publizistik. 34. Jahrgang, 1989, S. 117-121

QUASTHOFF, Uta: Soziale Vorurteile und Kommunikation. Eine sprachwissenschaftliche Analyse des Stereotyps. Frankfurt a.M. 1973

RATTNER, Josef: Psychologie des Vorurteils. Zürich 1971

REGER, Harald: Zur Idiomatik der Boulevardpresse. in: Muttersprache. 84. Jahrgang, 1974, S. 230-239

REGER, Harald: Die Metaphorik in der Boulevardpresse. in: Muttersprache. 84. Jahrgang, 1974, S. 314-325

REGER, Harald: Die Metaphorik in der konventionellen Tagespresse. in: Muttersprache. 87. Jahrgang, 1977, S. 259-279

REICHEL, Sepp: Hammer-Purgstall. Auf den romantischen Pfaden eine österreichischen Orientforschers. Graz, Wien 1973

RIECK, Andreas: Der ideologische Faktor. in: **NIRUMAND**, Bahman (Hg.): Sturm im Golf. Die Irak-Krise und das Pulverfaß Nahost. Hamburg 1990, S. 118-135

RODINSON, Maxime: Das Bild im Westen und westliche Islamstudien. in: Das Vermächtnis des Islam. Bd. 1. (Autorenkollektiv). Zürich, München 1980, S. 23-81

ROEBEN, Bärbel: Der Ideologiegehalt von Medienrealität - dargestellt am Beispiel der Chile- und Afghanistan-Berichterstattung in der "Frankfurter Allgemeinen Zeitung" (FAZ) und im "Neuen Deutschland" (ND). (Diss.) Münster 1985

RONNEBERGER, Franz / RÜHL, Manfred: Theorie der Public Relations. Ein Entwurf. Opladen 1992

ROSENBERG, M.J.: Cognitive Structure and Attitudinal Affect. in: Journal of Abnormal and Social Psychology. 53. Jahrgang, 1956, S. 367-372

ROTH, Eugen: Sämtliche Menschen. München, Wien 1983

ROTH, Paul: Feindbild in Ost und West. in: WAGENLEHNER, Günther (Hg.): Feindbild. Geschichte - Dokumentation - Problematik. Frankfurt a.M. 1989, S. 87-107

ROTTER, Ekkehart: Abendland und Sarazenen. Das okzidentale Araberbild und seine Entstehung im Frühmittelalter. Berlin, New York 1986

RUCKTÄSCHEL, Annemaria (Hg.): Sprache und Gesellschaft. München 1972

RÜHL, Lothar: Der Wilde von Bagdad. in: Die Welt. 20.04.1990, S. 2

RÜHL, Manfred: Journalismus und Wissenschaft. Anmerkung zu ihrem Wirklichkeitsverständnis. in: Rundfunk und Fernsehen. 29. Jahrgang, 2-3/1981, S. 211-222

RÜHL, Manfred / SAXER, Ulrich: 25 Jahre Deutscher Presserat. Ein Anlaß für Überlegungen zu einer kommunikationswissenschaftlich fundierten Ethik des Journalismus und der Massenkommunikation. in: Publizistik. 26. Jahrgang, 1981, S. 471-507

RUF, Werner: Der Golfkrieg. Eine bewußte Eskalation. in: ders. (Hg.): Vom Kalten Krieg zur Heissen Ordnung? Der Golfkrieg - Hintergründe und Perspektiven. Münster 1991, S. 49-61

RUHRMANN, Georg: Rezipient und Nachricht. Struktur und Prozess der Nachrichtenrekonstruktion. Opladen 1989

RUHRMANN, Georg: Zeitgeschehen à la carte. Ereignis, Nachricht und Rezipient. in: DEUTSCHES INSTITUT FÜR FERNSTUDIEN AN DER UNIVERSITÄT TÜBINGEN (Hg.): Funkkolleg. Medien und Kommunikation. Konstruktion von Wirklichkeit. 6. Studienbrief, 14. Kollegstunde, S. 49-79

RUHRMANN, Georg: Ist Aktualität noch aktuell? Möglichkeiten und Grenzen journalistischer Selektivität. Münster 1991 (unveröffentlichtes Manuskript, 28 Seiten)

SACHER, Werner: Urteilsbildung oder Emanzipation? Zur Antropologie und Pädagogik des Vorurteils. Freiburg, Basel, Wien 1976; darin besonders: Teil I: Vorurteilstheoretische Grundlegung, S. 15-70

SAID, Edward W.: Orientalismus. Frankfurt a.M. 1981

SALTER, Charles A.: A Crosscultural Study of Attitudes Towards a Foreign Nation as a Function of Status and Other Satisfaction. (Diss.) Philadelphia 1973

SAVARESE, Rosella: The European Press and Saladin The Fierce. in: ARCHIVIO DISARMO (Hg.): Observatory. Weapons and Information. Rom 1991 (Manuskript, 19 Seiten)

SCANLON, T. Joseph: Media Coverage in Crises: Better than Expected, Worse than Necessary. in: Journalism Quarterly. 55. Jahrgang, 1978, S. 68-72

SCHAEFER, Bernd / SIX, Bernd: Sozialpsychologie des Vorurteils. Stuttgart, Berlin, Köln, Mainz 1978

SCHAEFER, Bernd / PETERMANN, Franz (Hg.): Vorurteile und Einstellungen. Sozialpsychologische Beiträge zum Problem sozialer Orientierung. Festschrift für Reinhold Bergler. Köln 1988

SCHAFF, Adam: Sprache und Erkenntnis. Hamburg 1974

SCHAFF, Adam: Stereotype und das menschliche Handeln. Wien 1980

SCHIMMEL, Annemarie: Europa und der islamische Orient. in: Die Religionen der Menschheit: Der Islam. (Autorenkollektiv). Stuttgart, Berlin, Köln, o.J., S. 336-387

SCHLAGA, Rüdiger: Der Golf-Krieg und die Zensur. in: KRELL, Gert / KUBBIG, Bernd (Hg.): Krieg und Frieden am Golf. Ursachen und Perspektiven. Frankfurt a.M. 1991, S. 201-208

SCHLÖDER, Bernd: Soziale Vorstellungen als Bezugspunkte von Vorurteilen. in: SCHAEFER, Bernd / PETERMANN, Franz (Hg.): Vorurteile und Einstellungen. Sozialpsychologische Beiträge zum Problem sozialer Orientierung. Köln 1988, S. 66-98

SCHMIDHÄUSER, Ulrich: Entfeindung. Stuttgart 1983

SCHMIDT, Siegfried J.: Sprache und Politik. Zum Postulat rationalen politischen Handelns. in: RUCKTASCHEL, Annemaria (Hg.): Sprache und Gesellschaft. München 1972, S. 81-101

SCHNEIDER, Beate: Von Friedensfürsten und Brandstiftern. Massenmedien und Internationale Politik. in: Publizistik. 29. Jahrgang, 1984, S. 303-323

SCHÖLER, Hermann und Lily: Sprache als Waffe. in: SOMMER, Gert / BECKER, Johannes M. / REHBEIN, Klaus / ZIMMERMANN, Rüdiger (Hg.): Feindbilder im Dienste der Aufrüstung. Beiträge aus Psychologie und anderen Humanwissenschaften. Schriftenreihe des Arbeitskreises Marburger Wissenschaften für Frieden und Abrüstung. Bd. 3. 2. korrigierte Auflage. Marburg 1988, S. 163-176

SCHÖNPFLUG, Wolfgang und Ute: Psychologie. 2. Auflage. München 1989

SCHULZ, Winfried: Das Weltbild der Nachrichtenmedien. in: Politische Bildung. Massenmedien für die Demokratie. 13. Jahrgang, 1/1980, S. 33-45

SCHULZ, Winfried: Massenmedien und Realität. Die "ptolemäische" und die "kopernikanische" Auffassung. in: KAASE, Max / SCHULZ, Winfried (Hg.): Massenkommunikation. Theorien, Methoden, Befunde. Kölner Zeitschrift für Soziologie und Sozialpsychologie. Sonderheft 30, Opladen 1989, S. 135-149

SCHULZ, Winfried: Die Konstruktion von Realität in den Nachrichtenmedien. Analyse aktueller Berichterstattung. 2. Auflage. München 1990

SCHWARZE, Christoph: Stereotyp und lexikalische Bedeutung. in: Studium Linguistik. 13/1982, S. 1-16

SEAMANS, Eldon L.: The Language of Prejudice. in: ETC. A Review of General Semantics. 23. Jahrgang, 1966, S. 216-224

SENGHAAS, Dieter: In den Frieden ziehen. Neue Aufgaben der Konfliktforschung nach dem Ende des weltbedrohenden Gegensatzes zwischen Ost und West. in: Frankfurter Allgemeine Zeitung. 06.06.1992, o.S.

SHANNON, Claude E. / WEAVER, Warren: Mathematische Grundlagen der Informationstheorie. München 1949

SIMON, Bernd: Soziale Identität und wahrgenommene Intragruppen-Homogenität in Minoritäts- und Majoritätskontexten. (Diss.) Münster 1989

SIX, Bernd: Stereotype und Vorurteile im Kontext sozialpsychologischer Forschung. in: BLAICHER, Günther (Hg.): Erstarrtes Denken. Studien zum Stereotyp, Klischee und Vorurteil in der englischsprachigen Literatur. Tübingen 1987

SKLORZ, Norbert: Zwischen Willkür und Selbstzweifel. Das Dilemma bei der Auswahl des "Materials". in: BOVENTER, Hermann (Hg.): Medien und Moral. Ungeschriebene Regeln des Journalismus. Konstanz 1988, S. 139-147

SKRIVER, Ansgar: Auslandsberichterstattung - eine Entwicklungs- und Forschungsaufgabe. in: AUFERMANN, Jörg / BOHRMANN, Hans / SÜLZER, Rolf (Hg.): Gesellschaftliche Kommunikation und Information. Bd. 2. Frankfurt a.M. 1973, S. 695-713

SNYDER, Mark: Warum Vorurteile sich immer bestätigen. in: Psychologie heute. 10. Jahrgang, 7/1983, S. 48-57

SMITH, Delbert D.: Mass Communications and International Image Change. in: Journal of Conflict Resolution. 17. Jahrgang, 1/1973, S. 115-129

SMITH, Stephen W.: Hermetische Kommunikation. Grundrisse für eine Semiotik von Auslandsberichterstattung. (Diss.) Berlin 1983

SOBOTTA, Joachim: Eine Frage des Charakters. Das berühmte journalistische Ethos. in: BOVENTER, Hermann (Hg.): Medien und Moral. Ungeschriebene Regeln des Journalismus. Konstanz 1988, S. 149-155

SODHI, Kripal / BERGIUS, Rudolf: Nationale Vorurteile. Berlin 1953

SOMMER, Gert / BECKER, Johannes M. / REHBEIN, Klaus / ZIMMERMANN, Rüdiger (Hg.): Feindbilder im Dienste der Aufrüstung. Beiträge aus Psychologie und anderen Humanwissenschaften. Schriftenreihe des Arbeitskreises Marburger Wissenschaften für Frieden und Abrüstung. Bd. 3. 2. korrigierte Auflage. Marburg 1988

SOMMER, Gert / THEOBALD, Karl-Günther: Feindbilder: Ihre Produktion und Funktionalisierung am Beispiel der Friedensnobelpreisverleihung an die IPPNW. o.O./J.(unveröffentlichtes Manuskript)

SPECTATOR: Masse und Vorurteil. in: Tribüne. 6. Jahrgang, 21/1967, S. 2195-2207

SPIEKER, Manfred: Die Wahl zwischen einem großen und einem kleineren Übel. in: Frankfurter Allgemeine Zeitung. 08.08.1991 (No. 182), S. 8

SPILLMANN, Kurt und Kati: Feindbilder. Hintergründe, Funktion und Möglichkeiten ihres Abbaus. in: Beiträge zur Konfliktforschung. Psycho-politische Aspekte. 19. Jahrgang, 4/1989, S. 19-45

SPOO, Eckart: Freund- und Feindbilder in der Presse. in: Blätter für deutsche und internationale Politik. 27. Jahrgang, 8/1982, S. 995-1007

STAAB, Joachim F.: Nachrichtenwert-Theorie. Formale Struktur und empirischer Gehalt. Freiburg, München 1990

STEINBUCH, Karl: Die desinformierte Gesellschaft. Für eine zweite Aufklärung. Herford 1989

STEINER, Rudolf: Illustrierte und Politik. Eine Inhaltsanalyse der schweizerischen Zeitschriften "Sie + Er", "Schweizer Illustrierte" und "Woche". Bern, Stuttgart 1971

STERN, Josef P.: Manipulation durch das Klischee. in: RUCKTÄSCHEL, Annemaria (Hg.): Sprache und Gesellschaft. München 1972, S. 260-274

STOCKING, Holly / **LAMARCA**, Nancy: How Journalists Describe Their Stories: Hypothesis and Assumptions in Newsmaking. in: Journalism Quarterly. 67. Jahrgang, 1990, S. 295-301

STRACHE, Karl H.: Das Denken in Standards. Berlin 1968

STRAßNER, Erich: Ideologie - Sprache - Politik. Grundfragen ihres Zusammenhangs. Tübingen 1987

STUDIENGRUPPE INTERKOM: Tyrannen, Aggressoren, Psychopathen. Deutsche Tageszeitungen und ihre Feindbilder. in: LÖFFELHOLZ, Martin (Hg.): Krieg als Medienereignis. Grundlagen und Perspektiven der Krisenkommunikation. Opladen 1993 (in Druck), S. 111-128

STÜTTGEN, Albert: Ideologie und Vorurteil. Kritische Bemerkungen zur Urteilsbildung in unserer Gesellschaft. in: Stimmen der Zeit. 178. Jahrgang, 2/1966, S. 25-34

SVENSSON, Arnold: Anspielung, Stereotyp und Konversationsimplikationen. in: Papiere zur Linguistik. 15. Jahrgang, 1977, S. 40-59

TAJFEL, Henri: Cognitive Aspects of Prejudice. in: Journal of Social Issues. 25. Jahrgang, 1969, S. 79-97

TAJFEL, Henri (Hg.): Differentiation Between Social Groups. Studies in the Social Psychology of Intergroup Relations. London 1978

TAJFEL, Henri: Gruppenkonflikt und Vorurteil. Entstehung und Funktion sozialer Stereotypen. Bern, Stuttgart, Wien 1982

THEOBALD, Adolf: Das Dingsbums der Elite. in: DIE ZEIT. 26.03.1993, S. 88

TIBI, Bassam: Islamischer Fundamentalismus gegen den Westen. in: Aus Politik und Zeitgeschichte. Beilage zur Wochenzeitung Das Parlament. 25.05.1990, S. 40-46

TIBI, Bassam: Achilles und die Schildkröte. Der Wettlauf zwischen Orient und Okzident. in: Innovation. 8. Jahrgang, 3/1992, S. 68-71

TICHENOR, Philip / **DONOHUE**, George / **OLIEN**, Clarice: Community Conflict and the Press. Beverly Hills, London 1980; darin besonders Kapitel 7: Conflict and the Knowledge Gap, S. 175-203

TIMM, Uwe P.: Feindbild gesucht. in: Innovatio. 8. Jahrgang, 3/1992, S. 72-73

TOPITSCH, Ernst / **SALAMUN**, Kurt: Ideologie. Herrschaft des Vor-Urteils. München, Wien 1972

UEDING, Gert / **STEINBRINK**, Bernd: Grundriß der Rhetorik. Geschichte, Technik, Methode. Stuttgart 1986

UNESCO (Hg.): Interim Report on Communication Problems in Modern Society. International Commission for the Study of Communication Problems. Paris 1978

UPMEYER, Arnold: Soziale Urteilsbildung. Stuttgart, Berlin, Köln, Mainz 1985

WAGENLEHNER, Günther (Hg.): Feindbild. Geschichte - Dokumentation - Problematik. Frankfurt a.M. 1989

WAGNER, Werner: Die Exekution des Typus und andere kulturpsychologische Phänomene. Stuttgart 1952

WASMUTH, Ulrike: Feindbilder. in: **LUTZ**, Dieter (Hg.): Lexikon Rüstung, Frieden, Sicherheit. München 1987, S. 97-101

WEDE, Erich: Konfliktforschung. Einführung und Überblick. Opladen 1986

WEIGELT, Klaus (Hg.): Patriotismus in Europa. Bonn 1988

WENZEL, Angelika: Stereotype in gesprochener Sprache. Form, Vorkommen und Funktion in Dialogen. München 1978

WERSIG, Gernot: Informationssoziologie. Hinweise zu einem informationswissenschaftlichen Teilbereich. Frankfurt a.M. 1973

WERTHEIMER, Max: Drei Abhandlungen zur Gestalttheorie. 2. Auflage. Darmstadt 1967

WHITE, Ralph (Hg.): Psychology and the Prevention of Nuclear War. New York, London 1986

WHORF, Benjamin L.: Sprache, Denken, Wirklichkeit. Beiträge zur Metalinguistik und Sprachphilosophie. Hamburg 1963

WIENEROVA, Zena: Vorurteile und ihre Mechanismen. in: gdi ampuls. 1/1991, S. 73-78

WILKE, Renate: Umfang und Informationswert der Auslandsberichterstattung. in: **AUFERMANN**, Jörg / **SCHARF**, Wilfried / **SCHLIE**, Otto (Hg.): Fernsehen und Hörfunk für die Demokratie. Ein Handbuch über den Rundfunk in der Bundesrepublik Deutschland. Opladen 1979, S. 316-333

WILKE, Renate: Zerrbilder statt Zeitdokumente. Kritik am Dritte-Welt-Bild der Medien - Ein Überblick. in: Entwicklungspolitische Korrespondenz. Das Medienbild der 3. Welt. 14. Jahrgang, 3/1983, S. 4-13

WITTFOGEL, Karl A.: Oriental Despotism. A Comparative Study of Total Power. 9. Auflage. New Haven, London 1976

WÖRNER, Markus H.: Das Ethische in der Rhetorik des Aristoteles. München 1990

WOLF, Heinz E.: Soziologie des Vorurteils. in: **KÖNIG**, Rene (Hg.): Handbuch der empirischen Sozialforschung. Stuttgart 1969, S. 912-960

WOLF, Heinz E.: Kritik der Vorurteilsforschung. Versuch einer Bilanz. Stuttgart 1979

WUNDEN, Wolfgang (Hg.): Medien zwischen Markt und Moral. Beitrag zur Medienethik. Frankfurt a.M. 1989

YOUNISS, James: Sozialisation und soziales Wissen. in: **ECKENSBERGER**, Lutz / **SILBEREISEN**, Rainer (Hg.): Entwicklung sozialer Kognitionen. Stuttgart 1980, S. 49-63

ZEGHERS, Josef C.: Das Phänomen Boulevard-Presse aus psychologischer Sicht. Zürich 1965

ZIEBURA, Gilbert: Der Golfkrieg oder die Mißgeburt der "neuen Weltordnung". in: Leviathan. 19. Jahrgang, 2/1991, S. 159-165

ZIEGLER, Karl: Der Begriff des Vorurteils in sozialwissenschaftlicher Sicht. (Dipl.arbeit) München 1977

ZIMMERMANN, Johann G.: Vom Nationalstolz. Über die Herkunft der Vorurteile gegenüber anderen Menschen und anderen Völkern. Zürich 1980

ZOLL, Ralf (Hg.): Manipulation der Meinungsbildung. Zum Problem hergestellter Öffentlichkeit. Opladen 1971